U0165470

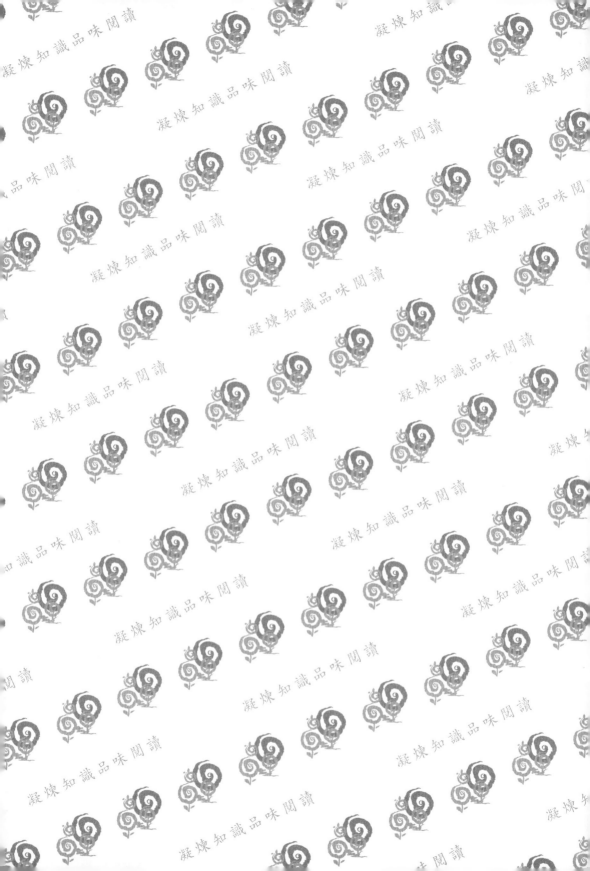

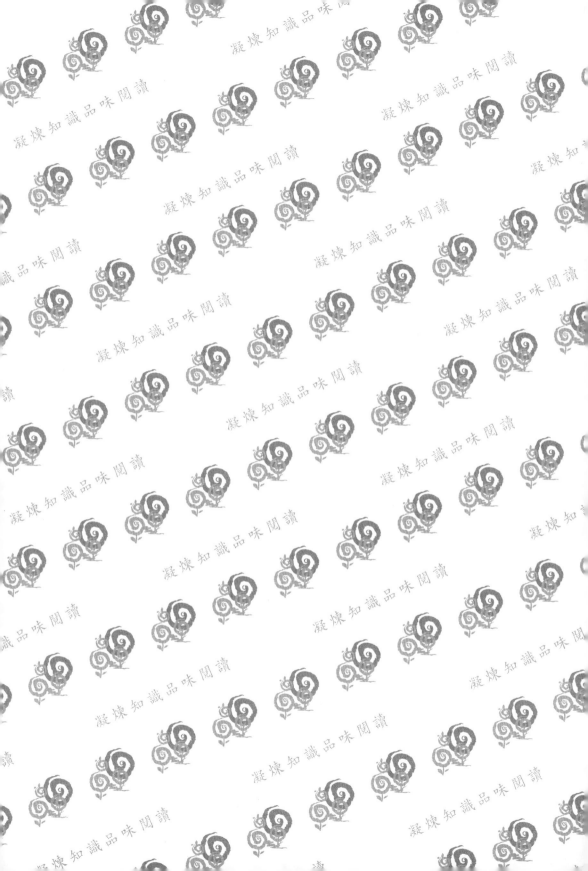

國際法

魏靜芬 著

自　序

　　在許多人眼中看來，國際法甚至未必是個法律學科，這主要是從國際社會現實的表象來看。然而如果能夠了解國際法的發展仍屬於法制的原始態樣，或許可以注意到國際法存在的重要指標：國際間各項主張或訴求，其論理都是以國際法為基礎。在臺灣，或許因為國際地位的影響，使得國際法似乎一直不算是法律學科的顯學。然而，相較於許多已成文化、體系完整、架構嚴謹的法律學門，仍屬「原始法」型態而可見其進化的國際法領域，提供對法制發展及核心價值演變的學子們許多研究的課題，卻因為沒有接觸的機會而喪失產生興趣的可能性，著實可惜。長年以來，作者均專注於國際法等相關領域，一直希望有機會完成國際法入門之教科書，惟因一方面個人能力有限、另一方面因國際法所涉範疇甚廣，遲遲無法達成此一心願。然念及研究工作本是不斷累積的進程，本無盡善盡美之可能，從而毅然決然在民國成立100年的此時先作為小小的總結，將自己既有往年累積下來的教學資料、研究作果彙集成本書。

　　作者有幸初窺國際法之堂奧迄今，將累積的心得謹彙集成書，實在應該感謝一些不吝付出的人。先父在當年物資貧乏的年代，願意讓作者飄洋過海、遠離家園，看看世界的無限可能；雖然沒能在父親有生之年及時完成本書，但既然他的守護是無所不在的，相信他也必定能為作者這小小的成果而感到無比的欣慰！母親，另一個沈默的推手，不停地縱容女兒的恣意妄為，只選擇在背後提供無條件的支持；正如無論國際法對她來說是多麼遙遠、多麼陌生，但她仍然希望擁有一本，只因為作者是女兒！人生旅程總需要有陪伴身邊、值得倚靠的人，無論是喜、樂、悲、苦都能共享，並且在風雨飄搖中安定彼此靈魂的人；感謝這樣的人所帶給我的勇氣、毅力及耐性，這是本書之所以能完成的最重要因素。

　　謹以本書謝謝這些一直守護、支持、愛我的人！

魏靜芬　謹誌

第一章　國際法的概念

一、國際法的意義

（一）國際法是國際社會的法

　　今日生存在地球上的人類莫不是分散在由單一民族或複數民族所構成的國家之生活。目前全世界約莫有兩百多個國家存在，而這些國家並不能自絕於他國之外單獨存活，而必須與其他的國家相互交流，或藉由經濟、文化的交流以豐富國民的精神、物質生活，或是經由政治、軍事方面的合作來確保國家的安全，維持世界的和平。當然，國家之間並不是只存在友好的關係而已，其中有關經濟、政治利害的對立關係事實上也是存在。因此，在這種國家友好或對立的關係下形成一個國與國之間的共同體，稱之為社會；特別是這種由世界各國所形成的社會，通常我們稱之為國際社會。在國際社會中為營造各國間的和平秩序則必須有規律國家行為的規範存在。法諺云「有社會即有法律」，在國際社會當然也有其適用。國家內部存在的規範稱為國內法，國際社會的規範則之為國際法。

（二）國際法是規範國家、國際組織、個人的法

　　如前所述國際法既為國際社會的法規範，而國際社會是由各個國家所構成，因此就規範的對象而言，國際法當然是規範國家相互之間的法律。由前述國際法的定義自然會導出這樣的結論。早期從19世紀到20世紀初，具有代表性的國際法學者也幾乎都如此定義國際法。

　　然而觀察國際社會，國際社會並不只存在國家與國家間的關係而已，另外尚有國家與個人間的關係、國際組織與國家間的關係、國際組織與個人的關係或是國際組織相互間、個人相互間的關係。例如，聯合國憲章裡即規範聯合國與國家間的關係（第25條規定安全保障理事會的強制措施決定對所有的會

員國有法的拘束力）、聯合國與個人的關係（第8條、第101條規定有關職員的任命）。另外，在防止及處罰滅絕種族罪公約中規定，觸犯滅絕種族罪之個人視爲國際犯罪，將交由國內法院及國際刑事法院審理、處罰。因此在界定國際法是國際社會的法規範這樣的概念下，並不能單從國家是唯一構成國際社會的單位來探討國際法的內涵，同時也必須考慮到個人與國際組織同樣也是形成國際社會的一個單位。當然在現階段國際法主要仍是經由國家來實現，只不過在某種程度下國際法也直接存在於個人與國際組織中（但是在個人與個人的關係中，有關涉外關係部分，原則上並不成爲國際法適用的對象，而是屬國際私法的範疇）。

因此就傳統國際法的定義來說，認定國際法是規範國家與國家間的法規範這樣的定義並不夠周延，應將其定義爲：國際法主要是規範國家相互間關係的法規範，但在一定範圍內同時也規範到國際組織與個人的法規範，這樣的定義方才符合實際的情況。

（三）國際法是基於各國間合意的法

一般而言，形成社會規範的方法大致可分爲三種情形：

1.經由社會構成員全體締結契約的方式而形成，亦即經明示同意而形成規範。
2.各構成員在一定的事態下採取一定的行動而產生約束，亦即在默示的同意下形成規範。
3.經由權力者來制定規範，例如在社會之中對特定的個人（君主）或合議制團體（國會、市會）賦予制定規範的權力。

前二者的方法毋寧說是最爲民主的方式，然而其也僅限於在由少數構成員所形成的社會，並且規範的內容並不複雜的情況下才有實施的可能，在今日的近代國家主要仍是採用第三種方式來制定社會規範。國際社會的規範主要也是經由上述三種方式而形成，然和國內規範的形成卻不盡相同，其具有二項特徵。

第一個特徵係國際社會規範的形成多是經由國家參與而形成。國際社會規

範經由前述第一種方法形成時，並非由人類全員參加而係透過國家參加形成。蓋國際社會是由國家所構成，因此國際社會的規範通常也須經由國家來形成，直接由個人參與制定法規的情形較少。國際法經由第二種方式形成，也是經由國家的慣行日漸形成。而第三種方式，經由有權限的國際組織制定規範的情形，也因國際組織是由國家的代表組織而成並非個人。因此原則上國際法的形成係由全體國家所制定。

然而近來隨著國際組織的發展，產生與上述原則不同的一新現象。例如，國際勞工組織（ILO）其大會是由政府代表二名、使用者代表與勞工者代表各一名，共計四名的加盟國代表所組成，這些代表在會議中各別有發言權與投票權，此與通常在國際會議中各國代表團須一致行動的情形有所不同。國際勞工組織大會是其最高機關，有審議通過國際勞工條約及建議案的權限以及決定其他國家加入、預算金、分擔金額的權限。在此意義之下，可以說大會的決議直接賦予個人（嚴格而言是代表階級或階層的個人）參與國際社會規範的形成。

第二個特徵則是形成國際社會規範多採行第一與第二種方法，第三種方法反而較少採，此點和國內法恰好相反。換句話說，國際社會的規範，主要是經國家明示或默示同意而形成，由一定機關制定國際社會全體規範讓所有國家服從、遵守者則是非常之少。基此，國際法只對經國家本身同意的規範具拘束力，對於非經國家自己本身同意規範則無拘束力。因此在國際會議中並不採行要求全體一致的多數決制度。

然而在國際社會緊密化的背景下，國際社會也日漸組織化，在第一次大戰後，國際組織的表決制度導入多數決制度，甚者在第二次大戰後由少數國家所構成的國際組織，其決議或通過的規則例外地對非會員國或持反對立場的會員國亦有拘束力。例如，國際民航組織的理事會中，經三分之二多數決通過的國際民航公約附屬書或修正案在送交各締約國後，三個月內未將不承認的意思表示送達理事會，則該附屬書及附屬書修正案則對全體締約國發生拘束的效力（國際民航公約第90條）；又例如，聯合國大會經三分之二多數同意得決定修正憲章，此修正決議經加盟國三分之二（包含安全保障理事會的常任理事國全

部）批准時，對全體會員國均有拘束力（聯合國憲章第108條）。

　　上述情形對於新附加或新修正規則持反對立場的國家而言，同樣地也必須受新規約的拘束，這與傳統國際法「國家不受非經自己本身同意規範的拘束」此一原則乃相違背。然另一方面，國際民航組織與聯合國大會也承認對新規約持反對立場的國家有退出該組織的自由，倘不退出該組織則認為該國係消極地默示同意。因此若從反對規約的修正而退出組織此一行為觀之，其並未違反國家不受非經自己本身同意規範拘束的原則。

　　綜上所述，所謂國際法周延的說乃係指國際社會的法律規範，係建立在各國同意的基礎上所成立的法規範，主要是規範國家相互間的關係，但在一定的範圍內同時也規範國際組織與個人的法規範。

二、國際法的法源

（一）法源之意義

　　所謂法源乃係從羅馬法學者所使用fontes juris（法之泉）而來，其本身具有三種意義：
1.法拘束力之根據；
2.產生法規之事實或行為；
3.法規成立之形式。

　　現今，經常被引用者乃後述兩者。而與原來語源最為接近者乃第二種情形，例如，國內法的法源常係指立法者制定法律的行為與國民間的習慣，即為此種用法。而按前述國際法乃係基於國家間明示或默示之合意而形成者，因此國際法的法源得謂係國家間明示或默示之合意。國家間明示之合意稱之為條約（treaty），默示之合意稱之為國際習慣（international custom）。在此意義下，國際法之法源得謂係條約和國際習慣。

　　根據第三種用法，所謂國內法之法源乃指，由立法者之立法行為所生之法律與經由國民間之習慣所生之習慣法。國際法的法源則係經條約所產生之國際

法稱爲條約國際法；經國際習慣所產生之國際法稱爲國際習慣法。因此在此意義下，國際法之法源乃指條約國際法與國際習慣法。

國際法之法源，指條約國際法和國際習慣法，至今已無異論，但自第一次大戰後，「一般的法律原則」是否得成爲國際法的第三種法源，學說上則仍有爭論。另外，第二次大戰後，有關聯合國大會之決議是否也得成爲國際法之另一法源至今亦仍有爭論。以下則就國際法成立的形式分類來探討國際習慣法及條約國際法，之後再討論法律的一般原則與聯合國大會決議是否亦成爲國際法的法源。

（二）國際習慣法

1.國際習慣法之成立要件——產生國際習慣法之國際習慣的成立必須具備二項要件

(1)同一行爲的反覆實施：亦即各國家對一定行爲的反覆實施與繼續此種事實條件是必要。通常須經過長期的實施，至於期間的長短並非一定。

(2)法之信念的存在：同一行爲的反覆實施僅係單純的習尚、慣行（usage）。倘若對於違反者能夠加以制裁，有此體認，則形成習慣法（custum）。對於此行爲賦以義務之心理要素，一般稱之爲法的信念（opinio juris）或必要信念（opinio necessitatis），亦即一般法學者所說的「法律義務的意識」。

2.默示同意的擬制

由於國家不受非經自己本身同意之規範的拘束，但是國際習慣法卻得拘束國際社會的全體國家，當然其本身必須具備上述之各國慣行與法的信念的存在。但事實上所謂各國慣行的形成並不一定全部的國家都反覆實施該行爲，只要該國沒有積極表明反對的意思，則認爲該國係爲默示的同意。因此只要是由大多數國家包括大國或直接利害關係國在內所確立的慣行，即使若干國家未參與，但只要該慣行在形成的過程中並未有反對的意思表示，即得逕自認爲係承

認國際習慣法的成立。

又當新國家成立時，新國家因得既存國家的承認而得以加入國際社會，規範國際社會的國際習慣法當然對新國家也有拘束力，雖然新國家先前並未參與國際習慣法的形成，然在新國家加入國際社會之際，當然也被認為其應包括性地承認國際社會中普遍施行的規範。

（三）條約國際法

條約乃是國家間明示的合意，這種明示的合意必須經由書面方式或經由口頭的承諾形成。學說上雖有承認後者之條約形式，但一般而言仍然是以書面方式為主。因此通常將條約定義為「經國家間書面而形立之合意」，在1969年維也納條約法公約即作如是定義。

有關條約之分類可區分如下：

1.以規定單次義務為內容之條約與規定持續性義務為內容之條約

前者是指履行某特定行為則其義務歸於消滅，例如兩國間的領土割讓條約當將領土讓與時則該義務即消滅；後者則係指在一定期間或無限期的將來對國家課以一定行為的義務，例如，通商航海條約規定賦予相對國一定的權利者即屬之。有主張規定持續性義務內容的條約才是形成國際法的法源（發生法規的事實）；而規定單次義務內容的條約則因其並非制定一定的規範，所以並不被認為是國際法的法源。

然這樣的分類僅是對規範的定義不同而已，就領土割讓條約而言，即使只規定單次的義務，但也是規範國家行為的國際法規範，因此不論單次義務的條約或持續性義務的條約應皆屬國際法的法源。

2.立法條約與契約條約

條約的目的是確立抽象性的一般規範稱為立法條約，是構成國際法法源之一部。契約條約則是指當事國並非以確立長期之行為規範為目的者，該條約並不能成為國際法之法源。學者認為兩者間的區別在契約條約是包含當事國不

同的意思表示，而立法條約則是融合各個意思表示而形成一共同意思。前者例如少數民族保護條約，一方面要求當事國對居住國內之少數民族給予一定的待遇，另一方面少數民族也具有要求的權利，規範的雙方當事者之意思表示是相對立存在。後者例如國際勞工公約，有關其內容的意思表示乃對所有當事國作相一致規定或是規定同一權利義務，條約的內容對所有當事國而言是規範同一內容。

　　兩者的區別事實上只依據條約的內容作判定，並非有關條約本身的法律性質，因此多數學者認為這種區別只是相對性並無任何理論上的根據，而條約法公約也並未區別立法條約與契約條約。今日有關條約的分類之問題並不在於何者得成為法源，而是就條約之內容區分是否具有拘束全體國家之性質，亦即在確認該條約是否為一般國際法規範。

（四）一般法律原則

　　除了國際習慣法與條約國際法之外，今日一般均承認一般法律原則（general principles of law）係國際法的第三種法源。此乃肇於1921年常設國際法院規約第38條第1項規定而來，根據該條文規定，法院裁判時的適用基準為紛爭當事國締結的國際條約、國際習慣以及文明國所承認的一般法律原則。然而這裡所謂的一般法律原則究係何指？首先即從一般法律原則的意義來探討。

1.一般法律原則的意義

　　分為二立場，其一是指文明諸國國內法中共通的一般原則；另一則是指正義與衡平的一般原則，亦即是採自然法的立場。國際法院規約規定法院應適用的基準，除國際條約、國際習慣外，另又列舉一般法律原則，其主要理由在於當無條約國際法或習慣國際法可適用時，盡可能減少法院作裁判不能的情形發生。但是從規約第38條第2項，「前項規定不得妨礙法院經當事國同意本於『公允及善良』（ex aequo et bono）原則裁判案件之權限」的相反規定而言，若無當事國的合意，法院不具有不遵從實證法規範裁判的權限。因此規約第38

條第1項所言一般法律原則應係指實證法規範，並且由於國際社會中存在的實證法規範是指條約國際法和習慣國際法，因此以實證法存在的一般法律原則，應係存在於國內法上的實證法規範。換言之規約第38條所謂的一般法律原則是指各國共通的國內法上原則，為各文明國所承認的一般法律原則。而所謂的「各文明國」（civilized nations），依規約第38條訂定之初，乃僅限於以歐洲國家及美、加等為主的國家。現在如要區分國家中何者為文明或不文明，事實上是有所困難的，因此目前是傾向從另一角度來解釋條文中的「各文明國」，亦即所謂「各文明國」是指主要法系的國家，例如：英美法系、大陸法系、伊斯蘭法系等。所以所謂一般法律原則簡單來說，是指世界主要法律體系國家所承認共通的國內法上原則。

　　然而迄今為止並無完整研究報告顯示各個國家所共同採納的一般法律原則為何。雖然一些學者嘗試把國際仲裁組織、常設國際法院、國際法院在判決時所依據的一般法律原則加以歸納、整理，具體而言其中包括條約神聖原則、既得權原則、過失責任主義、禁反言原則、誠信原則等。

2.一般法律原則之國際法上的法源性

　　從上述得知，一般法律原則是指各國國內法上共通的原則，而為國際法院採用作為裁判的基準之一。然而準此是否即得成為國際法的另一獨立法源，學說上則有不同之見解。

(1)否定說：主張一般法律原則並非形成國際法的另一法源。蓋一般法律原則雖為國際法院裁判的基準，但僅為裁判規範而非行為規範，因此並不能成為國際法法源的證據。又否定說中有主張一般法律原則雖具有國際法之性質，但卻不能單獨成為國際法之法源，因為一般法律原則，是經由條約（國際法院規約）規定而來，僅為條約國際法的一種，是以不能獨自構成國際法的第三法源。

(2)肯定說：主張一般法律原則雖係裁判規範，但在一般社會中個人均會將其視為行為規範採用，蓋倘違反該裁判規範行動，一旦成為裁判問題時對行為人將造成不利之結果，因此並無道理將裁判規範不視為法

規範。再者，形成國際法規範的一般法律原則是經由條約規定而來的這樣論證前提並非正確。一般的法律原則在國際法上的效力固然是因條約而來，但是一般條約國際法其國際法上的效力或其具體內容也皆是經由同一條約之規定而來，而一般法律原則其效力經由條約而來，內容則委由各國的立法行為，只是兩者成立的形式不同。因此一般法律原則，並非只經由條約而是包括各國的立法行為與條約而產生其效力與內容，但不應因其成立形式不同而妨礙其成為國際法的第三法源。

在國際社會中由於並未有類似國家議會般的立法機關存在，因此一般國際法規則必須經由適當的手段來確認其法律性。但是在確認機關不明確的現狀下，一般法律原則要成為國際法之獨立法源，事實上仍受有許多限制。目前通說雖是採肯定說，但不可否認地，目前否定說卻也仍是一有力的主張。

（五）聯合國大會決議

由於目前國際社會並未有固定的立法機關，而幾乎囊括世界所有國家代表參與的聯合國大會，可說是現在唯一具有制定新國際法機能的組織。其決議多以所謂的法原則、宣言此種型式出現。而聯合國大會的決議除有關加盟、除名、預算的承認、理事國的選舉等聯合國組織內部運營事項外，一般均只具有建議（recommendation）的效力。雖然如此，但是聯合國大會的決議經多數國家的同意通過，各國均會加以尊重，在某種程度上是具有一定的法律效力，至少具有引導條約定立或形成習慣法之要素，在設定未來實證法的範疇上具有一定的法律意義。因此學者將聯合國大會決議這種介於具有完全法律拘束力與純粹道德政治拘束力之間，具有中間性法律效力的概念稱之為軟性法（soft law）與實證法之剛性法（hard law）作一區隔。這種概念在現今並未臻成熟，在國際法體系中是否具有一定地位，將是今後發展過程中一重要問題。

（六）國際法的效力：一般國際法與特別國際法

1.定義

　　上述是依國際法成立形式加以分類者。除此之外，國際法亦得依其效力所及之範圍加以分類，亦即依被拘束國家的數目來分類。國際法規範中，其效力所及之範圍具有普遍性者，亦即拘束國際社會所有國家者與其效力範圍是被限定者；亦即只拘束國際社會一部分國家者。前者稱之為一般國際法；後者稱之為特別國際法。

　　由於當今國際社會並未有包含所有國家為締約國而成立之條約的存在，因此我們得謂所有一般國際法具為習慣國際法，然所有條約國際法並非為一般國際法，所以條約法與習慣法的區別與特別法與一般法之區別實具有同等之意義。

　　雖然所有一般國際法俱為習慣法，但也有原先是少數國間的條約法規範，因其他國家明示或默示的同意而發展為一般國際法者，例如，非戰條約中所定之禁止侵略戰爭原則等，可謂獲有一般國際法之性質。反之，條約之中全部或一部分是規定習慣法亦即習慣法的法典化者，此種情形，有關這些條約規定是具有習慣國際法的效力，有拘束所有國家之資格，亦即這些規定不再是以條約法之性質來拘束條約國以外國家。

2.一般國際法與特別國際法之效力關係

(1)「特別法優於一般法」原則之適用

　　一般國際法與特別國際法之間效力關係，原則上特別國際法具有優先效力，亦即與國內法相同有「特別法優於一般法」原則之適用。一般而言，特別國際法乃指條約法，一般國際法係指習慣國際法，因此「特別法優於一般法」原則常以「條約法優於習慣法」的形態出現較多。例如，國際法院規約第38條列舉法院應適用之規範，第一是條約國際法，第二是習慣國際法，此乃意謂著如有條約法規定時，應優先習慣法的適用，如無條約法規定之存在時，方才有習慣法之適用。

從此意義觀之，特定國家間的條約得訂定與一般國際法不同之規定，來規範這些國家間之行為，例如公海自由原則乃一般國際法所承認之原則，原則上在公海上任何國家不得對他國船舶行使管轄權，但是得因特定國家間之條約，在一定範圍內對他國行使管轄權。

(2)「特別法優於一般法」原則之例外

　　a.有害第三國權利之條約不生任何效力

原則上條約僅具有相對的效力，對第三國並不產生利益或損害。此一原則即所謂的「對第三國無利無損」（pacta tertiis nec nocent nec prosunt），乃是習慣法中的一項原則。對於一般國際法所承認有關第三國的權利或利益加以否定或限制，或對第三國課以較一般國際法所定之更嚴格的義務或負擔之條約乃屬無效，例如兩國間訂立有關禁止第三國的商船在雙方領海內通航的條約，但依照一般國際法第三國仍享有通航他國領海的權利，而這種權利並不受兩國間條約的任何影響。

　　b.特別法（條約）不得違反「強行法規」

這種看法在亞非國家之中主張甚為強烈。隨著第二次大戰後國際社會的緊密化與組織化，國家間締結的條約倘違反國際習慣法中的強行法規（jus cogens）即為無效。但是具有強行法規性質之一般國際法規範，具體上究竟所指為何，條約法公約中並未規定，依照學說，只有關於禁止侵略戰爭、集體殺害、海盜行為以及買賣奴隸之規則，是比較不具爭議者，至於其他的部分則意見不一致，只有留待日後國際法院判例的發展。

　　c.「後法優先前法」原則得較「特別法優於一般法」原則優先適用

亦即「特別法優於一般法」原則，只有在一般法比特別法先成立時之情形得以適用；相反之情形，則一般法得廢止特別法，例如兩國就某一事項簽定條約之後，多國間也就同一事項締結條約，而後該兩國也加入多國條約，則該多國條約之內容也有廢止前特別條約之情形。

三、國際法的法律性質

　　在早期有學者主張否認國際法存在的理論，例如霍布斯即認為國家是生存在自然境界中，彼此之間是處於對立及仇視的，因此規範國家間的並非法律、道德，而是武力。國家行為只受實力限制，只要實力所及國家就可以為所欲為。另外有主張國際法是存在的，但是國際法本身並不具有法律性質。例如奧斯汀即認為法律必須具備主權者、命令、制裁三要素。各國因為均立於平等地位，在各國之上也沒有更高的主權者，因此各國不需接受任何外來命令，不需遵守國際法之命令，不受制裁。

　　但是上述這些論點已不為現代國際法學者所接受。按前一節所述，在國際社會存有規範，此規範稱之為國際法。但是在所有的社會即使存在有規範，這些規範不除了法規範外也存在有宗教規範、道德規範、習俗規範。因此，我們既已稱之為「法」的國際法之國際社會的規範，是否真是具有「法」性質的規範，是首先必須加以檢討之問題。

（一）「法」之多義性

　　「法」通常可作三種使用，第一種最為廣義的使用，並不限於社會規範，凡為達到自己目的所必須遵守的規範。例如必勝法、戰鬥法。

　　第二種使用，所謂的法係僅指規律社會生活的社會規範而言，例如「有社會即有法」即是此種意義的法，把個人目的的規範除外。

　　第三種意義乃是最狹隘的意義，是指社會規範中特殊的規範。亦即指在實施社會分業的社會中，經特定的機關所制定的具有強制性的規範即稱之法。

　　國際法是具何種意義的法，從上述三種意義的「法」觀之，國際法符合第一種及第二種法的意義是無庸置疑，問題是國際法是否符合第三種意義的法？

（二）國際社會與國內社會之差異

　　首先在論及國際法是否為法的問題之前，必須注意到國際社會與國內社

會的構造不同。亦即國際社會並非如同國內社會般是具有高度中央集權化的社會，而是將法的定立、適用、執行分權委由個別的國家，換言之國際社會乃是一個分權的社會。

1. 從法的制定而言，國際社會的規範原則上是經由各國明示或默示的同意而形成，雖然也有些例外但仍屬少數。

2. 有關法的適用亦即裁判方面也與國家的裁判有所不同，國際司法機關並不具有強制管轄權，一般上仍是建立在國家同意的基礎上而實施裁判，各國並不負有將一切紛爭交由裁判解決的義務。

3. 有關法的執行亦即對違反國際法國家的強制而言，至20世紀初仍僅限於由構成員自行實施強制（自力救濟），及至第一次大戰後國際連盟、聯合國成立後，集團的制裁漸取代了個別制裁，然其實效性如何則是仍殘餘的問題點，此乃肇因於公權力的不完備。

　　總而言之，國際社會並不若國內社會般有規範的分業組織存在，在分權的國際社會中並未有像國內社會般統一上位機關的存在，並且對於違反者的強制制度也未充分確立。因此在國內社會與道德區別的「法」，並不能直接適用解釋國際社會的規範，亦即國際法並非如我們所認識的一般國內法，而是一欠缺強制力的規範。因此國際法究竟是不是法，從前述的分析中得知並不能涵括到上述任何一種法的意義中。

（三）國際法之原始法之性質——「法」之另一種意義

　　上述有關法的定義乃是近代國家在其分業組織之下的社會規範。至於今日法律學中所稱之的法乃並非作這樣的解釋。在近代意義的「法」與「道德」分際以前的社會規範，亦有稱之為法的情形存在，例如在「原始法」（primitive law）「古代法」（ancient law）的情形也均被稱之為法。由於這些歷史性的法有關法的定立、適用、執行並未完全組織化，特別是對違反者的強制則是委由自力救濟，亦即有關法的執行是經由被害者及其氏族對加害者及其氏族實施復仇而被確保。

在日耳曼古法中稱之爲私鬥（Fehde），殺人的情形的私鬥則稱之爲血仇（BlutRache），而形成私鬥這種權利則特別稱之爲私鬥權（Fehderecht），亦即是爲救濟失去權利的合法暴力行使權。這種經由社會構成員自己執行法的手段，儘管其法技術上並不成熟，然而只要是社會所承認其是對違法行爲的正當反擊，至少可視爲是近代國家所謂「法」的萌芽階段。這階段的法規範其內容漸與道德規範和宗教規範等開始區隔，因此所謂「法」並不是單指近代法而已，也應包含在歷史法之下的法概念，換言之，除了前述三種法的定義之外也應有第四種法的定義存在，亦即所謂法乃是「社會所承認具有物理性強制力制裁的社會規範」。國際法在制裁制度機能不完備下，具有原始法秩序中以復仇爲救濟制度的特色，例如藉由戰爭或復仇方式尋求自力救濟，故學者謂國際法是一種具有原始法階段的法律性質。

（四）國際法的特徵

1.私的自治原則

如同前述國內法是規範一國內部關係的法律，這種內部關係大致區分爲國家對個人與個人對個人的關係。而國際法則是規範國家對國家的關係，類似國內法中對等者的個人對個人的關係，是以國際關係並非國內社會中的公法上的關係，而是私法上的關係。國內法上私法關係的最大特徵乃是私的自治原則與契約自由原則，在國際法上具有同等意義。在該原則指導下，國際社會原則上須對國家的意思給予最大限度的尊重，換言之即導引出國際社會第一基本原則——主權平等原則。

2.合意原則

現在的國內法上，有關契約自由原則的妥當範圍，乃限於債權法等一部分。而合意原則（pacta sunt servanda）是契約自由原則範疇中一重要概念，在論及國際法拘束力的基礎時，合意原則是一重要的根據，特別是在沒有統一的上位機關存在的分權國際社會，合意原則則是成爲國際法的妥當根據。

（五）國際法之遵守義務

　　從國際法的特徵觀之，國際法本身的法性質是較接近任意法規的概念。國際法既是任意法規，則各國須遵守的理由何在？其理由之一認爲國際法如同國內法係基於社會契約說的理論，目前仍爲多數學者主張，在此則試從現實面另外作一些分析。

1.相互主義的機能運用

　　國際法的違反或不遵守，對於他國的不遵守情形則不具有抗議的立場，不遵守的結果將導致不利益。例如A國如不承認B國條約上的權利，同樣地也不能期待B國承認A國的權利，是以只有自國遵守國際法方能有要求他國遵守國際法之可能。

2.填補國內法之不足

　　從前鑒於國際戰爭的悲慘而國內法卻不能適用解決，國際法的必要性遂備感重要。即使現在國家間的戰爭或國內混亂（政權的非法交替或內亂、國家成立或解體等）發生時，國內法並不能適用行使，爲鎮壓該混亂狀況亦只能依賴國際法。

3.國際公益概念的出現

　　從前國際社會弱肉強食的因素強烈，但是現在爲實現抑制人口、保護環境、解消民族間的對立、分配資源等問題，唯有超越主權國家之立場，從全人類的觀點加以解決，雖然各國意見相異，各國卻也都承認該共同利益的存在。國際性共通利益的出現，國際社會自然負有責任維護該利益，而國際法的適用則是一實現的手段。

四、國際法與國內法

（一）問題的所在

　　公海自由原則係爲習慣國際法所確立之原則，亦爲公海公約及海洋法公約所確認。任何國家對於在公海上的外國船舶不能行使管轄權，倘若某國制定之漁業法中規定，將拖網漁業禁止區域片面擴張至公海，對於在此區域內作業的漁船不問其國籍爲何，其水上警察均可加以取締。此種情況，即習慣國際法與國內法律互相矛盾、牴觸，此時該國國民與國家機關應受何種法律的拘束。

（二）國際法與國內法的關係

　　國際法與國內法的關係自來即有國際法優位論、二元論、國內法優位論三種學說。

1.國際法優位論

　　此說認爲國內法乃經由國際法的委任而具有其效力。因此國際法與國內法規定相牴觸時當然國際法優先。換言之，國際法當然具有國內的效力，而國家的官員、法官、國民也直接受到國際法的拘束而不受違反國際法之國內法的拘束。

2.二元論

　　此說認爲國際法與國內法乃是基於個別的根據而具有效力之二個獨立的法秩序，因此不會有國際法與國內法牴觸的問題發生。儘管兩者在事實上規定有所不同，但也僅止於事實上的問題，國際法在國際關係中依然有效，國內法在國內也依然有效。國際法只要是未經「變型」，在國內是不能被適用執行，亦即個人倘無國內法的媒介是不受國際法直接拘束的。

3.國內法優位論

此說認為國際法乃是經由國內法賦予其拘束力，因此兩者相牴觸時當然國內法具有優先的效力。換言之，國際法與國內法乃在相同的範圍內拘束國家，國家於任何時候均得依其本身的意思來變更國內法的規定，藉以單方的免除國際法上的義務。

從上述的分析不難瞭解到上述之學說對於現實的法現象皆不能作合理的說明，這些學說與其說是經由現實的法經驗分析而得出結果，毋寧說是從法哲學的觀點來考察在國際法與國內法相矛盾時其效力關係所下之結論，因此運用到現實面來當然有落差。對於國家所簽定之條約，國內法院是否得以直接適用，一般國家的實踐情形大致可分為兩種型態：一是經由轉換方式，由於國際法不能直接作為國內法而適用，因此條約內容必須先轉換成國內法。另一是經由併入方式，亦即認為條約的內容即為國內法的一部分。

（三）國際法與國內法牴觸時兩者的效力關係

國際法與國內法以同一事項為其規範的對象，但是其內容卻互相矛盾時，何者該優先適用；亦即國際法在國內具體實施時或國內法院在適用時，國際法具有何種效力的問題。關於此問題，則須從國際法院的判決、各國的憲法規定及國內法院的判決來加以考察。

1.國內法的規定不能免除國際法上的義務，此一原則多為國際法院之判決所支持，為普遍所承認的原則，亦即在國際關係中國際法的義務乃優先國內法。因此，有妨礙國際法義務遂行的國內法的存在時，國家負有將其廢止之義務，倘若國家怠於行使時，則將產生國際責任。

2.根據國際判決，違反國際法之國內法在其國內並非為無效。

由於實際上並不存有將國際法直接適用、實施於國內之國際組織，因此，國際法適用於國內之情形，其如何發生效力取決於國內法，特別視憲法規定而定。

在各國的實踐中，多數國家認為條約並不需要經過特別的國內立法這道手

續，亦即不須轉換為國內法，即具有國內法的效力。但是，此種情形，其在國內法中具何種位階，則端視各國所採的態度而有所不同，各國中採取之情況有以下幾種：

(1)條約在憲法的下位，法律的上位（法國採之）。

(2)條約在憲法的下位，與法律屬同位階（美國採之）。

(3)條約在憲法及法律的下位（英國屬之）此為少數。

(4)條約之批准須經國會三分之二多數為必要者，其與憲法同位階；條約之批准須經國會二分之一同意為必要者，其與法律同位階（澳大利亞採之）。

(5)條約之批准須經國會三分之二多數為必要者，其在憲法之上位階；條約之批准須經國會二分之一同意為必要者，其在法律之上位階（荷蘭採之）。

一般而言，像澳大利亞、荷蘭把條約與憲法置於同等地位或優位的國家乃屬少數，把條約置於憲法之下法律之上者，仍是多數國家所採的態度。即使如此，碰到條約與憲法相牴觸時，這些國家仍採「統治行為」論、「政治問題」論，而限制法院對條約的違憲審查權。除此之外，法院也儘可能將國內法作與條約一致的解釋。因此，實質上在某種程度裡各國仍採國際法優於憲法之態度是不可否認的事實。

3.如前所述，今日各國多傾向條約毋須轉換為國內法，即具有國內法的效力，但並不意謂著這些條約當然均得為國內法院所適用。國內法院可直接適用者，為自動執行條約（self-executing treaty），反之，必須經過立法措施法院方能適用、實施者稱之為非自動執行條約（non-self-executing treaty）。兩者的區別標準，國際法並沒有規定，乃取決於各國之國內法，但一般而言，條約規定的內容乃直接賦予國民權利義務者，大致屬自動執行條約。然有時也因各個國家其有關訴訟法上的要件不同而有所不同運作，例如，採嚴格罪刑法定主義的國家對於違反個人義務而欲科以刑罰時，則必須制定詳細的犯罪構成要件與具體刑罰規定的國內法；反之，對國家課以義務的條約，依其國家所負義務的內容及性質也有國民直接援用條約在國內法院提起訴訟的情

形，換言之，由於國家的不同、訴訟法上要件的不同（是民事訴訟、行政訴訟或刑事訴訟）往往作不同的規定，因此判定是否爲自動執行條約事實上並不容易。

（四）條約在我國適用之情形

條約依照我國憲法的規定，條約之簽訂屬於行政機關，條約之批准屬於立法院。依照立法院通過的條約具體標準規定，凡具有「條約」名稱的國際協定，不論其內容如何，或載有批准條款的國際協定，雖未採用「條約」名稱，均應經立法院審議通過。即便未具條約名稱，亦無批准條款的國際協定，其內容如涉及國際組織、國家財政、變更現行法律或具有特別重要性者，仍應經過立法院批准手續。至於一般行政協定，純屬於行政機關職權範圍者，則無須咨送立法院審議（司法院釋字第329號解釋）。我國憲法對於國際法在國內法上的效力則並未明文規定。從憲法第141條規定精神以觀，條約與法律相牴觸時，原則上似以條約效力爲優先。我國歷來若干立法例（如民國37年5月12日國民政府修正公布之防空法第3條第2項、民國43年4月17日總統令公布之引渡法第1條）、法院判決（如最高法院23年上字第1074號刑事判決）及實務界解釋（如司法院民國20年7月27日致前司法行政部訓字第459號訓令、法務部72年2月21日法（72）律字第1813號函）均持此一見解。

參考資料

李鍾桂，條約法公約與習慣國際法，軍法專刊，第20卷第5期（1974）。

岳宏達，國際法在我國國內法上的地位，憲政時代，第19卷第4期（1994）。

徐克銘，論國際法之強制性，軍法專刊，第47卷第9期（2001）。

徐熙光，國際法與國內法的關係，法鼎，第6期（1978）。

黃　異，國際法在國內法領域中的效力，臺灣海洋法學報，第6卷第1期（2007）。

許慶雄，國際法法源之探討──國際法之形成過程與型態，淡江學報，第35期
　　（1996）。

楊澤偉，論國際法的政治基礎，華岡法粹，第31期（2004）。

第二章　國際法的主體

一、主體性的意義

　　所謂國際法的主體乃指得成爲國際法上法律關係的當事者，亦即得爲國際法上權利義務歸屬的法人格。雖然隨著時代的改變、條約關係的緊密形成，國際法主體的範圍也隨之擴張，但是提及國際法主體首先即意指國家。然國際社會中除了國家之外，尚有國際組織的存在，它們也是國際法主體。早期對於國際組織是否具有獨立的國際法主體性，國際社會仍是傾向消極的立場，直到1949年聯合國職員執行職務遭受損害請求賠償事件中，根據國際法院的諮詢意見，認爲國際組織爲實現其設立目的，應享有必要的權能，承認聯合國的國際法主體性。自此有關國際組織的國際法主體性地位更形明確。

　　另一方面，在某些特定情況下，個人亦能成爲國際法權利義務的主體，例如在人權保障上，個人享有國際法上的權利；在義務上，從二次戰後紐倫堡及東京國際軍事法庭對個人施以戰爭犯罪的制裁先例後，經過南斯拉夫及盧安達國際刑事法庭的設立乃至常設國際刑事法院的成立，更確立個人在國際法上義務的設立。再者，個人之中除自然人外尚包括法人。隨著國際經濟活動的擴大，企業的國際化、多國籍化，有關法人國際法上權利義務的規定也日漸增加。

　　國際法的主體實際上應包括有國家、國際組織及個人。再者，第二次世界大戰後，「民族自決權」的概念被提起也爲國際社會所承認，因此有關「民族」的國際法上的主體性也成爲爭論的問題。至於賦予國際法的主體何種權利或課以何種義務，則依條約或習慣法等內容來決定。但其前提仍是建立在國家間的合意之上，換言之，其他主體在國際法上的地位，仍然須經由國家間的合意來決定。

二、各類型國家的國際法主體性

（一）主權國家與半主權國家

當具備人民、領土、獨立的政府三項要件之法人格體時，我們往往稱之為國家（主權國家）。所謂人民是指具有本國國籍的國民；領土是指擁有明確的一定領域；獨立的政府是指對其領域能行使有效的支配以及具有與他國建立關係的外交能力。

正常情形下，主權國家往往以單一的形態出現。但是，國家之中，因與他國相結合而喪失一部分或全部的主權（外交能力）者，則稱之為半主權國，例如，因保護條約而使外交能力受限制的保護國或從屬國（附庸國）。保護關係是以條約為依據，所以基本上是屬於國際法的關係，外交能力的範圍也由保護條約來決定，像1905年日韓協定中規定日本政府指揮監督韓國的外交事務，以及韓國政府必須經由透過日本政府締結國際條約。從屬國則是本國的一部分欲從本國獨立出來的階段，一般有關其本國國內法上的自治權或受限的外交能力多被承認。

（二）特殊的國家

1. **羅馬梵蒂岡**：中世紀以來即被承認為國際法主體。事實上自1870年被義大利佔領後即被認為屬於準國家的地位。義大利於1929年拉托拉諾條約中承認其為具有獨立領土的主權國家。梵蒂岡是世界最小的獨立國，雖是城市國家但具有國際法上的主體性，亦即得為外交關係條約、難民公約的締約國，然其卻未加入聯合國。

2. **永久中立國家**：永久中立的產生有經由國際條約的締結，由其他締約國保障其永久中立的地位，瑞士即為典型之案例。永久中立國負有嚴守中立之義務；除了本國遭受攻擊行使自衛權抵抗外，絕不對外作戰，當然也不得締結軍事同盟條約，也不得負擔參與戰爭的國際義務，但其主權並未被限制，與一般的主權國家並無差異。

3.**流亡政府**：本國領域因戰爭或武力行使而爲外國軍隊佔領，舊政權元首及閣僚等逃亡至第三國，在第三國同意和協助之下，於一定範圍內行使政府機能，稱之爲流亡政府。由於流亡政府對本國領域及本國國民欠缺事實上的統治，故僅在限定範圍內承認其具有國際法主體性地位，例如第二次世界大戰波蘭被德國與蘇聯佔領後的波蘭政府流亡至倫敦領導境外波蘭人的抗戰活動。

（三）準國家主體

1.**交戰團體**：意圖從中央政府獨立出來的團體，由於內戰關係，第三國利益因此受到影響，所以爲了保護第三國的權益並尊重內戰發生國關係雙方的合法權利，因此在一定範圍內該交戰團體受到國際法的規範，特別是交戰團體與合法政府關係將適用戰爭法規則，內戰中合法政府與交戰團體雙方與第三國間依照國際法規定行使交戰權利及負中立之義務，因此交戰團體須對本身行爲負責。有關交戰團體的案例並不多，只有美國南北戰爭時承認南方團體爲交戰團體之例。

2.**民族解放團體**：擬從本國獨立出來的團體。第二次世界大戰之後，在外國支配下的殖民地住民，本於民族自決權而組織團體，尋求民族解放或意圖自本國獨立而進行武力鬥爭的例子增多。對於民族解放團體作爲行使民族自決權的主體，國際法承認其在一定範圍內享有國際法主體的地位，例如締結協定或以觀察員的身分參加國際會議。

三、國際組織的國際法主體性

　　傳統國際法學者認爲只有國家才是國際法主體，但隨著國際關係的發展，使得國際法不能以規範國家爲滿足，國際組織的大量出現，豐富了國際關係的內涵，而國際組織彼此間以及國際組織與國家間的互動，產生了許多權利、義務的關係，此種關係在國際社會中分量日漸增加，因此國際組織漸次成

爲國際法規範的對象，也讓國際組織繼國家之後，成爲國際法上重要的主體。

　　所謂國際組織是指爲達成一定目的，基於國家間訂立的條約而設立的組織體，其與會員國乃是分別獨立存在的法人格。國際組織以固有的常設機關進行活動，像這樣國際組織爲達成一定目的而執行種種活動，特別是在執行對外活動時，具備一定資格或能力是有其必要性。

　　由於國際組織不單是各個國家的組合，其本身在一定的範圍內具有國際法主體的地位（國際法人格）。國際組織的權利、義務範圍，亦即其權限及功能是依據其設立條約（組織法）而定，因此其性質與國家當然具有完整的國際法主體地位是有所不同。然國際組織的權利、義務並不以設立條約明示規定者爲限，對於遂行組織目的所必要具有的權利，也有默示承認其存在的必要。

　　國際組織的權利、義務來自設立條約的規定，依國際組織設立目的的不同，其享有的權利、義務當然也有所差異。然其中主要的共同權能計有下列各項：

1.條約締結權

　　在國際實踐上，國際組織作爲當事者一方而與國家或其他國際組織間締結條約的事例並不少，例如聯合國的情形，其安理會得與會員國間締結特別協定（憲章第43條）、經濟社會理事會得與專門性組織或會員國締結協定（憲章第63、64條）。

2.使節權與特權暨豁免權

　　一般慣例上，會員國會設置常駐使節團（代表部）於國際組織的本部，反之國際組織在國家或其他國際組織設置常駐使節團，則並未形成普遍化，但是派遣代表或設置機關的情形也並非少見。關於國際組織的特權與豁免尚沒有類似統一的公約規定，有些國際組織制定專門公約規定自身特權與豁免，例如聯合國憲章105條第2款規定，聯合國會員國之代表及本組織正式職員，亦應同樣享受於其獨立行使關於本組織之職務所需之特權與豁免。並且1946年的「聯合國特權與豁免公約」以及1947年的「聯合國專門機構的特權與豁免公約」做了

進一步的具體規定。大多數國家承認國際組織在其領域內，為遂行其任務，享有一定特權及豁免權，但依據職能必要的原則（functional necessity）來審查是否需要給予某個國際組織以豁免權，當國際組織被賦予豁免權在於使其發揮其職能實現其目標；當司法管轄權有損於該組織的核心職能時，豁免權生效；反之則不能適用豁免權。

3.領域管轄權

根據聯合國憲章第81條的規定，聯合國得為信託統治區域的施政權者。另外聯合國就其他區域亦得在一定期間統治領土，例如在1963年對西伊利安實施暫時的統治。但是，有關此種領域管轄權，現行情況下也只有聯合國方享有此權利。

4.國際請求權

國際組織本身受到損害時，是否得對加害者的國家或其他國際組織請求賠償。根據國際法院在1949年的損害賠償請求事件中，承認聯合國不僅對於本身所遭之損害有請求權外，對於工作於聯合國之個人因公務所遭之損害亦得行使賠償請求權。至於聯合國以外的國際組織，是否有此權能，多數見解認為對於組織本身之侵害，當然應有請求權的適用。再者，有關國際組織行使國際請求之際，其訴訟能力一般而言是不被承認。

5.國際責任

國際責任與國際請求權互為表裡關係，由於國際組織的違法行為而侵害其他國際法主體法益時，該國際組織於其國際法人格的範圍內，負有國際責任。事實上，也有聯合國因其不法行為而負賠償之事例。

四、個人的國際法主體性

（一）傳統理論──唯有國家係國際法主體理論

　　早在19世紀規定有關個人權利義務的國際法規即已存在。例如：

1.基於通商航海條約對於締約國國民賦予入境、居住、通商、營業上的權利。

2.在少數民族保護條約對國內少數民族一定的基本人權予以保障。

3.對於海盜，在公海各國軍艦得加以逮捕並予以起訴，向來爲國際習慣法所承認。換言之，亦即國際習慣法對個人課以不爲海盜之義務。

4.違反戰爭法規之軍人爲交戰國軍隊逮捕時，得以戰犯加以處罰。

5.一般私人實施違法的敵對行爲時被逮捕時即依戰犯加以處罰。

　　然而在傳統的國際法理論下，即使國際法規定有關個人的權利義務，但卻是由國家直接負國際法上的權利與義務責任，個人是不得成爲國際法上之權利義務主體。例如在通商航海條約規定，必須賦予締約國的國民在本國內之種種營業上的權利的情形，因此對於條約上所規定的權利，雙方皆具有要求相對國必須賦予本國國民在國際法上的權利，相對於此，雙方締約國亦負有保障相對國國民享有在本國內居住或營業時條約上權利的義務。在此情形下，不論締約國國民所享有的權利爲何，皆係締約國基於國際法上的義務而制定國內法以保障締約相對國國民條約上的權利，亦即這些權利皆爲國內法上的權利，乃係基於國內法的規定締約國國民的權利方得以產生。因此，當權利受到侵害時，個人僅得依相對國的國內法進行訴訟而無國際法上的救濟程序。一旦無法得到國內的救濟，其本國政府得行使外交保護權與相對國交涉，或徵得相對國同意向國際法院提起國際訴訟。其中不論是外交交涉或國際裁判皆是以國家爲當事者，並非是以國民之代理人的型態出現。

　　有關義務者亦相同，傳統國際法皆是以國家作爲權利義務之主體，例如海盜的情形，在公海上任何國家不得對他國國民行使管轄權，唯獨對海盜例外承認其公海上的管轄權，任何國家的軍艦均得加以逮捕、處罰。此種情況乃是國家負國際法上之權利義務。

（二）個人得為國際法主體之新理論

直到20世紀之後，漸發展出個人直接向國際法院提起訴訟的情形，亦即個人之國際法上的權利招致侵害時，個人得直接依國際法上的程序尋求救濟的制度。例如，1907年在華盛頓中美洲五國同意設置中美洲法院，設立條約第2條規定個人有向法院提起訴訟的權限，個人或法人對於歐洲共同體機關對其本身所作的決定得向歐洲共同體法院提起訴訟。另外聯合國憲章第87條規定信託統治區域的住民得對信託統治理事會提起請願。依1950年歐洲人權公約設置歐洲人權委員會，凡遭到人權侵害之個人或民間團體均得向該會提起請願。以上是有關個人直接依國際程序主張其權利的情形。

另外，有關義務方面，在第二次世界大戰後對於違反國際法規定而直接經由國際上的程序對個人加以制裁，例如紐倫堡大審判及遠東軍事法庭中對違反和平罪、違反人道罪者，直接對個人課以責任。另外在1948年防止及處罰滅絕種族罪公約中對於觸犯滅絕種族罪者，不論是具有憲法上責任的統治者或公務員甚或私人，皆由國際刑事法院審理處罰。

從以上的現象得知，20世紀後，國際法已不再是單以國家為主體的法規範，個人在一定的情況下亦得成為國際法上的主體。

（三）個人為國際法主體之性質與範圍

雖然個人得為國際法上之主體，但是與國家相比之下仍然是較受限制的。

第一、個人的國際法主體性乃是基於各個條約規定的範圍內來承認其國際法主體性。此種情形與國家不同，國家之國際法上的主體性只要條約沒有作特別的限制當然具有一般的權利義務，就此點觀之，個人的國際法主體性是受相當之限制。例如在「原爆訴訟」的判決中，廣島、長崎的原爆受害者五人向美國提起損害賠償的訴訟，結果東京地方法院在昭和38年12月7日駁回並言明：「投擲原子彈行為明顯地違反國際法的規定，但是國際法或國內法上並未承認

被害的個人得對相對國提起損害賠償的權利」。

　　第二、雖然個人在限定的範圍內享有國際法主體的地位，但是這並不表示個人得以參與訂立國際法創設權利義務的地位（個人在國際勞工組織的代表權是唯一的例外情形）。自己本身具有參與法的訂立、變更、廢止、設定權利義務能力者稱為積極的主體，而不具有直接參與法的訂立能力，僅能經由法而賦予權利課以義務者稱為消極的主體。在今日國際法的發展階段，個人並不具有國際法積極的主體地位，僅具有消極的主體地位。

　　第三、個人國際法上的主體地位，多數說主張限於個人得以直接經由國際法上的程序主張其權利義務，但是也有主張國際法既已對個人規定權利義務，有關其救濟程序即使委由國內法仍然具有國際法主體之地位。蓋實體上的權利與程序上的權利，分別由不同的法律秩序規定，在法律學上是毫無疑義，例如防止及處罰滅絕種族罪公約規定滅絕種族罪是國際犯罪，國內法院及國際刑事法院皆享有管轄權（第6條），倘若謂在國內法院處罰時，是國內法上的義務違反行為，在國際刑事法院處罰時，是為國際法上的義務違反行為，這將是非常奇怪的理論。在這種情況下應可謂國內法院是適用形式上的國內法，實質上是適用國際法。

（四）非政府組織（NGO）的國際法主體性

　　根據1950年2月27日聯合國經濟社會理事會的288(x)決議指出：「國際非政府組織係指任何不通過訂立國際條約而成立的國際組織」。這是首見有關國際非政府組織（Non-Governmental Organization, NGO）的定義，換言之是指一個不屬於政府、不由國家建立的組織，通常獨立於政府之外的非商業化、從事人權、文化、環境、經濟開發、宗教、教育等不同領域事項，具有國際規模的公益活動法人。20世紀的全球化提升了NGO發展的重要性，據一份1995年聯合國關於全球管理的報告統計，有接近29,000個國際NGO。

　　聯合國憲章第71條規定：「經濟暨社會理事會得採取適當辦法，俾與各種非政府組織會商有關於本理事會職權範圍內之事件」。這樣的規定可說是建構

在與非政府組織建立合作關係的想定。事實上在國際關係中，非政府間國際組織與政府間國際組織之間，非政府間國際組織相互之間共同制定或通過的一些重要文件，以及非政府間國際組織就一些重大國際問題提出的建議往往具有重大的國際影響力，有些文件還被一些國家認可和實施，或直接轉化為國際法律性文件，或通過國內立法以國家強制力保障其實施。換言之，非政府組織對國際條約案的制定、國際義務履行狀況的監督、權利救濟或國際爭端的解決過程均具有一定的貢獻。例如，在關貿總協定烏拉圭回合談判中，已開發國家和開發中國家達成的許多妥協，都是在非政府組織提出主張的基礎上形成的；里約環境大會的準備工作接受非政府組織的各種建議，在大會的最後文件中也採納了非政府組織提出的主張；刑法學高等研究國際學院和美國律師協會推動建立國際刑事法院；幫助制定國際禁雷公約；人權大赦的影響等等。

　　這些非政府組織活躍於國際社會，並透過本身在國際社會中的行為，以及由此產生的與國家和其他國際行為主體的關係，實際上在國際法中已經具有了一定的法律地位。然非政府組織國際法律人格地位仍未完全確立，由於非政府組織定義不明確，沒有專門的國際條約對其進行定義和規範。但是隨著國際關係以及全球化的進一步發展，非政府間國際組織在國際法上的地位問題日益受到重視，對其是否應列入國際法主體應是未來必須深思討論的一項課題。

（五）企業的國際法主體性

　　近年來隨著經濟活動的國際化，反映出企業多國籍化的傾向，為保護企業權益以及企業的運作，國際規範的制定即有其必要性。但是有關企業的國際法主體性，國際法上並未完全確立，仍持保留之立場。1952年英伊石油公司國有化事件判決（詳參第6章）中，國際法院指出企業並不具有國際法上固有的主體性地位，因此企業與外國政府間訂定的協定也不具有國際性質。從該案例以來國際間對於企業的國際法主體性仍持消極的立場。但是另一方面，在國與國間締結的雙邊條約，往往直接規定個人或企業的權利義務，藉以保障企業在他國領域內的財產利益。

　　1965年國際間依據「關於解決國家和其他國家國民投資爭端公約」規定，設立「解決投資爭端國際中心」（International Centre for Settlement of Investment Disputes, ICSID）作為解決締約國與其他締約國國民投資爭議的常設機構，具有獨立的國際法人地位。根據公約規定，設立中心的宗旨在於專為外國投資者與東道國政府之間的投資爭端提供國際解決途徑，即在東道國國內司法程序之外，另設國際調解和國際仲裁程序。ICSID的案件一般都是一方為締約國，一方為另一締約國的國民，而爭議的內容主要涉及締約國是否違反了保護其它締約國的國民（投資人）的國際義務。

　　不論是從國與國間的雙邊條約對企業體權利義務的規定或從ICSID的賦予企業體提起仲裁或調解程序觀之，儘管企業體的國際法主體性並未被積極承認，但其在條約上的地位與權利顯然被明確規定與承認。

五、民族的國際法主體性

　　民族自決權是指各民族有根據自己的選擇確定本國政治、經濟、文化制度的自由。民族自決（national self-determination）乃國際政治上的一重要原則之一，在19世紀成為形成歐洲民族國家的指導原則，20世紀初又為威爾遜、列寧主張成為戰後處理事項之一環而被適用，1916年3月，列寧發表「社會主義與民族自決權」一文，指出世界各民族均應享有決定自身命運的權利，被壓迫民族應從帝國主義和殖民主義宗主國中解放出來。1918年1月，美國總統威爾遜發表14點和平原則，也提出民族自決權概念，稱民族自決應是重新劃分戰敗國（德國、奧匈帝國、奧突曼帝國和保加利亞）領土的依據。不久又成為高唱殖民地獨立運動之旗幟，直到二次世界大戰後才成為實證國際法上的權利。

　　聯合國憲章第1章第2條規定：「發展國際間以尊重人民平等權利及自決原則為根據之友好關係，並採取其他適當辦法，以增強普遍和平」。1960年在第15屆的聯合國大會通過「賦予殖民地國家和人民獨立宣言」，宣言中提及「人民自決權」（right of peoples to self-determination）。而後1966年國際人權規約第1條第1項規定，所有人民均享有自決權，基於此種權利，所有人民得自

由決定其政治地位並自由追求其經濟、社會和文化的發展。1970年「關於各國依聯合國憲章建立友好關係及合作之國際法原則宣言」等一系列文件，確立「民族自決權」為國際法上的權利。自決權區分「對外自決權」（external self-determination）和「對內自決權」（internal self-determination），前者指反殖民主義，後者指各族人民選擇和改變自己的政治經濟文化制度的權利。1975年「歐洲安全與合作會議」通過的宣言，進一步明確指出「對內自決權」就是指尊重人權和民主選舉權。

2007年9月13日第61屆聯合國大會中，會員國以143張贊成票對4張反對票通過「聯合國原住民族權利宣言」（United Nations Declaration on the Rights of Indigenous Peoples）。宣言第3條規定，原住民族享有自決權。基於這一權利，他們可自由決定自己的政治地位，自由謀求自身的經濟、社會和文化發展。

作為「民族自決權」此種權利歸屬人格的「人民」或「民族」，因而被承認為國際法上之主體。然而在現階段，由於人民或民族的定義並不明確，容或殖民地或從屬地域內的人民，是含括在民族自決權之主體範圍之中，但構成國家之民族的全部或一部分，是否亦得成為享有民族自治權之國際法主體，則有不同之見解。

參考資料

小田滋，主權獨立國家的「臺灣」──「臺灣」在國際法上的地位，臺灣國際法季刊，第4卷第2期（2007）。

松井芳郎著、林明德譯，現代的國際法與自決權，現代學術研究，第1期（1989）。

林韋仲，論個人在國際經濟法上之地位，中華國際法與超國界法評論，第3卷第1期（2007）。

李明峻，論個人的國際賠償請求權──兼論二二八事件的琉球人受害者問題，臺灣國際法季刊，第5卷第2期（2008）。

李明峻、許介鱗，國際法與原住民族的權利，政治科學論叢，第12期
　　（2000）。

莫迺滇，個人在國際法之地位並兼論主體學說之趨勢，思與言，第3卷第2期
　　（1965）。

陳純一，聯合國「國家及其財產管轄豁免公約」之研究，政大法學評論，第
　　109期（2009）。

陳啓迪，個人在國際法之地位，東吳法律學報，第4卷第1期（1982）。

楊永明，國際法中主權概念的地位與演變，國立臺灣大學法學論叢，第25卷第
　　4期（1996）。

蔡志偉，聯合國中的原住民族國際人權，臺灣國際研究季刊，第4卷第2期
　　（2008）。

譚偉恩，國際政治的變遷與國際法律規範的未來，國際關係學報，第26期
　　（2008）。

第三章　國家基本的權利、義務

　　國家基本的權利義務係指國家在維持國際關係上不可欠缺的權利義務。自然法思想中承認個人生來享有一定基本的權利與自由，同樣地，國際法主體的國家也享有一定絕對的固有權利義務，這些權利義務均不得爲國際法所限制。但何者爲國家之基本權，學者間並無一致的看法，眾說紛云，包括主權、平等權、自衛權、條約締結權、使節權、通商權等，其中較爲重要者且被多數人主張者，爲主權、平等權與自衛權。國家之基本義務則有國內事項不干涉原則、國際爭端之和平解決、禁止武力行使義務、環境保護義務，條約必須遵守義務等被提起。本章即針對這些重要者加以論述。

一、國家的基本權利

（一）主權

　　主權（sovereignty）的概念與其說是法律概念，不如看作政治概念更爲適當。在近代國家成立的過程中，不單爲對抗封建制度下之內外的各種權力，因而主張君主權力具有最高性與絕對性，且不隸屬於任何權力之下。因此主權本身包括對內與對外兩方面。

　　對內方面，國家權力意謂著在國內具有最高且絕對之性質，亦即國家在其領域內原則上具有排他性的統治權能。因此這種情況之下，主權與統治權和領域權具有同等的意義。主權具體行使的態樣乃是以國家對個人行使管轄權的方式表現之。對外方面，乃意指國家在處理對內或對外關係事項時，不受外部權力的支配，在此意義下主權亦稱之爲獨立權。

　　然如前述，國家受國際法規範，以及關於紛爭事項付交裁判，此與主權之性質是否有矛盾、牴觸？紛爭事項交付裁判，乃基於當事國間的合意而實施，與國內裁判之不問當事人意思如何的強制管轄權，性質上有所不同。就此意義而言，國家並未喪失其主權性，且仲裁判決並非定立新的國際法，僅在適用業經國家同意之既存的國際法，因此僅管同意交付裁判國家也並未服從於外部的

意思。

多數決制度的導入,也不得不謂主權受有限制,例如聯合國中有關安理會強制措施的決定(憲章第25條)及憲章的改正(憲章第108、109條)。在這些情形,對於不參與意思決定的國家或表示反對意思的參與國均受國際組織決議的拘束,而這些國家並非基於其本身之意思而受國際法的拘束,因此從這觀點來看傳統意義下的主權是受有一定的限制。

(二)國家管轄權

國家行使主權之具體型態表現於國家對與其有所聯繫之人、事、物行使管轄權。所謂國家管轄權(national jurisdiction)是指國家對一定範圍的人、財產或行為等行使國家的權力,特別是指現實適用、執行國內法之權能而言。國家管轄權從其作用面可區分為三態樣:一、對於一定行為或事實得制定國內法的「立法管轄權」(legislative jurisdiction);二、行政機關行使逮捕、搜查、調查、收押等具有物理性強制措施的「執行管轄權」(executive jurisdiction);三、司法機關適用國內法令審理事案之「司法管轄權」(judicial jurisdiction)。國家行使管轄權的準則,主要有基於屬地主義、屬人主義、保護主義、普遍主義、船旗國主義等各原則來決定。(如圖3-1)

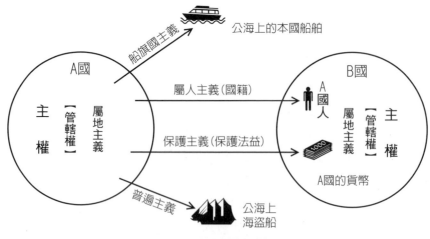

圖3-1   管轄權行駛圖

1.屬地主義

該原則乃是基於國家「領土主權」而來，基於該原則，不論犯人為本國人或外國人，只要是在本國領域內（領陸、領海、領空）發生本國刑法上的任何犯罪，該國均得行使刑事管轄權（外國之外交官及國際公務員例外）。屬地主義的適用範圍，隨著其理論的發展及案例的次第發生而逐漸有擴張解釋：只要該當於構成要件的事實一部分——著手或完成，發生在國內的情形，即視為國內犯，而得援引屬地主義主張管轄權。

2.屬人主義

基於屬人主義的觀點，不論犯罪地為何只要具有本國國籍者的犯罪行為即適用本國刑法，故該原則又稱為國籍主義。該理論的由來是基於國民對國家的忠誠義務，早在19世紀的日耳曼社會中已為法典化。但是隨著強調屬地主義優位性的見解逐漸被接受，國際間對於本國民的國外犯只限於某些特定的犯罪才適用屬人主義，例如我國刑法第7條規定：「本法於中華民國人民在中華民國領域外犯前二條以外之罪，而其最輕本刑為三年以上有期徒刑者，適用之。但依犯罪地之法律不罰者，不在此限」，亦即該主義係作為補充行為地國屬地主義的輔助原則。

當被害者為本國國民，且在外國受到外國人侵害時，適用被害者本國刑法處罰之原則，即稱為消極的屬人主義。消極的屬人主義有補充適用的可能，是在本國國民在外國得不到該國刑法上充分的保護前提下，亦即該原則的適用是在對外國刑事司法制度不完備的前提下才成立，但是在國際法上對其是否可成為適用的基準仍有所爭執。時至今日，消極的屬人主義被廣泛適用在對本國國民之恐怖主義行為或暗殺本國外交官及其他公務人員等行為上，在這種情況下實際起訴之司法當局對於該犯罪對政府或一般人民有脅迫、威嚇、報復之意圖負有舉證責任；此舉係為防止該原則的濫用，並維持該原則僅具補充屬地主義之性質。

3.保護主義

　　所謂保護主義是指侵害本國存立與安全，或其他重要國家法益的犯罪，不問犯罪者爲本國人或外國人，也不問犯罪是發生在本國領域內或領域外，均適用本國刑法之原則。規制犯罪的責任，本應由其社會秩序爲該犯罪所直接侵害之國家擔負，而通常都是歸屬於行爲地國；但是適用保護主義的犯罪對象，就其性質上而言，並非是受第一次侵害的行爲地國，而是該行爲所面向的國家，因此不得不排除屬地主義的適用。但是由於國家安全本身的法益內容過於抽象，另一方面犯罪構成要件係由各國恣意訂定等因素，在適用保護主義上易流於有濫用的危險。甚至在適用保護主義之際，常混雜各國政治性的判斷，更易激化關係國之間的對立。因此在援用保護主義之際，國際法課以一定的限制是有必要的。

4.普遍主義

　　普遍主義又稱爲世界主義，係指對於侵害各國共通利益的犯罪，不論犯罪者或犯罪地爲何，均適用本國刑法之原則，亦即以現實拘留犯罪實施者的國家享有刑事管轄權。根據此原則，任何國家對於有關侵害人道、善良風俗、保健衛生、資訊、財物流通或是海上通商等國際社會各國共通法益的犯罪，均得適用本國刑法對外國國民提起追訴及處罰——亦即有關國際犯罪的規範，賦予各國普遍性的管轄權。

　　傳統國際法對於有關海盜行爲、買賣奴隸或戰爭犯罪等一些特定的犯罪，皆賦予逮捕到人犯的任何國家享有追訴及處罰的權能；但是這種權能卻只被承認爲是具有補充性質而已，在未能引渡給與犯人或犯行具有密切關係的國家時，亦僅屬於代爲追訴處罰。

　　適用普遍主義時，關於成爲適用對象的犯罪性質與範圍，在國家實踐或學說上見解是相當歧異對立的；其中只有海盜行爲適用普遍主義在國際法上已被確立，也是傳統適用普遍主義的典型例子。至於其他「侵害各國共通利益的犯罪」，進而主張適用普遍主義者，例如有關婦女、青少年作違反道德目的的買賣、損害海底電纜、毒品的不法買賣、猥褻出版物的買賣、僞造或使用外國

貨幣、有價證券、危險爆裂物或毒品的使用，以及傳染病等侵害公眾衛生的犯罪等，在作成規制這些犯罪的條約時往往提出適用普遍主義的主張，但是由於國家間欠缺共同的合意，對於如何認定犯罪的範圍，在判斷上仍有相當大的分歧，故在主張適用普遍主義仍具困難。

5.船旗國主義

船舶具有特定國之國籍從而置於該國管轄權之下。雖然有關賦予船舶國籍之條件，各國得以自行制定標準（公海公約第5條），但是賦予國籍的國家與該船舶之間必須具有「真正的聯繫」（genuine link），例如國家與船舶所有者、或與組員等須具有真正的聯繫關係。

船舶在公海上，船旗國具有排他性的管轄權，此即為船旗國主義。船旗國主義原則，自前世紀以來雖有依據船舶領土說（浮動領土論）之理論來加以說明其法律性質，然於今日，已摒棄這種假設說法；而是以對船舶之航行利益乃最為合適且在船舶管理上最具效果的現實考量下，基於國家對船舶與航空器間的歸屬關係而取得管轄權。

（三）主權豁免

1.主權豁免之意義

當個人置於外國中當然受該國國內法之適用，但是例外亦有不受該國內法適用之人。具有此種特殊待遇者具體而言包括立於國家機關地位的個人、國有財產或國家機關（軍隊、軍艦、軍用機、軍事基地等），這種特殊地位或特殊待遇稱為裁判權豁免或主權豁免。所謂主權豁免是從主權平等思想發展出來為國際社會中特有之問題。

2.主權豁免發展之過程

19世紀時國家本身經營鐵路、海運、郵政等範圍的事業，當時以行為主體是國家作為理由，承認國家在外國享有豁免。有關國家的活動中，除了自動放棄豁免或關於不動產的對人訴訟或關於財產的繼承訴訟等之外，皆享有主權豁

免，稱為絕對豁免主義（the doctrine of absolute immunity）。這種見解乃是以國家的活動範圍不及於私人或私企業所經營的經濟活動（亦即指國家從事商業活動）為前提的立論。及至20世紀在社會主義國家中開始出現國家介入經濟活動，因此對於長久以來的主權豁免見解提出有再檢討之必要，其中有主張所謂的限制豁免主義（the doctrine of restricted immunity），係對絕對豁免主義適用的限制，亦即僅對國家的行為或財產的一部分承認豁免，例如在義大利、比利時國內法院採用限制豁免主義，承認國家對於他國的非主權行為行使管轄權。美國也在第一次大戰後顯示出採行限制豁免主義之指示，但是正式表明採用乃是在1952年5月17日國務院提出之文件（Tate Letter），聲稱國務院將採行限制豁免主義。美國法院依據該文件對於裁判管轄權漸改採行主權限制豁免。而長久以來固守絕對豁免主義的英國法院，在1970年代後期變更立場，在1978年7月20日訂立國家豁免法（State Immunity Act）後，改採用限制豁免主義。而日本自1928年12月28日發生的「松山對中華民國事件」中大審院判決認定「除了有關不動產訴訟等特別理由之外，關於民事訴訟，原則上外國仍應服於我國裁判權」，採行絕對豁免主義以來，至2002年日本最高法院在「橫田基地停止夜間飛行事件」中承認限制豁免主義為國際習慣法，絕對豁免主義立場才開始鬆動。

◆橫田基地停止夜間飛行事件

　　美軍駐紮的日本橫田基地機場周邊居民，對於每日航空機的夜間飛行訓練，向法院提起停止夜間訓練以及對美國提起損害賠償請求。對於成為被告的美國，在訴訟中是否享有裁判豁免，成為爭議問題。判決中承認限制豁免主義為各國實踐所採行，對於外國主權行為享有裁判權豁免乃是國際習慣法所承認。橫田基地航空器的夜間飛行，係屬於美國軍隊的公務活動，顯然為國家主權行為，因此當然適用裁判權豁免。

3.主權行為與業務管理行為

　　依據限制豁免主義之見解，國家行為可區分為主權行為（權力行為）與

業務管理行為，而其區分基準則有「行為目的基準說」與「行為性質基準說」兩種不同的判斷。所謂行為目的基準說是以國家行為之動機、目的作為判斷基準，得成為豁免對象的只限於國防等與國家權力活動有直接關係的行為。行為性質基準說則是以行為之性質作為判斷基準，有關契約或非法行為等原本屬私人所為之行為即不得成為豁免的對象。

另外，對於領域國行使裁判權後必須採行強制執行措施的情形時，有關裁判權豁免與強制執行豁免是否應作同一對應或應分別考量，則是見解相互對立，特別是當國家同意行使裁判權時，是否當然承認判決的執行仍是有爭議。例如美國，對於強制執行則仍維持絕對豁免主義，直到1976年10月21日訂立外國主權豁免法（Foreign Sovereign Immunites Act），規定有關外國實施商業活動的訴訟，限於該活動所使用的財產才得強制執行。目前對於強制執行的豁免與裁判權的豁免視為不同之問題，即使經由國家同意等承認裁判權時，對於強制執行部分，仍須再得到國家同意為必要的見解仍是屬有力的主張。

歐洲議會在1972年除作成「歐洲國家豁免條約」外，2004年通過「聯合國國家及其財產的管轄豁免公約」。歐洲國家豁免條約是最初規定有關主權豁免的條約，該條約列舉各種不得豁免的情形，這些列舉情形可說是依照行為性質作為區分基準，該條約原則上否定公法人及公共企業體的豁免資格，對於強制執行該條約原則上禁止對外國國有財產的強制執行，但在各國對強制執行部分的宣言中，紛紛對各國工商業用的財產承認得實施強制執行。而「聯合國國家及其財產的管轄豁免公約」採用限制豁免主義，規定國家本身和其財產具有裁判權豁免，2004年「聯合國國家及其財產的管轄豁免公約」分別規定了有關國家豁免的「一般原則」、「不得援引國家豁免的訴訟」和「在法院訴訟中免於強制措施的國家豁免」等內容。雖然公約第5條確認了國家在他國享有司法管轄豁免權之原則，但受限制豁免主義理論和國家實踐的影響，公約列舉出不得援引國家豁免的行為。依公約第10至16條規定，一國在因下列事項而引發的訴訟中，不得向另一國原應管轄的法院援引管轄豁免：(a)商業交易；(b)雇傭契約；(c)人身傷害和財產損害；(d)財產的所有、佔有和使用；(e)智慧財產權和工業產權；(f)參加公司或其他集體機構；(g)國家擁有和經營的船舶，在訴

訟事由產生時該船舶是用於政府非商業性用途以外的目的，即不得援引管轄豁免。不過，在(b)、(c)、(d)、(e)和(g)項情勢中，如有關國家間另有協議，被告國亦可主張管轄豁免。

4.豁免之主體

適用主權豁免之際，有關其主體在學說上多有所議論，其中主權國家得成為適用主體是毫無疑問地，但是對於被保護國、未承認國、邦聯構成國以及地方公共團體或政府事業體則有所爭議。2004年「聯合國國家及其財產的管轄豁免公約」適用於國家及其財產在另一國法院的管轄豁免，其所謂的「國家」是指：一、國家及其政府的各種機關；二、有權行使主權權力並以該身分行事的聯邦國家的組成單位或國家政治區分單位；三、國家機構、部門或其他實體，但須它們有權行使並且實際在行使國家的主權權力；四、以國家代表身分行事的國家代表。

在國際條約之中也有對主權豁免主體作若干規定。首先對於商業目的用的政府船舶，在1926年4月10日的「關於國有船舶免責若干規則統一布魯塞爾公約」中規定，政府船舶除了供非商業用者之外，所生之債務應服於外國法院之裁判權管轄（第3條）。另外在1982年聯合國海洋法公約規定軍艦和其他用於非商業目的的政府船舶具有豁免權（第32條）。

5.其他國家機關的主權豁免

軍隊在外國領域內一般皆享有特權的地位，亦即對於外國軍隊的構成員原則上具有領域國的裁判權豁免，但是對於公務外之行為則必須服於領域國之裁判權。基於條約規定而有外國軍隊駐留的情形時，對於軍隊構成員的刑事裁判權，究竟由其本國或領域國來行使，經常成為重要的爭點。這時應依照為遂行軍隊機能區分軍事命令權之範圍與領域主權行使範圍來分別討論。在國家的實踐上對於外國軍隊的問題大都依1951年「關於軍隊地位北大西洋公約當事國間協定」（NATO協定）中所定的方式解決，該協定規定對於外國軍隊構成員，派遣國與領域國雙方原則上皆享有裁判權，當雙方刑事裁判權競和時，派遣國

只有對於侵害派遣國法益的犯罪與公務執行中作爲或不作爲所生的犯罪,享有優先裁判權,至於其他的犯罪領域國則享有優先裁判權（第7條）。

雖然對於軍隊公務外之行爲必須服於領域國的裁判權,但是外國軍隊駐紮的基地,一般會承認其享有不可侵權。因此當人犯歸營時,領域國官員未得基地司令官的同意,即不得進入基地內逮捕人犯。

依據1958年領海公約第22條規定,軍艦以及其他非商業目的使用的政府船舶,享有沿海國裁判權的豁免地位。因此,停泊在內水中外國軍艦或公務船內的犯罪,不論其犯罪行爲是否對沿海國有無影響,裁判權均歸屬船旗國。但是軍艦上的組員登陸時,觸犯公務外的犯罪行爲時,則不得主張豁免權。至於在沿海國境內違反法令之犯罪者逃至外國軍艦上時,在未得到艦長之許可,不得登臨船艦逮捕罪犯。

6.國家元首的豁免

國家元首在各國國內法中認爲是對外代表國家的最高國家機關,國王、總統即屬之。國家元首公的對外行爲（締結條約、派遣、接受大使等）是屬於國際法上的國家行爲,元首在外國中享有名譽權、不可侵權等一定特權,並且給予相當禮儀待遇外,完全不受領域國裁判權的適用,這些特權、豁免是爲習慣法所承認。但是對於違犯如酷刑、滅絕種族罪等重大國際罪行,則未必有豁免之適用。前智利總統皮諾切特事件即爲典型案例。

◆皮諾切特事件

1998年9月,皮諾切特持外交護照到英國倫敦醫院接受手術。10月16日,根據一名西班牙法官簽發的國際逮捕令——該令狀指控他在執政期間犯謀殺及其他侵犯西班牙公民人權的罪行,指控皮氏違犯滅絕種族罪、酷刑罪、劫持人質罪,向英國要求引渡。歐洲議會當日以壓倒多數通過了支持西班牙引渡皮氏的決定。智利政府兩次向英國提出抗議,認爲皮氏作爲一名到英國訪問的持有外交護照的政府官員和前國家元首,享有司法豁免權,要求立即釋放。英國上議院法庭裁定皮氏不享有英國

的刑事管轄的豁免權，理由是他所犯的罪行十分嚴重，根據英國法律和國際法均應受到嚴屬懲處。

（四）平等權

國家的平等權（equality）乃至於國家平等原則是爲近代國際法的支柱之一。然而國家平等權一詞常具有多重的意義。

1. 第一乃指「法律之前的平等」（equality before law），亦即國家不分大小、強弱等差異，均須平等適用國際法。國內法謂法律之前人人平等，此爲基本人權之一，各國必須遵守，因此只要承認國際法是爲法則必須承認國家的平等權。

2. 第二種意義乃指「法律之內的平等」（equality in law），在此意義下的平等權，不惟指適用國際法形式上的平等，更係指國際法內容實質上的平等。此乃是基於對「不平等條約」的批判而生。

   所謂「法律之內的平等」並非指國家在任何點上均享有同樣的權利義務。蓋國家在各種不同的條件下，締結各式各樣的條約，因而取得各不相同的權利義務，此乃國家在國際社會上地位不同所致。因此，在「法律之內的平等」意義下的平等，並非指各國在各個點上均享有同樣的權利義務，而是意味著國家平等的享有有關國家存立的基本權。因此從前像中國、土耳其等國被迫承認外國的領事裁判權之情形，即無享有上述意義的平等權。而後國際法發展至不平等條約或強制訂立條約均屬無效，乃是爲期使更符合國際法下平等權的意義。

3. 第三種意義亦即所謂「有關國際法定立的平等」，各國得平等參加國際法的定立，對於違反本國意思者則不受拘束。此意義下的平等權是指有關外交交涉或國際會議中，享有平等的參加權、發言權、投票權。然事實上，各國際組織中常有所謂加重投票制度（weighted voting system）的設立，對於一部分有力的加盟國在表決程序上付予較大的地位。例如投票權數的不同或付予否決權，例如聯合國安理會承認五大國享有否決權；國際貨幣基金

（IMF）、世界銀行（IBRD）依加盟國的出資額而採用加重投票制。這也顯示出國際組織爲能有效的營運，乃棄形式上的平等而採較實質上、機能上平等的看法。

（五）自衛權

自衛權（right of self-defense）乃指一國對他國之違法且急迫之侵害行爲，在不得已情況下所行使防衛的權利。自衛權於中古世紀、19世紀乃至國際聯盟時期，國際法並未禁止國家以自衛的名義行使武力行爲，而且並認爲該權利是國家固有之權利。然而國家爲保衛國民安全及其生存所發動的武力行爲，最初並未使用自衛二字，及至聯合國成立後，在聯合國憲章第51條規定中方才有國際法上「自衛權」名詞的出現。

在國際社會中，各種法律體系幾乎都承認此一國家權利，不過對其行使方法，學者們看法不一，有認爲一國採取的自衛行爲是否必要，應由局外第三者來決定。然而在一般國際法中，對一項緊急情勢是否已達到須用自衛武力的程度，則完全委由國家自行判斷，不過，聯合國憲章加上一項限制：自衛須受安理會認可，若安理會發現該項以自衛爲名的武力行使是不當的，則該國須受制裁（理論如此，事實上在實行上極困難）。

另外，聯合國憲章第51條規定：自衛措施或因而形成的集體安全保障體系（集體自衛），其目的乃是爲對抗侵略行爲而存在。然何爲侵略行爲？究以動機或行爲作爲判斷標準？對此的選擇將造成適用上的困難。

1.傳統國際法學上之自衛權

自19世紀以來一般即主張國際法中存有如國內法上的正當防衛與緊急避難之權利—即自衛權與緊急避難的存在。換言之在宣布戰爭違法化之前，國際法學上有關國家引用自衛權最古典的案例即有1837年的卡洛琳號事件（the Caroline）、1873年維吉尼亞號事件以及1807年丹麥艦隊事件。國際法上之自衛權乃指：「遭自他國現實與急迫之不法侵害的國家，爲排除此侵害之必要情況

得於必要限度內行使一定實力的權利」，例如卡洛琳號事件中即援引該見解。而所謂緊急避難乃是指：「遭至急迫危難的國家在無其他方法之下為避免危難的發生，得侵害非可歸責國家之法益的權利」，例如丹麥艦隊事件中所採之依據。因此廣義下國際法中所謂的自衛權乃是包含正當防衛與緊急避難二種概念在內。從這些案例中可歸納出儘管在中古時期自然法中並無自衛權之概念與名稱，但是國家為保護其國民安全及其本身生存之必要，在其主權或其他權利遭受侵害之狀況下，即得採取防衛之反擊手段。

　　由於第一次大戰前，國際法並不禁止對相對國之違法行為，以武力方式行使自力救濟，故在當時亦無須對自衛權的概念予以正當化之必要。事實上自丹麥艦隊事件至比利時中立侵犯事件無不是以自衛權或緊急避難的形態出現，並非只對相對國之違法行為而為，因此這並非國內法制度中的正當防衛而是屬於緊急避難之概念。然而在這些事件之中對於訴諸緊急避難行為的國家並不能以自力救濟的說明予以正當化，因此勢必尋求其他正當化的理由。在一般國際法上是否承認自衛權儘管多數學說均持肯定之立場，然習慣法上之根據仍顯不足，因此在法理上仍不得不承認其為緊急避難。然而紛爭之各國態度與其說不承認緊急避難的法理，毋寧說是對是否得適用緊急避難而爭論。

2.聯合國憲章所定之自衛權

　　在1928年的廢戰公約中原則上乃禁止一切的戰爭，二次大戰後的聯合國憲章也與非戰公約採同一之立場，亦即在自力救濟中禁止一切的武力行使，但是卻例外地允許在遭致外國武力攻擊時，為防衛本國得行使自衛權。再者聯合國憲章中將傳統自衛權的概念另分為個別自衛權與集體自衛權兩種，而集體自衛權在習慣國際法中乃並未存在之概念。

　　聯合國憲章的第51條自衛權的發動只限於對聯合國之會員國發動武力攻擊的情況下，而且為防止自衛權的濫用，憲章中也規定各國在採行自衛權之措施時負有向安理會報告的義務，亦即經由聯合國的控制來防止自衛權的濫用。【憲章第51條條文表】雖說自衛權的發動須經安理會，然常任理事國由於享有否決權，因此倘由常任理事國本身或其背後支持而以自衛權之名，而施以違法

的武力行使，事實上即無可能加以控制。再者，自衛權的發動乃限於武力攻擊現實發生時，國家為排除該攻擊有緊急之必要為前提。

憲章第51條

聯合國任何會員國受武力攻擊時，在安全理事會採取必要辦法，以維持國際和平與安全以前，本憲章不得認為禁止單獨或集體自衛之自然權利。

Article 51

Nothing in the present Charter shall impair the inherent right of individual or collective self-defense if an armed attack occurs against a Member of the United Nations,until the Security Council has taken the measures necessary to maintain international peace and security.

因此在受到武力威脅時，「先制自衛權」的發動是不被允許，但也不限於須有攻擊的被害發生，並且經濟侵略等也是被排除在外。所謂「武力攻擊」的內容是指1974年第29次聯合國大會通過有關「侵略」定義中所列舉者。集體自衛權的發動要件與個別自衛權的要件是相同的，僅限於武力攻擊發生的狀態下。然而集體自衛權的發動是否需有事前協定存在之必要，理論上並無此必要，但是在國家實踐上例如1949年北大西洋公約、1955年華沙公約、1960年美日安保條約等均受事前訂有協定之拘束。再者，集體自衛權的發動是否需有直接遭受武力攻擊國家「請求」之必要？在1986年國際法院對尼加拉瓜事件中判示經遭受攻擊犧牲者國家的請求，是宣稱本身受到攻擊以外之另一必要條件。簡言之，集體自衛權是指對他國的攻擊視為對本國的攻擊，而實施反擊的權利。而從憲章規定觀之，傳統自衛權中有關「急迫性」與「均衡性」之要件在憲章中並未言及，將成為適用上的問題。雖然憲章原則上禁止武力的行使，唯一例外是自衛權的行使，但是在適用上比起傳統之緊急避難或正當防衛在適用上更為狹隘。

侵略的定義　1974年12月14日聯合國大會決議3314（XXIX）

第3條

在遵守並按照第2條規定的情況下，任何下列情形，不論是否經過宣戰，都構成侵略行為：

(a)一個國家的武裝部隊侵入或攻擊另一國家的領土；或因此種侵入或攻擊而造成的任何軍事佔領─不論時間如何短暫；或使用武力併吞另一國家的領土或其一部分；

(b)一個國家的武裝部隊轟炸另一國家的領土；或一個國家對另一國家的領土使用任何武器；

(c)一個國家的武裝部隊封鎖另一國家的港口或海岸；

(d)一個國家的武裝部隊攻擊另一國家的陸、海、空軍或商船和民航機（隊）；

(e)違反與他國之協定而使用共駐紮在該國之武裝部隊，或終止協定後仍逕自延長駐軍時間；

(f)以領土提供給一國對他國進行侵略；

(g)以國家名義派遣非正規軍、傭兵、團體或武裝團體對他國進行上述諸行為之重大的武力行為，或對他國實質介入之行為

二、國家的基本義務

（一）國內問題不干涉原則（principle of non-intervention）

　　國家對一定的事項得以自主處理、決定，而不受他國干涉，此等事項稱為內政、國內問題（internal affairs）或國內管轄事項（matter of domestic jurisdiction），國際法上禁止他國對此等事項干涉，稱之為國內問題不干涉義務。所謂國內問題傳統上是指攸關國家存利之重大利害事項，有關其範圍並非由實證國際法決定，而是由各國經政治性判斷主張。但在進入20世紀後，實證國際法介入其中只有在國際法的規定範圍內方才委由國家自由裁量，例如國際聯盟規約將國內問題界定在「國際法上專屬該當事國管轄的事項」（a matter which by international law is solely within domestic jurisdiction of that party）（第15條第8項）。1970年聯合國的友好關係原則宣言中對一定事項承認屬於國內問題，例如、國家的人格，政治性、文化性、經濟性的要素，以及政治、經濟、文化體制，這些事項的選定是基於為保護存在國際社會中國家的多樣性判斷而來。當他國介入上述國內問題時，即構成違反國內問題不干涉義務。

所謂「干涉」（intervention）是指一國對他國內、外事務的強制行為，以促使該國執行或不執行某一特定事項或行為而言。由於干涉行為是對國家獨立權的一種侵害，甚至是對國家生存的危害，所以干涉行為是國際法所禁止。為使國家權利能確實獲得保障，國際社會的每一國家自然就負有尊重他國權利之義務，不得從事干涉的行為，所以，不干涉他國內政即成為國家在國際法下的一項基本義務。

干涉不僅包括武力的行使或威嚇，凡是不利益的強制亦構成干涉的行為，不以威嚇為背景的外交交涉而對他國請求或建議變更政策，則非此所謂之干涉。一方面不干涉是基本義務，但另一方面，國際間有主張例外地合法的干涉，包括基於條約規定的干涉、基於關係國請求的干涉（例如美軍之介入越戰）、基於保護關係（1905年之日韓協定）、「人道的干涉」（humanitarian interference）及「防制的干涉」（preventive interference）、聯合國的干涉等。惟其中人道的干涉、防制的干涉是否應予以承認合法事實上仍存有諸多疑義。

1.人道的干涉

指對某一國政府違反人道行為時所施行的干涉行為。倘使一國家內部發生了對基本人權的違反，他國基於整體國際社會利益的考量，則得加以出面禁止，進行干涉。然而此種干涉不論其所藉名義是如何崇高，事實上其背後經常夾雜許多政治因素在裡面。蓋人道與否，乃視各國文化背景、傳統歷史、宗教信仰而異，所以他國如何能對一國行為的合法性或適宜性加以批判？因此，亦有學者認為人道的干涉乃是不合法理，即使真正基於人道，也不能由個別的國家加以干涉，只能由代表國際社會的機構來執行，而這種行動是對違法國家的制裁而非干涉。

2.防制的干涉

有時稱之為反干涉，係指對於企圖或已經發動的干涉一種反擊行為。如果當事國行為是針對加之於他本身非法干涉的反擊，則此乃合法的行為，稱之為自衛。如果當事國行為是針對加之於第三國非法干涉的反擊，則稱之為「反干涉」。

對於反干涉，有些學者認為是合法的行為。然本國和第三國之間並無條約上的義務存在，則何來干涉的權利？因此一國進行反干涉便於法無據，所以反干涉也是非法的行為。

3.聯合國的干涉

聯合國憲章第2條（國際管轄事項）規定，凡有威脅或破壞國際和平之情形，即使有與國內管轄事項發生紛爭，聯合國亦得採取強制措施。惟此等強制措施究竟是為干涉抑或制裁，學者間仍有不同看法。

4.內戰與不干涉義務

根據傳統國際法對於外國基於合法政府請求援助之鎮壓反亂軍並非是違法的干涉，相反地對反政府軍的支援則是屬違法的干涉。其理由在於經合法政府同意的援助是屬於合作而並非干涉。但是隨著內戰的擴大，對於合法政府是否代表國家產生懷疑時，對於第三國對內戰援助合作則不得不謹慎為之。今日對內戰的不干涉義務是國際法上一確立的原則，在1965年「關於干涉國家國內問題的非許容性與保護國家的獨立及主權宣言」（聯合國大會2131號決議）中宣示不得介入他國內戰。1970年的友好關係原則宣言同樣地確認不干涉義務。再者於1986年國際法院對尼加拉瓜軍事性活動事件判決中認定政府的援助請求或反叛軍的請求都不能構成援助正當化的事由。

在內戰中對一方當事者第三國施以援助的情形，相對地對他方當事者施以援助的情形也是多有所見。這種情況有主張當第三國對內戰之一方援助之際，也必須承認第三國對內戰之另一方援助，其法律根據在於侵害禁止干涉內戰而得採取的對抗措施（對抗干涉（counter-intervention）），合法政府並非第三

國的傀儡，只要有阻害人民對政治體制的決權，人民即得採取必要措施，以維持國家獨立及人民行使選擇權，然而在前述尼加拉瓜軍事性活動的判決中國際法院提及這種對抗干涉在現今國際法下仍是被禁止的。

另外有主張內戰不干涉義務的例外，包括尋求殖民地獨立的武力紛爭、在殖民地支配或外國的佔領下人民為求自決與獨立實施的武力紛爭時，容許第三國對民族解放團體或行使自決權的團體給予援助；相反地此時則禁止對施政國的援助。上述情形禁止對施政國的援助是國際法上確立的原則，根據1960年賦予殖民地宣言（聯合國大會1514號決議）人民為能夠行使尋求獨立的權利，必須停止對方所有的武力行動或任何壓抑手段。亦即在殖民地支配下的人民享有自決的權利，任何妨害該權利的武力行使或援助，各國有抑制的義務。

再者，對於尋求自決與獨立的武力行使是否允許第三國給予援助也是另一爭點，根據1965年聯合國大會2105號決議，承認殖民支配下的人民為行使自決與獨立的權利而實施的鬥爭是屬正當行為，得對任何國家請求對民族解放運動之物質上或精神上的支援。在1974年關於「侵略的定義」決議中言及對於殖民地支配等鬥爭的人民享有請求或接受支援的權利，但並未區別精神上或物質上的支援。因此可謂在民族解放或殖民地獨立戰爭中承認請求或接受支援的權利存在，只是有關其內容殘存有解釋上的對立──社會主義國家及亞非諸國主張支援包括供給武器等物質上的支援，西方諸國則主張支援僅限於外交援助等精神上的支援。

（二）禁止武力行使義務及和平解決爭端義務

在傳統國際法理論下戰爭與武力行使並非是國際法上的違法行為，國家應以何種方法來解決國際紛爭原則上皆委由該國自由決定。但在第一次大戰後國際聯盟規約及廢戰公約等促使戰爭違法化，進而在聯合國憲章中確立禁止武力行使義務及國家和平解決爭端義務。憲章中禁止的對象，從「戰爭」擴大到「武力威嚇或行使」（threat or use of force），不論宣戰佈告的有無，凡是一切的武力行使或威嚇皆在禁止之列。而一般禁止義務的例外，限於規定在憲章

第7章的聯合國採取的集體措施——特別是憲章第42條規定的軍事性措施，及憲章第51條規定的自衛權的行使，以及憲章第53條第1項前段規定的區域性協定與區域性機關採取的強制行動、憲章第53條第1項後段與第107條之舊敵國條款三種情形。

（三）環境保護義務

從國際社會的發展來看，國際間對於環境法概念的產生，始於1972年6月5日至16日在瑞典斯德哥爾摩所召開的「人類環境會議」，會後並發表斯德哥爾摩人類環境宣言（Stockholm Declaration of the United Nations Conference on the Human Environment）明白宣示領域國的環境保護責任，確立國家環境保全義務。有關國家對其領域內及管理下的活動具有的管理責任，根據1992年里約環境與發展宣言（簡稱里約宣言）原則2規定，「各國根據聯合國憲章和國際法原則，國家擁有主權權利利用自己的資源依照本國環境與發展政策，並有責任確保在其管轄或控制下的活動不對其他國家或不在其管轄範圍內的地區的環境造成危害」，同時在斯德哥爾摩人類環境宣言原則也作同樣的規定。從1941年特雷爾冶煉廠事件（Trail Smelter Case）的仲裁判決發展出基於屬地主義、屬人主義的國際環境保全責任，也確立成為國際習慣法上的原則。亦即國家對於本國管轄下或管理下的活動，負有不得使用本國領域侵害他國法益的領域使用管理責任。

◆特雷爾冶煉廠事件

案由——位於加拿大不列顛哥倫比亞省的一家冶煉廠排放的二氧化硫煙霧對美國華盛頓州的財產造成了損害，仲裁庭裁定加拿大對給美國造成的損失進行賠償，並聲明：「根據國際法以及美國法律的原則，任何國家無權利用或允許利用其領土，以致其煙霧在他國領土或對他國領土或該領土上的財產和生命造成損害，如果已產生嚴重後果的情況，而損害又是證據明確者。」此案是國際法歷史上第一起跨境損害環境責任

案件，這一原則被後來很多國際環境文件所採納，成為一項公認的國際環境法基本原則。

　　傳統國際環境保護公約對於防止越境污染，是以調整國家的領域管轄權方式處理。另一方面從環境本身的性質考量，而提出生態整體的保護與保全概念。國際環境保護公約的特色，並非是基於領域管轄權對國家要求負有環境保全義務，而是傾向對國家課以保全生態系整體的國際義務。例如1982年聯合國海洋法公約第192條規定「各國有保護和保全海洋環境的義務」。

（四）條約必須遵守義務

　　國際法中有一最古老的原則即為「條約神聖原則」（pacta sunt servanda），亦稱為「條約必須遵守」原則。因此無論經由條約或習慣法所產生的義務，國家都必須善意履行。此項義務乃是維護國際法秩序的一項基本要件，也是形成國際法「合意原則」不可或缺的基本精神。

參考資料

王人傑，論國際法上之「干涉」觀念，軍法專刊，第17卷第5期（1971）。
王志文，評析國際法上之主權概念，華岡法粹，第29卷（2003）。
何任清，論國家在國際法上之權利義務，法律評論，第24卷第9期（1958）。
李子文，國際法與武力之使用，東海大學法學研究，第2期（1985）。
李鴻禧，國家主權與國際社會淺說，月旦法學，第20期（1997）。
陳純一，國家豁免主體問題之研究，臺北大學法學論叢，第61卷（2007）。
楊永明，武力威脅與國際法：中共武力威脅臺灣之國際法分析，國立臺灣大學法學論叢，第30卷第5期（2001）。
楊澤偉，環境保護與國家主權關係初探，華岡法粹，第33卷（1995）。
魏靜芬，內戰與國家不干涉義務，軍法專刊，第47卷第4期（2001）。
劉森榮、徐克銘，武器使用規制之國際法規範，陸軍學術月刊，第37期

（2001）。

鄭敦宇，海上武力使用之國際法標準——以國際海洋法法庭第二號判決為中
　　心，警學叢刊，第32卷第5期（2002）。

第四章　國家的承認與繼承

一、國家承認

（一）承認的意義

　　國際社會有新的國家誕生時，通常既存的國家或國際組織會對新國家的成立事實加以確認，該確認的行為即國際法上所謂的「國家承認」（recognition of state）。理論上，當國家成立之際，國家承認制度都應有所適用，但現實上國家承認始自17世紀瑞士、荷蘭、葡萄牙獨立當時。直到18世紀末美國脫離英國獨立之時，法國對美國給予國家承認，引起英國的不滿而對法國宣戰，「國家承認」的問題遂成為國際法上爭論的議題。19世紀初美洲大陸西班牙殖民地獨立之際，為反制母國西班牙，美、英等國陸續給予國家承認而漸漸形成今日的承認制度。由於承認制度並未有直接規範的條約，因此多以國際習慣法上的問題論述。自來對於國家承認問題，國際間存在兩立場相互對立，亦即是以符合一定要件為前提而實施，或是屬於個個國家單方實施的行為，莫衷一是，從國際實踐觀之，各國仍是基於政治考量判斷為多數。例如在過去巴勒斯坦解放組織於1989年宣布獨立，但並無實際統治的領土，但卻也仍有相當多的阿拉伯國家給予承認。學說上對於承認是否為國家義務的看法，多數認為承認與否應委由各國自主判斷，國際法上並未課以國家有承認的義務。

◆美國的不承認主義

　　1932年日本在東北成立滿洲國，並與滿洲國間簽定議定書，給予國家承認。美國國務卿史汀生同時向中日兩國政府提出照會，謂：凡違反條約（廢戰公約）而訂立之條約與協定，及由此而造成之事實上之局面，損害美國條約上之權利，美國政府皆不能承認。此即史汀生之「不承認主義」，亦即所謂之「史汀生主義」。該主張並於同年為國際聯盟大會確認為會員國之義務。

（二）承認的法律性質

　　有關國家承認其本身的性質與效力，學說上見解有極大的差異，且各國家的實踐上也並不一致。傳統上有二學說對立：即宣示性效果理論（declaratory theory）及創設性效果理論（constitutive theory）。

1.宣示性效果理論

　　此說主張「在新國家成立的同時即取得國際法主體的地位，他國的承認僅在確認、宣示新國家成立的事實而已」。亦即在實施承認前新國家若具備國家要素即已具有國際法主體性，他國的承認只是再次強化其國際法上的地位；確認、宣示本身並不具有創設國際法主體的法律效力。一般而言，認為國家承認僅係建立國家雙方正式外交關係的意思表示，就此意義而言，仍是具有法律上的意義，然嚴格來說國家承認也僅止於雙方國家展開外交關係交涉的政治效果而已。此說多為歐美學者所支持，且與國家的實踐相互一致。

2.創設性效果理論

　　此說認為「國家在經過承認之後，方得成為國際法的主體，未被承認的國家單純只是事實的存在而已」，亦即在承認之前國家並不具國際法主體性。創設性效果理論是傳統國際法所採用的主張，日本多數學者也採行此說。依據該說主張，對於尚未被承認的國家是不能成為國際法上的權利義務主體，因此理論上不應適用國際法。但事實上國際社會仍會要求未被承認的國家遵守國際法義務（禁止武力侵略等），就實際與理論上是有矛盾之處，換言之，該說主張的「承認」並不能完全決定新國家具有開始發生適用國際法的效果。

3.折衷說

　　國家承認依其國家成立狀況不同而具有不同之意義，例如在無紛爭的情況下成立新國家，第三國的承認僅具有宣示性的效果而已；反之，新國家的成立係經由內亂而分離、獨立等情形，本國往往拒絕予以承認，此種情況欲和新國家建立外交關係之第三國，必須經由承認新國家來確立其國際法人格，因此其

承認是具有創設的效力。

　　事實上從歷史來看，格勞秀斯（Hugo Grotius, 1583-1642）或瓦特爾（Emeric de Vattel, 1714-1766）並未特別意識到「承認論」會成為問題，新國家具有國際法上的關係乃屬當然，然而對於分裂國家（有未被承認的國家的情形）或民族解放團體（行使民族自決權的情形），承認才會成為問題點，國際社會現狀多數國家的實踐是採宣示性效果理論，而創設性效果理論的採用則是政策所期望者。

（三）承認的要件

　　關於新國家的成立，倘使如前述本國與第三國之間有爭議時，則新國家須具備何種要件，方得允許第三國承認新國家？基於調和本國立場與其他各國的利益，第三國並不見得有待本國政府承認後才有給予承認的必要。一般認為給予國家承認應具備以下兩要件：1.新國家在一定的區域對人民行使穩定、自主的統治，亦即該政府已經確立實效的權力，國內人民服從該政府的支配，稱為客觀要件；2.有遵守國際法的意思與能力，亦即對外具有獨立的地位，稱為主觀要件。換言之，國家承認必須等到本國政府鎮壓失敗未能平定叛亂軍之情況明確時，此時國家承認的要件才告確立，方得實施承認，亦即必須待政府確立實效的權力後。倘使未滿足該要件的階段即予以承認，則稱之為「過早承認」（premature recognition），容易招致干涉內政的非難，是屬於國際法上違法行為。1778年英國與美國獨立軍還在進行作戰時，法國對美國即給予國家承認，該行為即屬於「過早承認」，導致英國以法國違反國際法而對其宣戰。1968年奈及利亞內戰時，坦尚尼亞等5國即承認要求分離獨立的比亞佛拉共和國，但該區於1970年被奈及利亞政府軍平定，也是屬於「過早承認」違反國際法之事例。但是即使新國家已具備要件，第三國也並未有承認新國家的義務存在。

　　上述雖為國際法上的理論，但是實際上是否符合國家承認要件，完全委由實施承認國一方的判斷，因此客觀上即使並未完全具備要件的新國家，在宣稱獨立後即給與承認者，或即使具備充分要件的新國家，在經過多年後仍未被承

認者亦有之。由此觀之，事實上國家承認，往往是國家從政治立場判斷，援以作爲實施有效外交政策的一種手段。

（四）承認的方式

1.明示承認與默示承認

對新國家的承認，通常係由負責對外關係的行政機關行使，它可以明示的（express）或默示的（tacit）方式爲之（其區別在採創設性效果理論時更形重要）。明示承認乃指以直接表明承認意思的方法爲之者，此時其意思的表明並不以傳達至相對國爲必要，即使只在國內表明即已足夠。

默示承認指不直接表明承認的意思，而經由承認國一定的行爲，間接推定其承認的意思（理論上此種默示承認的行爲，必須以國家有承認義務的存在爲前提）。例如：(1)派遣或接受外交使節；(2)給予新國家派遣的領事認可書（exequatur）；(3)締結條約；(4)承認國旗等行爲均可認爲默示承認的行爲。而未賦予正式認可書卻默認相對國有關領事事務的執行或是未給予外交特權而承認設置通商代表部者，則不得謂爲默示的承認；再者，未被承認的國家即使成爲多數國間條約的締約國也並不意味有默示的承認。

2.法律承認與事實承認

通常所謂的承認係指法律承認（de jure recognition）；另外尚有事實承認（de facto recognition）的存在。此乃基於新國家地位的不安定或政治上的考量，爲避免正式的承認，卻又因實際上有締結官方關係的必要時，所替代施行的方式。此種承認僅具有暫時的性質，是臨時的、得撤銷的；而法律承認則是最終的、確定的。事實承認對於被承認國和承認國之間並非開展全面性的外交關係，大部分僅限於實務上的關係。但是，對於被承認國在承認國國內法院的地位，則與法律承認者未有所區別，亦即仍享有裁判豁免權、承認其國內法的效力。

3.加盟聯合國與承認

聯合國等國際組織對於會員國的資格限於國家（憲章第4條），由於會員國間的關係受一般國際法規範，當新國家加入聯合國等組織時，對於尚未給予承認的國家是否會因新國家的加盟該組織，而被認為是給予默示的承認？從聯合國的實踐上觀之，在第5次聯合國大會的決議指出聯合國大會代表權的承認，並不影響會員國個別政府的承認。亦即聯合國立場是將加盟聯合國與國家承認（或政府承認）分別看待，事實上在以色列加入聯合國後，幾乎所有阿拉伯國家並未對以色列作國家承認（直到1979年埃及才承認以色列）。

4.集體承認

國際法認為承認是屬於國家個別的行為，但是某些區域組織諸如歐盟或東協，對於新國家承認的問題，往往在會議中尋求共識形成合意，再集體對新國家給予承認，即是所謂的「集體承認」（collective recognition）。早在1830年英、法、俄三國以議定書承認希臘；1831年英、法、奧、普、俄以倫敦條約承認比利時等實例均屬之。事實上，集體承認也只是國家個別承認的總和，與個別承認相較，並不發生特別的法律效果，兩者本質上並無差異。

5.附條件的承認

國家承認一般認為是不應附條件，但是國際實踐上亦有附條件的承認先例，例如在1878年歐洲各國在柏林會議承認保加利亞、羅馬尼亞、塞爾維亞、蒙特尼格魯時，附帶規定被承認國必須保障宗教信仰的自由。另外，1922年美國承認埃及時，也附帶條件要求埃及繼續維護美國在埃及的特別權利。理論上，附條件的承認，對於條件的履行與否，和承認本身並不相關，對承認本身並不發生法律效果。因此即便違反條件或義務不履行，承認也並非無效。

（五）承認的效果

1.承認的相對效果

　　經由國家承認，新國家與承認國之間完全取得一般國際法上的權利義務，規範主權國家關係的一般國際法規則，也適用在新國家與承認國之間。承認的效果是相對的，只發生在承認國與被承認國之間，並不及於第三國與被承認國間的關係。反之，未被承認的新國家的地位，限於必要範圍內享有國際法上的權利能力，具體言之，是指基於其政治存在而能夠實現的事項，或是處理現實發生的個案所必須者，是一種限定的、片斷的權利能力。例如未經許可入侵未被承認國家的領空或領海時，仍屬於構成國際法上的違法行為，未被承認國家得對其追訴責任。

2.承認與外交關係的建立

　　經由國家承認得以開設兩國間的外交關係包括外交使節的派遣、接受，藉以維持處理兩國間正式的關係，但是斷絕外交關係也並非導致國家承認無效的原因。國家承認並不具有發生設定外交關係或其他特定關係的義務。1961年維也納外交關係公約第2條規定「國與國間外交關係及常設使館之建立，以協議為之」，即說明了承認與外交開展的關係。

3.承認與國內裁判

　　新國家在未給予承認國的國內法院具有何種地位，常是問題之所在。現行國際法對此並未明確規定，一般皆委由各國國內法決定。通常在對新國家給予國家承認後，在給予承認國家的國內法院，對於被承認國主權或被承認國的財產及立法、執行行為應予以尊重。亦即在給予承認國家的國內法院所生的法律效果，包括提起訴訟的權利——在給予承認國的國內法院，得以國家身分提起與國家權益相關的訴訟、主權豁免——是指國家得免除受他國裁判的權利、對在本國領域內舊國家在外資產的請求權、被承認國法令或執行行為效力的認定（包括國際私法事件被承認國法律的適用）。

　　反之，若未經本國承認則該新國家即不存在，就沒有上述法律效果的發生。但是上述效果的發生，並非是因承認而發生的國際法上效果，而僅是基於國家法政策發生該國國內法上的效果而已。然而最近在英國對於立於實體國家地位的未被承認國，關於該國法令適用方面，也承認其國家的判決；美國亦同樣地，對於未被承認國的法令適用，只要是對美國無害者，則傾向適用。

二、政府承認

（一）政府承認的意義

　　一國的新政府經由革命、政變等方式取得政權後，他國承認該新政權為該國正式的政府謂之政府承認。政府承認乃為確認國家成立要件中政府要件發生變動的國際法上的行為。

　　有關一國政府的交替，是否為國內法上合法地行使，原則上並不成為國際法所規範的對象，但是對於非法實施政權交替的情形，有關行使政府承認乃是由於在革命政變的政治動盪後，或是兩個對立政權並存時，為了維持與該國的邦交，對於該政府是否具有有效支配該國並代表該國之能力，事實上是有確認的必要。國家承認與政府承認具有密切的關聯，但是兩者並非屬同一概念。新國家的國家承認通常潛在含有承認當時擔任政權政府的意義，透過該政府的代表資格而設定正式的邦交，在這種情況下國家承認與政府承認，皆由同一行為實施，故在區別兩者時實際上是相當困難。

　　經由革命或政變成立的特定政府即使外國未給予承認，亦不能否定該政府代表國家的國家性。國際法上的國家由政府、領土、人民所構成，一旦給予國家承認即確認國家之地位，對於國家承認的效果，政變之際亦同樣繼續維持，即使代表該國政府暫時的不存在，在考量維持國家同一性的理由下，即使政府型態變更國家也並不因此而變更。

　　政府承認的性質和國家承認的情形均屬宣言性的確認性質。在1923年Tinoco事件仲裁判決中認為哥斯大黎加的Tinoco革命政府基於哥斯大黎加法是

屬非法的政府，包括英國在內的若干國家並未給予承認，但此與該政府是有效政府並無關係。換言之在國內確立有效支配的政權即使沒有他國的承認仍是該國的政府，承認國的政府承認只是承認該政府具有正式的政府地位而已。

（二）政府承認的要件

政府承認必須以新政府對其領域及其住民已確立有效的支配為必要。所謂有效的支配（effective control）係指新政府是獨立的且住民亦服從新政府的統治。倘使住民的抵抗運動繼續存在，或若無外國的援助，新政府便無以為繼之情形，則不得謂為已確立有效的支配。

政府承認的要件，有以只須確立有效支配即足夠的事實主義（de facto-ism）；及以新政府須具有正統性為必要者的正統主義（legitmism）二種見解的論爭。通說仍以前者為國際法上確立的原則。但是歷史上主張正統主義的案例卻也不少。及至今日，國際間對於柬埔寨波特政權的承認，仍然以其濫殺多數國民而認為不應給予政府承認，主要理由乃其違反人權主義的正統性原則。

1.政府承認的方式

其承認的方式和國家承認相同，有明示的承認與默示的承認；法律承認與事實承認。國家承認多以明示承認，而政府承認多為默示的承認，以繼續外交關係的方法為之。

2.政府承認的效果

政府承認的效力原則上溯及新政府事實上成立時。經由政府承認發生計有下列各項效果：(1)被承認政府在與承認國政府間的關係上，即具有國際法上正式代表國家的資格。(2)因承認的一方與被承認的一方之間所產生的國際法上的關係，當初因政府非法變更而暫時停止運作的條約也再度適用。

（三）政府承認廢止論

　　由於政府承認往往基於承認國一方的政策考量，因此，近年來以英、美爲首的先進國家有迴避或廢止政府承認行爲的傾向。其考量點乃基於對關係國內政干涉或得與新政府間關係保持彈性處理的可能。然而這樣的作法有時卻會引起在聯合國代表權的混亂、或是在分裂國家的情形是否眞能迴避政府承認的問題，也是有疑問的。因此問題重點並非在於迴避政府承認，而是應採取集體方式承認或統一方式承認，或許才是考慮的重點所在。

◆國際法院有關科索沃獨立之諮詢意見

　　科索沃原來是塞爾維亞的一個自治省，當地90%的居民是阿爾巴尼亞族人。在1999年的科索沃戰爭之後，該地區一直由聯合國代管。自2005年底開始，塞、科雙方就科索沃未來地位問題的談判都無結果。2008年2月17日，科索沃單方面宣布獨立。同年10月，塞爾維亞於聯合國大會提出請求國際法院就科索沃單方面宣布獨立提供諮詢意見的草案，聯合國大會以77票贊成、6票反對、74票棄權的結果通過決議。

　　國際法院於2010年7月22日宣布，科索沃2008年單方面宣佈從塞爾維亞獨立一事「合法」。國際法院認定，現行國際法並不禁止某一地區「宣佈獨立」，因此科索沃宣布獨立並沒有違反國際法；但是對於科索沃是否具有獨立國家的地位，法院並沒有作出結論。

　　總部設在荷蘭海牙的國際法院是聯合國的主要司法機關，它主要受理兩類案例：一是依照國際法解決國家之間的法律爭端，二是對包括聯大在內的聯合國各機關和專門機構向其提出的法律問題發表諮詢意見。雖然諮詢意見只具建議性質，並不具備法律約束力，但卻具有極高的威信。

三、交戰團體的承認

　　交戰團體承認（recognition of belligerency）的問題，產生於一國發生內戰時，因爲一國的內戰常會影響到第三國的利益，所以爲了保護第三國的權益，

並尊重內戰發生國雙方的合法權利，因此在國際法上有「交戰團體的承認」制度的適用。

（一）承認的要件

交戰團體被承認的要件上應具：1.叛軍必須實際控制該國的一部分領土且已實施有效統治，亦即成立事實上的地方政府；2.叛軍必須有遵守戰爭法規的意思與能力；3.外國實施承認的情況必須有實際上必要的關係的存在，例如，為保護本國國民的生命、財產，其承認的方式第三國多以宣言中立為之。

（二）承認的效果

1.在交戰團體與合法政府間將適用戰爭法規。雖然叛軍與合法政府間的關係，本為國內法的關係，但是基於人道上的考慮，叛軍應視同交戰國家的軍事工具，因此，應視為正規的戰鬥員，於被捕時得享有戰俘的待遇，不得草率處決。
2.交戰的雙方應依國際法的規定而行使交戰的權利（捕獲權或封鎖的實施）；同時，第三國也應遵守有關中立權利義務的規定。交戰團體對於所支配區域外國人的生命、財產負有保護的責任；另外也須為其本身的行為負責，若有違法行為，第三國須直接向其提出，而不應再向合法政府提出。而中央政府對於交戰團體支配區域外國人的生命、財產則不負保護責任。換言之，交戰團體與交戰國在適用戰時國際法上，具有相同的權利義務。

四、國家繼承

（一）國家繼承之意義

所謂國家繼承（successuon of states）係指隨著新國家的承認，與舊國家在國際法上的權利義務關係轉承繼到新國家者稱之。被別國取代的國家叫做被

繼承國，取代別國的國家叫繼承國。其情形包括因複數個國家的合併、一個國家分裂成複數個國家、一個國家領域的一部移轉（割讓）或殖民地獨立等領域主權發生變更的情形，皆發生舊統治國的權利義務如何移轉至新統治國的繼承問題。國家繼承問題主要係有關條約、國家財產、公文書、國家債務、私權等事項。

　　國家繼承自古以來即成為問題而被討論；國家慣行上卻也並非完整且一致。特別是社會主義國家的出現及第二次大戰後異質性國家間的繼承更成為重要的問題。在聯合國國際法法典化一環當中，有關國家繼承問題在條約中亦有完整地制定；計有作成1978年維也納有關條約之國家繼承公約（有關條約之國家繼承公約）、1983年維也納有關國家財產、公文書及債務之繼承公約（有關國家財產等國家繼承公約），但兩公約均尚未生效。因此有關國家繼承的問題大多仍依國際習慣法規範。

　　在論及國家繼承問題時，必須注意兩點：第一、國家繼承問題係成為新舊兩國間問題之情形，與殖民地自舊本國獨立之情形是有所不同的；亦即前者乃為主權平等國家間之繼承；後者乃係未獨立區域（非主權國家）與主權國家間的繼承問題。第二、關於前述條約前者乃幾乎採傳統的立場，後者則尊重開發中國家的立場，對於權利承認採最大限度的繼承、義務方面則作限制性的規定。

（二）關於條約之國家繼承公約

　　有關條約的繼承，自來即有所謂包括的繼承與自由裁量（白板主義，clean slate rule不繼承，但為了被繼承的領土利益而承擔義務）兩種見解的對立，對於此情形該公約在考慮法的安定性之下，原則上適用繼續性原則而對例外情況加以調整。亦即原則上繼承國對於繼承條約與否具有選擇的自由，但是條約的內容是屬國際習慣法者或其他有關國境條約及其他關於領域制度的條約，繼承國則負有無條件繼承的義務（第5、11、12條）。

　　具體而言，有關多國條約的繼承，新獨立國如有繼承的通知則可確立其

成為條約當事國的地位，而雙邊條約的繼承則需當事國雙方的合意。再者，依國家成立的情形分為割讓與一般國家結合、分離而形成新國家之兩種情形，分別說明條約繼承的問題。1.領土割讓的情形：割讓該地域被繼承國原來諸條約皆失其效力，代之而起繼承國之諸條約於該地皆有其效力。此乃因條約適用範圍移動而並非條約繼承之問題，此謂之「條約國境移動原則」（moving treaty-frontiers）。2.國家結合分離的情形：此種情況分為被繼承國是否消滅或存續而有所不同。只要無特別的約定，原則上均適用繼續性原則（principle of continuity）有效的條約繼續持有效力（第31～37條）。國家結合的情況被繼承國之一的有效條約原則上只對結合前有效力的領域繼續有效（第31條）。國家分離的情形、對被繼承國全領域有效的條約原則上對繼承國全部繼續有效。如只對被繼承國之一部有效的條約僅對於接收該部分之繼承國有效（第34條1項），亦即此種情形其繼承乃限定的。

　　1990年東西德統一時，西德所締結的條約，效力及於東德區域；而東德所締結的條約則停止效力，幾乎是依照「有關條約之國家繼承公約」第15條的方式處理。亦即一國領土的一部分，或雖非一國領土的一部分但其國際關係由該國負責的任何領土，成為另一國領土的一部分時：1.被繼承國的條約，自國家繼承日期起，停止對國家繼承所涉領土生效；2.繼承國的條約，自國家繼承日期起，對國家繼承所涉領土生效。

（三）有關財產等國家繼承公約

1.國家財產

　　國家財產的繼承原則上以不補償而為之（第11條）。首先在國家結合之情形，國家財產當然移轉至新國家。國家分離或分裂之情形原則上以合意而為之；無合意時，在繼承區域內之不動產或在相關區域內與被繼承國活動相關連動產，移轉至繼承國（第17條第1項、第18條）。再者，被繼承國的國家財產特別是不動產在第三國之情形，有關其繼承在本公約中並未加以規定。然此問題在被繼承國繼續存在時即成為紛爭點，例如中華民國在日本光華寮事件即是。

◆光華寮案

　　中華民國於1961年購入光華寮，作為留學生宿舍使用。本案例訴訟起因原為屋主要求支持中華人民共和國的學生房客遷出的民事訴訟，但因屋主為當時代表中國的「中華民國政府」，而在京都地方法院一審訴訟進行期間，日本與中華民國斷交，1972年9月29日日本轉而承認「中華人民共和國」為代表中國的政府。訴訟的爭點在於事實上存在的「中華民國」，是否因政府承認的更換，而在法律上完全消滅？

　　1977年9月16日，京都地方法院作出判決，確認該寮為中華人共和國的國家財產，原告之訴被駁回。1977年10月，原告不服而上訴大阪高等法院。1982年4月14日，大阪高等法院撤銷原判決，並將此案發回京都地方法院重審。1986年2月4日，京都地方法院推翻其於1977年9月16日所作出的判決，將光華寮判歸臺灣所有。中國留學生等人不服此判決，遂向大阪高等法院提出上訴，1987年2月26日，該法院維持京都地方法院的再審判決。同年5月30日，中國留學生等人委託其辯護律師團通過大阪高等法院向日本最高法院提交了上訴書，要求該法院將大阪高等法院作出的判決撤銷。

　　以往的判決「光華寮」是由中華民國政府於1949年中華人民共和國建國之後購入，基於中華人民共和國只繼承1949年底以前中國這個國家的條約等做法，對於1961年才登記為「中華民國」國有財產的光華寮，既非屬外交財產，也非行使國家權力的財產，沒有理由視同1949年以前即屬於中國的財產（如大使館、領事館），而交給中華人民共和國政府。

　　經過20年本案繫屬最高法院，日本最高法院認為，「中華民國」為中國這個國家的國名，自1972年9月29日日本轉而承認「中華人民共和國」為代表中國的政府，對日本政府而言，中華民國已喪失代表「中國」的代表權。本案的原告是「中國」，已無法代表中國的「中華民國」，當然不能成為訴訟的當事者，因此發回第一審重審（2007年3月）。光華寮案至今仍未完結。

2.公文書

　　所謂公文書（state archives）是指被繼承國在行使其功能上所作成或受領的文書，不論日期或性質為何，在國家繼承之日依照其國內法直接在其管理之下為其所有之文書（第20條）。公文書是為國家財產，在國家合併或領域一部移轉與分離之情形，公文書的繼承與否，以被繼承國與繼承國間的合意為優先判斷。而在領域一部分移轉之情形，在無合意的情形，只有關於繼承區域施政必要之公文書及與該區域相關者（行政文書或歷史文書等）方才移轉。

3.國家債務

　　國家債務是指一國對他國、他國際組織或任何其他國際法主體所負的不違反國際法規定下的任何財政義務，包括國債和以國家名義承擔而實際上用於地方工程或某地區的地方化債務。至於私人的債務和由地方當局承擔用於當地的地方債務，則不屬於國家債務。

　　有關對外債務的繼承，在國家的實踐、判例或學說上立場皆不一致，而國際習慣法也尚未建立成形。以前學說認為債務當然移轉至繼承國。但是由於關係到被繼承國與繼承國間是否存有法的繼續性之問題，因此，在國家的實踐上一般對於債務的繼承與否，均持否定的態度。公約規定被繼承國與繼承國間如無協議，原則上債務不繼承（第38條）。

　　在一國的部分領土分離而組成一個或幾個國家或者與另一國合併時，被繼承國和繼承國間的國家債務的轉屬，可經雙方協議解決；如無協議，應按公平比例轉屬繼承國，並顧及諸如繼承國的財產、權利和利益與該項國家債務間的關係等有關情況。被繼承國解體而其領土各部分組成兩個或兩個以上國家時，除被繼承國與各繼承國間或各繼承國間有協議外，被繼承國債務應按公平比例轉屬每個繼承國，並考慮各種有關情況。在國家合併場合，被繼承國債務轉屬繼承國。被繼承的國家債務則不應轉屬新獨立國家，除非兩國間協議另有規定，但轉屬的債務須與所涉領土的活動有關和與轉屬新獨立國家的財產、權利和利益有聯繫。此外，該協議不得違反各國人民對其財富和自然資源享有永久主權國際法原則，其執行也不得危及新獨立國家的經濟平衡（第39條）。

◆聯合國代表權爭議

　　從1950年至1971年間，中華民國一直持有聯合國的中國席位。中華人民共和國則不斷爭取加入聯合國，最終於1971年10月25日聯合國大會通過「2758號決議」，「恢復中華人民共和國的一切權利，承認它的政府是代表中國在聯合國組織的唯一合法代表」，由中華人民共和國行使中國在聯合國的代表權並取代中華民國的席位。然而，中華民國繼續在台灣與中華人民共和國分立分治，因此中華民國治理下的台灣居民在聯合國實際上並沒有任何代表。

參考資料

Roth, Brad R.著、梁志鳴譯，不敢說出自己名字的政治實體——臺灣作為國際法秩序上之權利主體，月旦法學，第158期（2008）。

王冠雄、李明峻，英國政府眼中的臺灣地位：法律與政策，臺灣國際法季刊，第6卷第2期（2009）。

李明峻，政府承認與國內法院的訴訟權——從國際法看光華寮訴訟，臺灣國際法季刊，第3卷第3期（2006）。

陳荔彤，國際法的承認與現時我國的法人人格，法學叢刊，第38卷第3期（1993）。

陳隆豐，臺灣定位的國家繼承與政府繼承——觀念的提出，新世紀智庫論壇，第1卷（1998）。

張孫福，國際法下新國家及新政府之承認理論，東吳法研論集，第2卷（2006）。

許耀明，中華民國（臺灣）在法國法院之地位：以巴貝特館產案為例，臺灣國際法季刊，第6卷第2期（2009）。

趙國材，從國際法觀點論一國兩府與雙重承認問題，實踐，第813期（1991）。

鄧衍森，從國際法論「中國反分裂國家法」有關法理上之問題，臺灣國際法季

刊，第2卷第3期（2005）。

謝福助，馬其頓獨立建國與對外爭取承認之研究，淡江人文社會學刊，第16卷
　　（2003）。

第五章　領　域

一、國家領域

（一）領域的概念

　　領域是構成國家的事實存在要件之一，亦即一個國家必須擁有明確的領域。所謂國家領域係指永久住民所居住的地理範圍；通常是由領土、領水及領空所構成。領域具有兩個特點，一是領域具有相當的穩定性，二是領域應具有特定範圍。

　　至於領域和國家的關係如何？學者之間亦眾說紛紜。

1.主張將領域視為構成國家有機體的一部分，亦即是國家行使政治權利的一部分。不過該學說似乎將領土和國家權利行使混為一談，因此並無法說明領土之變動之情形，例如對割讓領土或與他國對某地實施共管時，該理論即無法解釋說明。

2.主張將領域視為國家行使權利的對象。但此種說法被批判國家主權的行使乃屬命令之權，既是命令之權，則只可對人行使而並無法用於領域。

3.主張將領域視為國家權利行使的界限，亦即國家權利行使的有效範圍。

4.主張將領域視為國家權利行使的場所，亦即領域是一套法律行使的空間，所以領域代表國家空間的場所或結構（sphere or structure）。

（二）領域權

　　所謂國家領域係指領域界線上所圍繞三次元的立體空間，在此區域內除了國際法所限制者外，國家得充分行使排他性的支配。國家對於領域所得行使之權能則稱之為領域權、領土權或領土管轄權或領土主權。亦即指國家對領域上的人、物或發生於領域上的事所具有的管轄權而言。故領域權嚴格而言包括領土權、領有權及統治權三者。就領域權本身的法律性質而言，傳統上存在有二

學說的對立。

1.客體說：此一理論乃類推適用私法上所有權的概念，謂領域權乃指「對領域
　本身的所有權」而言，亦即對領域本身行使使用、受益、處分的權利。

2.空間說：又稱之爲權限說，謂領域權係指國家在領域內所行使之權限，亦即
　國家在領域內行使統治的權利。

　　然而從近代國家的成立過程——源自地域性團體發展而成的歷史過程觀
之，事實上領域權應係包括「對領域本身的使用、收益、處分權」以及「在領
域內所行使的統治權；包括立法、司法、行政及其他性質之行爲」兩者。除此
之外，國家對於領域尚負有「在領域內之國家活動不得侵害他國環境」之義務
存在，這係對國家行使領域權之特別限制。

二、領域的取得

　　國家取得領域的態樣計有先占、割讓、合併、征服、時效、添附。在這些
取得態樣上大致可歸類爲兩種：一種分類是原始取得及繼承取得。所謂原始取
得是將不屬於任何國家所有的區域編入本國領域；先占即屬於該情形。而繼承
取得是將原本屬於他國之領域的一部分或全部編入本國領域者；例如割讓、合
併、征服、時效即屬之。第二種分類則區分爲：一、國家依一定行爲而取得領
域，又可區分爲基於國家間的合意取得以及基於國家單方行爲取得之情形；前
者包括割讓、合併之情形；後者之取得態樣則有先占、征服、時效。二、國家
因自然現象而取得領域，例如添附之情形。

（一）經由國家間的合意取得領域的情形有割讓與合併

　　不論哪一種皆是與他國間基於條約而移轉領域之事例。移轉他國領域之
一部分者係爲割讓（cession）；繼受他國領域全部者則稱爲合併（annexa-
tion），兩者合稱爲讓渡。在割讓情形雖然有採取人民投票方式作爲確定住民
意向的方法，但這種方式並尚未形成一般的慣行。因爲割讓使得割讓地住民喪

失原來的國籍而取得繼受國國籍之法律效果。但是也有承認住民的國籍選擇權，允許選擇繼續維持讓渡國之國籍者，例如因馬關條約將台灣割讓給日本時即賦予當時台灣民眾選擇國籍之權利。合併情況則是被合併國喪失國家之地位，其國民喪失原有國籍取得合併國之國籍。

（二）征服

所謂征服（debellatio）是指國家以實力屈服相對國，完全佔領其領域全部者。成立征服必須具備兩項要件，一、一國必須有合併他國領域之意思，二、國家的實力支配必須有效且確定。雖然儘管在以前承認征服是取得國家領域的有效權原（territorial title）之一，但是在「禁止武力行使」原則確立的現在，已經廢止征服作爲國家取得領域之有效權原。特別是在1970年聯合國大會通過的「友好關係宣言」中提及「凡因武力之威嚇或武力之行使而取得領土者不得視爲合法」。因此征服行爲在現今的國際法上並不具有合法之地位。

（三）先占

所謂先占（occupation）是指國家在一塊無主地上建立領域管轄權。有關國際法無主地先占的法理乃類推適用羅馬法上無主物先占的法理。在近世初期地理大發現的時代以來，無主地先占的法理即成爲歐洲各國對非歐洲未開化地區取得殖民地的一項重要原則，亦即作爲歐洲國家支配殖民地的正當化理由。

先占的成立要件包括：1.先占的對象必須是無主地（terra nullius）。所謂無主地是指尚未爲他國所領有之地，因此即使在該地域已經住有原住民者，亦得成爲先占之對象。但是雖僅有原住民居住之地域卻已經存有固有的社會或政治組織，並且有代表住民的首長時，則不得視爲無主地。2.實施先占的國家須具有領有之意思，因此該領有意思以某種形式表示乃屬必要，例如領土編入措施的實施、經由立法、行政措施或對他國通告等形式的表明。而私人表明領有意思並不發生先占之效果，蓋實施先占主體者只限於國家。3.單純的確認主權

或單有實施先占的意思表示是不足夠的，國家必須對該地域以有效的佔領為必要。所謂有效的佔領係指對該地域實施事實上的國家權力，至於具體上所指為何，則依該地域的狀態而定，並未有一般性的標準。例如對於定住有困難的土地，並不以物理性的佔有為必要，作定期的巡視或於必要情況下，隨時派遣國家機關等即以足夠，換言之對該地域確立支配權即構成社會性的佔有。

（四）時效

所謂時效（prescription）係指一塊原本屬某國主權之領土，經他國長期地、和平地、繼續地行使領土管轄權而取得該領土主權。亦即時效取得的對象是對有主地，與先占之對無主地是兩者間最大的不同。時效取得的成立要件必須具備領有的意思及以長期的有效佔領為必要。

但是有學者對於民法上依時效取得所有權，是否可適用到國際法上的領土取得，意見顯然分歧，國際法對於時效完成的期間並未有明確的規定，因此有否定時效為國家取得領域的權原。

（五）添附

因自然現象取得領域者有添附（accretion）之情形。所謂添附是指由於自然因素的作用形成新生地，附著於原有土地上的現象，例如土沙的堆積、領海內海底的隆起。另外人為作用的填土，亦能構成添附。領海內的領土增加並不發生國際法上的問題，但是在領海外建立的人工島、設備、結構體卻不具有島嶼的地位，並不能擁有領海，並且對於在領海、專屬經濟海域、大陸礁層的劃界問題上也不生任何影響。

三、領域的構成

國家的領域是由陸地、水域及其上部空間所構成。陸地部分稱為領土；水域的部分稱為領水；而領土及領水的上空則稱為領空。其中領水尚包括領海及

內水兩部分，各具有不同的法律地位。再者在1982年聯合國海洋法公約中對於群島國新設定群島水域，該水域雖然具有特別的法律地位，但是仍被視爲領水之性質（第49條）。（如圖5-1）

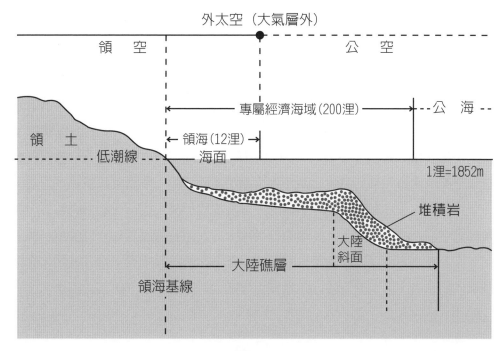

圖5-1

（一）基線

測定領海範圍的基準線稱爲領海基線（base line）。這個確定領海外界的基準線，並且是內水與領海的分界線。爲了確定內水的範圍，首先基線的位置必須明確。基線分爲正常基線與直線基線兩種。

所謂正常基線，根據1982年海洋法公約第5條規定是指「沿海國官方承認的大比例尺海圖所標明的沿岸低潮線」；所謂低潮線是限定在海圖上的低潮線而排除在水道測量學中，利用各種不同潮位面所做的標準。並且此項海圖必須是經沿海國官方所承認者。所謂沿海國是指海岸之所屬國家而言。而「官方

承認」則包括下列兩種情形：一、由沿海國自行或委託他人調查及製作海圖並供使用；二、尤其他國家或他人調查及製作海圖，但為沿海國所採用或指定使用。

正常基線一般是適用在通常的海岸亦即自然形成較為平直而非彎彎曲曲的海岸。但是海岸地帶經常有永久性的人工設施，例如、排水口、入水口、人工港、防波堤等。像這種有人工設施的海岸則以人工設施最突出部分的邊緣做為基線。

另一種基線是為直線基線，在19世紀時即有國家採用直線基線作為確定領海外界之基準線。像挪威海岸十分曲折而緊鄰海岸處有一系列的島嶼羅列密佈，用正常基線法並不實際，因此根據海洋法公約第7條規定海岸線極為曲折或緊鄰海岸有一系列島嶼之情形者得適用直線基線。所謂直線基線是連接海岸上適當的點或島嶼上適當的點而形成多數線段而成。這種「適當的點」，通常都選在海岸的低潮線上及島嶼的低潮線上。在劃定直線基線時也受到一些限制，亦即在劃定直線基線時不得明顯地偏離海岸的一般走向；再者被圍入直線基線內的水域，必須充分接近陸地領土，進而形成內水部分使其受內水制度的支配。

（二）內水

內水是指在基線向陸地一方的水域而言；包括海灣、港口、河川、湖泊等。內水在性質上是屬於領土的一部分。因此國家對於領土之領土主權亦及於內水。所謂領土主權是指國家對於其領土得自由支配之權利。由於一國對於內水享有完全領域主權，故一國原則上可拒絕外國船舶進入內水，但是當船舶遭遇海難或基於條約規定者則屬例外。

自中世紀以來，國家實踐一直將海灣、港口、河口等海岸凹入部分，視為領土之一部分，而有別於領海。

1.海灣

　　海灣基線之劃定依公約之規定（第10條），若海灣天然入口兩岸低潮線間距離等於或小於二十四浬，則以兩岸低潮線間之直線做爲封口線；若海灣天然入口兩岸低潮線間距離超過二十四浬，則應在海灣內選定適當兩點劃定二十四浬封口線。而海灣的封口線即爲基線（圖5-2海灣）。另外在國家實踐及學說領域中出現有「歷史性海灣」，並不適用直線基線的畫法，是以歷史性海灣的外界做爲基線。歷史性海灣是含蓋在歷史性水域的概念中，學說中歷史性水域必須建立在兩項條件上：(1)國家必須長期地對於該海域實施有效管轄；(2)國際社會或相關的利害關係國對於前項管轄須默示同意。

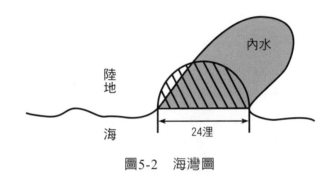

圖5-2　海灣圖

2.港口

　　所謂港口是指天然形成的港口。港口是以港口出口處之封口線做爲基線。構成海港設施之最外部的海港工程視爲海岸的一部分，準用有關港口基線的規定。另外岸邊設備和人工島則不得被視爲永久海港工程。

3.河口

　　依據海洋法公約第9條規定，若河流直接流入海洋，則以連接河口海岸之直線做爲基線。此項基線是以河口兩岸低潮線上兩點爲基點，所連接而成。倘若河口有沙洲或島嶼存在，海洋法公約並未做任何規定，然就國家實踐有連接河口兩岸低潮線上的基點及沙洲或島嶼低潮線上之基點來形成基線。

（三）領海

　　所謂領海是指本國領陸及內水以外鄰接本國海岸一帶的海域。換言之，沿著基線向外劃定一定距離的帶狀水域是為領海。領海的寬度，在早期的國家實踐以及學說中，曾經使用不同的標準來確定，例如，有目視標準、砲程距離、特定距離標準。直到第三次海洋法會議中方才肯定「各國得自行決定領海的寬度，但最大不得超過十二浬」。蓋有關領海的最大限寬度，牽涉到各國間的利害對立，包括漁業上的利害關係的對立；或國際海峽的通航問題。由於在第三次海洋法會議中新設定200海里專屬經濟海域，賦予沿海國對該區行使天然資源的探勘、開採的主權權利；並且設定新的海峽制度。承認各國在國際海峽中享有過境通行權，結果各國方能對領海的寬度達成共識。

　　領海乃構成國家領域之一部分，因此沿海國對於領海即享有領域主權。換言之沿海國得對領海實施管轄，包括立法、司法、行政及其他性質之行為。基於領域主權外國船舶不得未經許可即進入或通航沿海國之領海。但是在國際習慣法中，鑑於保障國際通航利益目的，因此要求沿海國必須負有容忍第三國船舶通過領海之義務。因此「無害通過權」的概念，於焉產生。無害通過權最主要的意義，在於外國船舶進入領海前，不必先經由沿海國的同意，即可逕行通航領海，並且在通航過程中原則上不受沿海國的干涉。得實施無害通過權的船舶包括一般商船、漁船、軍艦及其他公務船。但是潛艦在通過領海時應浮出水面並揭示國旗。（如圖5-3無害通過權）

　　領海雖屬國家領域的一部分，然外國船舶航行於領海時享有無害通過權（right of innocent passage），相反地，沿海國也有允許他國船行使無害通過的義務。這種權利的產生，乃為求國際交通之利益，基於國際習慣法對領有領海的國家，課以對領域權的限制。至於無害通過權的意義為何？何謂「無害」？何謂「通過」？

　　首先所謂通過，係指為穿過領海但不進入內水或停靠內水以外的泊船處或港口設施；又或為了駛往或駛出內水或以停靠泊船處或港口設施為目的的通過領海航行。其中船舶航行中不得包括停船和下錨，不過停船或下錨

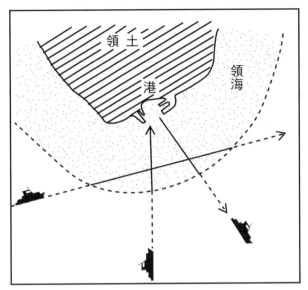

圖5-3 無害通過權圖

是通常航行上之必要或不可抗力或遭遇災難或因救助遇難或在危險中人員或船舶或航空器所爲的停船或下錨，則不在此限。並且這種通過應繼續不停以及迅速進行，不作不必要的延滯。而所謂繼續不停乃指客觀上船舶有行進之事實即可，迅速進行則是指在一般正常情況下船舶航行的速度，包括以合理的速度及路線航行。

其次所謂無害依1958年領海公約則係指不妨害沿海國的「和平、良好秩序與安全」。由於「和平、良好秩序與安全」是一不確定法律概念，因此在阿爾巴尼亞和英國間的科夫海峽（Corfu Channel）案中，因領海公約對無害本身定義模糊，而曾對無害性的認定上有所爭議。因此1982年的海洋法公約爲避免沿海國的任意解釋，特別於第19條第2項列出12項有害的行爲，包括：1.對沿海國主權、領土完整或政治獨立進行任何武力威脅或使用武力，或以任何其他違反聯合國憲章所體現的國際法原則的方式進行武力威脅或使用武力；2.以任何種類的武器進行任何操練或演習；3.任何目的在於蒐集情報使沿海國的防務或安全受損害的行爲；4.任何目的在於影響沿海國防務或安全的宣傳行爲；5.在船上起落或接載任何飛機；6.在船上發射、降落或接載任何軍事裝置；7.違反

沿海國海關、財政、移民或衛生的法律和規章，上下任何商品、貨幣或人員；8.違反本公約規定的任何故意和嚴重的污染行為；9.任何捕魚活動；10.進行研究或測量活動；11.任何目的在於干擾沿海國任何通訊系統或任何其他設施或設備的行為；12.與通過沒有直接關係的任何其他活動。

　　另外沿海國考慮到航行安全，防止領海內事故的發生，得指定海道或設定分道通航，特別是對於油輪、核子動力船或運載有毒、危險物質的船舶。在國家實踐上，對於一些特殊性質的船舶（例如軍艦、核動力船或運載危險或有毒物質船舶）則被要求事前通知或事前許可。

　　有關領海內的管轄權，沿海國對於：1.犯罪結果及於沿海國；2.犯罪屬於擾亂當地安寧或良好秩序性質者；3.經船長或船旗國外交代表或領事官員請求地方當局予以協助；4.取締違法販運麻醉藥品或精神調理物質所必要的情形外，不應對通過領海的外國船舶上的犯罪，行使逮捕或任何調查之刑事管轄權。沿海國不應為對通過領海的外國船舶上某人行使民事管轄權而命令船舶停駛或變更航向。但船舶本身在通過沿海國水域的航行中所負的債務或責任，則得行使民事上的強制執行或保全處分。對於外國船舶駛離內水後通過領海之情況，並不受上述限制影響，沿海國得基於其本國法令行使刑事及民事管轄權。

（五）領空

1.領空的法律地位

　　航空器的出現使國家領域主權真正的行使至領空的範圍。一次大戰前學者認為公海及無主地的上空應絕對開放，但對於國家領土及領海上的領空其法律地位則有不同的看法。計有以下四個態樣：

(1)主張領空應完全自由，此乃依格勞秀斯的觀點而來。彼等認為空氣乃飄忽不定之物，因此不能成為設定權利的對象。

(2)主張領空在一定高度以上是自由的，而一定高度以下則應受地面國的限制。此說在1910年P. Fauchille發表「空域及氣球法律制度」論文中認為從三百至一千五百公尺間乃屬地面國主權範圍內，超過該範圍則屬

自由空間。

(3)此說主張地面國對某一高度的空域享有主權，超過該高度以上則是自由的，但地面國仍可對航空器加以規範。

(4)此說認為地面國的領域主權可及於無限上空，其論點可謂借至羅馬法中關於土地所有權的規定而來。

第一次大戰後，各國幾乎都關閉了空域，特別是中立國禁止交戰國的航空器飛入其領空，但交戰國並無任何抗議，足見地面國對其領域主權及於無限上空是被接受的。1919年10月13日巴黎航空法公約接受此一原則，並規定締約國對領土及領水上空有完全及排他性的主權；亦即明定國家對領土及領水上空擁有領域權。之後在1944年國際民航公約中也承認，各國在其領域上的空間有完全、排他性的主權（第1、2條）。但是在航空器次第成為重要的國際運輸工具後，對於在外國的上空航行則漸成妨礙航空器的國際性利用。因此國際社會一方面除承認地上國的領空權限，另一方面國家間更締結條約承認締約國相互間的航空器自由飛行。

在1944年芝加哥民航會議簽訂國際民航公約，承認地面國對其領空享有完全及排他性主權，並且確定國內航空運輸權利完全由國內航空器壟斷。另外並通過國際航空過境協定及國際航空運輸協定明定航空五大自由。國際航空過境協定規定締約國享有「不著陸飛越地面國領域之自由」、「非為商業目的之著陸自由」。國際航空運輸協定規定各締約國享有除上述國際航空過境協定兩項自由外，另外包括「航空器在本國裝載客貨而於外國卸下之自由」、「在外國裝載客貨而於本國卸下之自由」、「航空器在兩外國間裝載並運卸客貨之自由」。

然而，自人工衛星登場以來，對於領空的上限高度則有不同的議論；及至1967年之「規範各國探測及使用太空包括月球及其他天體之活動所應遵守條約」的訂立，紛爭才得以解決。根據條約第2條規定，太空包括月球及其他天體不得由國家以主權主張或以先占方式或其他方法據為己有。

因此領域的上空被區分為得為國家擁有的領空及不得為國家領有之太空兩者。但是兩者界限的高度為何？則有下列不同之主張：

(1)空氣存在說：以大氣分布範圍為領空高度。

(2)航空器浮力停止說：以對航空器飛行具有浮力、阻力等影響的範圍為界限。

(3)人造衛星之最低軌道說：以可能進行太空活動的最低高度為領空之上限。

(4)海拔一百公里距離說。

目前通說認為領空與太空的界線約在離海平面80-160公里之間。

2.領空主權與領空侵犯

1944年國際民航公約第1條所稱的領空主權為「完全的和排他的主權」，係指不受任何限制的絕對主權之意，亦即外國航空器在領空並不享有無害通過權，倘若外國航空器企圖飛入或飛經一國領空，如無與當事國協議或未經許可，即形成對一國領空主權的侵犯，係構成國際法上的不法行為。對於侵入領空的外國航空器不論民用或軍用，即得予以警告，甚至得採取擊毀等相當的實力措施，例如1960年發生在美國U2高空偵察機被前蘇聯擊落事件與1983年韓航客機遭前蘇聯擊落事件，造成人員269人死亡，即是典型之案例。惟在韓航客機擊落事件發生後，國際民航組織大會遂於1984年5月10日召開第25屆特別會議，增訂國際民航公約第3條之1規定，除重申國家主權與自衛權外，更明確指出每一國家不得對飛行中之民用航空器使用武器，如果採取攔截的強制手段，也必須在不危及航空器內人員的生命或航空器的安全。

3.航空犯罪的防止

航空犯罪之刑事管轄權。最近在民間航空器內的機上犯罪、不法奪取、爆破或對航空設施的妨害等、經由新型的暴力行為而危害國際民間航空安全的事件，層出不窮。這些航空犯罪並不符合海盜行為之要件，故國際民航組織為了防止及取締這類事件的發生，做成各種多國條約並強化國際合作。

在1963年東京公約中規定，航空器的登錄國對於違反刑法規定之行為或危害機上安全等行為，負有適用刑事管轄權之義務（但是不包含追訴）。該公約

確認了當航空器在飛行中或在國際空域中時，在機上實施的犯罪，視為維持機內的內部規律的一環（機長的權限、旅客貨物的處理），登錄國得行使排他性的刑事管轄權（第1條第2、3項）。

在東京公約之後，為了更有效防止日漸增加的非法劫持航空器的犯罪，及確保處罰的實效性，故在1970年做成了海牙公約。海牙公約中對於犯罪的構成要件，並非以各國現行法令的規定為前提制定，而是條約本身作實質內容的規定，各締約國負有將其納編入本國刑事法令之義務（第4、11條）。所謂非法劫持（unlawful seizure）是指飛行中的航空器內以暴力、暴力脅迫等其他威嚇手段，奪取或管理（運航支配）該航空器的行為（包括未遂情形；第1條）。這種犯罪也稱為空盜（air piracy）或劫機（hijacking）；這類犯罪並非著眼於單純侵害個人法益的犯罪，而是偏重在以國際民間航空運送作為手段，企圖以暴力更改航空器的飛行計畫，進而劫持或支配其運航，是屬於侵害國際社會的一般法益。在海牙公約中並規定到締約國對非法劫持航空器之犯罪，負有嚴屬處罰之義務（第2條），適用普遍主義行使刑事裁判權。換言之，(1)實施非法劫持航空器的登記國；(2)航空器降落地國；(3)承租飛機者的主要營業地國或永久住所設在國；(4)劫機者所在締約國。

基於條約設定上述國家之裁判權，該等國家亦負有採取必要國內措施之義務（第4條）。特別是該當(4)項之國家，負有決定將嫌犯引渡給(1)、(2)、(3)之任何一國或在本國提起追訴之義務（第7條）。海牙公約中設定了犯罪構成要件與設定刑事裁判權等，各國也必須擔保條約義務的實行進而整備國內之相關法令。

在為了擴大海牙公約的規制範圍，有關航空犯罪特別是對於侵害民航安全的行為，因此在1971年又另制定蒙特婁公約。在該公約中對飛行中的航空器內的人實施暴力行為、或對業務中（自地上業務員、組員開始作飛行準備至著陸後二十四小時內）航空器的破壞、損傷；或對航空器設施的破壞、損傷、妨害、或虛偽資訊的提供等、有害民航安全的行為，締約國必須科以嚴屬之處罰並基於普遍主義負有設定裁判權之義務（第1、3、5條）。

從航空犯罪之重大危險性以及國際民航業務本質考量，有關政治犯罪或以

其他政治動機之犯罪爲理由，並不能免除處罰。亦即在犯罪者引渡條約的適用上，對於這類航空犯罪，並不適用政治犯不引渡原則。但是引渡劫機者常因請求國與被請求國之間沒有引渡條約而發生困難，所以在海牙公約中把劫機行爲列入「可引渡的罪行」，而予以引渡，因此即使海牙公約的締約國之間沒有引渡條約存在，也可因海牙公約第8條第2項的規定建立引渡的法律基礎。

4.防空識別區的設立

　　所謂防空識別區（air defence Identification zone）是指沿海國爲了本國的安全，在鄰接領海上空一定範圍的公海上空設定的空域。當外國航空器進入防空識別區時，必須提出飛行計畫及報告所在位置，違反者則科以國內法上的處罰。自1950年代美國最初制定這樣的國內規則以來，加拿大、法國、多明尼加共和國、冰島等皆採取同樣的措施。然各國國內法上的規制內容，對於防空識別區的地理範圍、或成爲規制對象的航空器種類、目的或違反的處罰方法等規定並非一致。

　　防空識別區最成爲國際法上問題者，在於一國將國內法令適用於公海上空的外國航空器，換言之，此舉是否有違反構成公海自由原則內容之一的「公海上空的飛行自由」之嫌。在現行國際法上對於國家單方設立防空識別區及規制外國航空器的合法性，存在有兩種不同的見解。從法律上的依據檢視，從保護沿海國利益的立場，或單純類推國際海洋法制度的各現象對公海自由的限制（例如設立鄰接區），或援用自衛權之法理，然仍有所爭議。

參考資料

丘宏達，從國際法觀點論中共與蘇聯的領土糾紛問題，東亞季刊，第2卷第2期（1970）。

呂光，航空機侵犯領空權之處理及國際法，法令月刊，第41卷第10期（1990）。

李明峻，從國際法角度看琉球群島主權歸屬，臺灣國際研究季刊，第1卷第2期（2005）。

姜皇池，以臺灣爲本位的國際法思考：歷史回顧與未來展望，國立臺灣大學法學論叢，第29卷第3期（2000）。

徐克銘，從國際法觀點論刑事管轄權基礎之屬地原則，法律評論，第67卷第1期（2001）。

徐克銘，從國際法觀點論刑事管轄權基礎之屬人原則，律師雜誌，第264期（2001）。

陳荔彤，臺灣領土主權的國際法定位，中興法學，第36期（1993）。

黃異，西沙及南沙群島領土主張之國際法適用問題，法學叢刊，第41卷第2期（1996）。

趙國材，論國際法上領域庇護權：以胡娜事件爲發凡之討論，國際關係學報，第5期（1983）。

魏靜芬，空城軍事活動規範之檢視，律師雜誌，2007年12月號。

第六章　國家在領域外的管轄權

一、公海

（一）公海自由原則

　　領海、內水、群島水域以及專屬經濟區以外的海洋稱之為公海；此部分的海域適用公海自由原則。所謂公海自由原則具有二種意義；第一係指「歸屬的自由」，亦即公海不屬任何國家所領有；第二係指「使用的自由」，亦即公海既不置於任何國家主權之下，所有國家即得自由使用公海，條約中例示有航行的自由、上空飛行的自由、鋪設海底電纜及海底管線的自由、建造人工島及其他設備的自由、捕漁的自由、科學調查的自由等。由於公海自由原則本身並未對使用公海的方式設限，僅規定使用的自由必須合理地考慮到他國的利益。

（二）公海上船舶的地位

　　公海不為任何國家所領有，並非意謂著公海係處於無政府狀態，國際法為維持公海之秩序特設公海制度。亦即任何懸掛本國國旗的船舶皆有航行公海的權利，對於公海上懸掛本國國旗的船旗國對其具有專屬管轄權，此稱之為船旗國主義。換言之，透過船舶國籍的聯繫使船旗國與船舶間產生關連性；各國對於公海上本國的船舶得行使與在本國領域內相同的管轄權，藉以分擔維持公海秩序之責任，此為公海制度的特徵。此時船舶與船旗國間的連繫則係在，每個國家應向其給予懸掛該國旗權利的船舶，頒發給予該權利之文件；船旗國對懸掛該國國旗的船舶，有效地行使行政、技術及社會事項上的管轄和控制，且為保障海上安全船旗國需採取必要之措施，包括船舶構造、裝備、船員訓練、信號使用、通信維持及碰撞防止等（第91、94、97條）。

（三）海上警察權

船旗國對於公海上的本國船舶有專屬管轄權，貫徹此一原則的結果，他國即使發現公海上船舶實施違法行為，亦不能予以制止。對此國際法為維持公海秩序，對船旗國主義作了若干得以例外干涉他國船舶的規定（而軍艦與非商業用的政府船舶則只置於船旗國的管轄權之下）。而實施海上執行程序應由軍艦或其他公務船舶或飛機行使，公務船在外觀上應有清楚的標幟，以顯示其性質。供海上的警察權限包括登臨、查核、搜查及逮捕人員或拿捕船舶、飛機。由於海上警察權的實施，是屬於船旗國主義的例外，因此僅限於若干場合。例外情形如下：

1.海盜行為

所謂海盜行為（piracy）係指私有船舶、航空器的組員或旅客為私人的目的而對公海上或不屬於任何國家管轄權支配之地域之他國船舶、航空器或船內、機內的人或財產實施不法的暴力行為、扣留或掠奪行為者稱之。因此對軍艦及政府之非商業用船舶、航空器或是因政治目的而實施之暴力行為者則非屬海盜行為。海盜行為之成立，必須有加害者與被害者雙方之存在為必要，因此在同一艘船舶內組員或旅客以暴力奪取船舶之情形，並非屬海盜行為。對於海盜行為，基於普遍主義各國必須加以嚴厲處罰。

◆領水內之海盜、武裝強盜

傳統國際法對於海盜問題的關心，主要著眼於公海上的船舶掠奪。然近年發生的海上搶奪船舶或船上貨物事件，大多發生在索馬利亞領海或以麻六甲海峽為中心的東南亞各國主張的領水及群島水域之中。海盜行為之原型乃係指藉由武裝攻擊對他船之財貨行使無差別性的強奪，就犯罪行為態樣而言，發生在領水內之海盜、武裝強盜與國際法規定之海盜犯罪行為相同，但是由於航行船舶遇襲的地點係發生在沿海國領水而非公海，因此並不符合國際法上海盜之要件。對於發生在沿海國領水內

船舶的武裝強盜（armed robbery against ships；又稱武裝劫掠），有關該犯罪的取締及處罰，皆專屬沿海國（犯行地國）的權限與責任，倘無特別國際法上的依據，沿海國以外的國家實際上是無法介入。因此對於船舶在公海上的犯罪，儘管符合國際法上海盜的要件，一旦海盜船或被劫持的船舶進入他國之領水或港內，對於拿捕即面臨有實際上的困難。

2.防止奴隸買賣

禁止蓄奴及販奴在20世紀已成為國際習慣法，進而在1982年海洋法公約中，更進一步要求船旗國，應採取必要措施，來防止及處罰其所屬船舶運送奴隸。並且各締約國得在公海上相互臨檢其所屬船舶，是否從事販運奴隸，若發現有嫌疑時，實施臨檢之國家，應通知該船舶之船旗國，由船旗國為逮捕及處罰。若經證實該船並無販賣奴隸之情事，實施臨檢國家應對該船舶所受損失負賠償責任。

3.販運麻醉藥品或精神調理物質

海洋法公約禁止船舶在公海上販運麻醉藥品或精神調理物質，公約要求各國合作來達成此項目的。而為達有效制止本國船舶從事非法販運，得要求他國給予協助，至於給予何種協助，公約則未規定。

4.未經許可廣播

所謂廣播是指以供公眾收聽或收看的無線電傳音或電視播映。根據國際習慣法之規定，所有廣播應先獲得廣播場所所在地國的許可。若船舶在公海上廣播，理論上應向船旗國提出申請，但是在1959年國際電信公約規定，各國不得在領域外利用船舶或航空器為播放行為。繼而在海洋法公約中第109條規定，凡是未獲得許可而利用船舶或設施在公海上進行廣播者，應受制裁。並且進一步要求各締約國應進行合作，以制止未經許可之公海上廣播。對於在公海從事未經許可廣播者，享有刑事管轄權之國家，包括船旗國、利用廣播設施之登記國、廣播者之國籍國、可以收到廣播之國家、合法無線通信遭受干擾之國家；上述這些國家亦得在公海上臨檢、逮捕或拿捕以及扣留器材。

5.緊追權

所謂緊追權（right of hot pursuit）是指沿海國得自領海中，開始追逐違法之外國船舶至公海上，並且予以拿捕。亦即國際習慣法中為使沿海國之處罰權能夠有效貫徹，例外地承認沿海國之權限，伸展進入公海。實施緊追權必須符合以下之要件：

(1)沿海國需有足夠理由相信外國船舶在沿海國內水或領海中有違法行為（不必達到確定之程度）。在海洋法公約中也規定凡是外國船舶，在沿海國鄰接區、大陸礁層、專屬經濟海域內有違法行為得准用緊追權。

(2)在相信有違法行為後應立即採取行動實施緊追。但在逮捕前應先發出停船命令，命令應以視聽訊號在可收受的距離內為之，亦即排除以無線電訊發出停船命令。

(3)船舶拒絕停船，並向公海逃竄，即應立刻展開追逐並且不得中斷，直到拿捕該船為止。若中斷則緊追權亦消滅，當該船舶進入他國領海後緊追權亦跟著消滅。

二、鄰接區

沿海國為防止犯罪、確保國內特定法令的履行，在鄰接領海之一定範圍的公海水域，對外國船舶得實施必要的取締，其中之一即為鄰接區制度的設立。鄰接區（contiguous zone）的範圍乃自基線起二十四海浬以內的水域（第33條）。從前各國就關稅而片面制定國內法規，對領海外有走私禁制品或其他可疑行為之外國船舶加以規制。例如，1920年代之美國基於禁酒法令制定禁止走私法等及1937年英國徘徊條例（hovering act）等。經過長期以來的多數國家慣行，進而成文化。這種制度可謂是國際法依照其機能、目的分化，將沿海國之權能擴張至公海最先的事例。

沿海國在鄰接區內並不享有領域主權，蓋鄰接區設立之目的乃著眼於制定有關關稅、出入境管理、財政、衛生等國內法令，以保護「領土上之法益」

為目標。沿海國為了事前防止外國船舶違反領土、領海、內水之國內法令的發生，及處罰違法之情形，因此對在鄰接區之外國船舶得作必要的規制。依據條約規定，沿海國在鄰接區內得以享有之權利，限於以下情形：一、沿海國為防止外國船舶在進入其領域後發生違反關稅、財政、衛生及移民等法令之行為，因此在鄰接區內對此得採取必要規制。二、沿海國為達到處罰在其領域內發生違反關稅、財政、衛生及移民等法令之行為，在鄰接區內對此得採取必要規制。換言之，沿海國得制定有關上述二種規範，並且得依照該規範對在鄰接區的外國船舶採取必要行為。

在鄰接區沿海國的權限僅限於執行管轄權，此點乃是鄰接區與內水、領海、專屬經濟海域不同性質之處。由於沿海國在鄰接區的權利是以防止外國船舶在其領海內發生違法行為以及為處罰在其領域內已發生違法行為為目的，故沿海國所能規制的對象，限於在領土內實施之行為；附隨本罪之未遂或預備行為，是在進入領海以前階段所實施的行為，並未有違反法令之情形發生，故不成為處罰的對象。所以對於單純經過鄰接區或在該區逗留、盤桓之外國船舶不得加以干涉。

鄰接區內有關規制的具體內容，存在有二個對立之立場：（一）一說認為鄰接區乃公海之一部分，為確保沿海國國內法令的被遵守，在必要範圍內，得加事實上的規制及預防性的警察措施（限於登臨、檢查、搜索、警告〔有嫌疑時〕及沒收違禁物等行政警察權）；此點與基於領土主權而對領海當然具有包含拿捕、逮捕等強制措施之管轄權有所不同。（二）另一說則認為有關沿海國在鄰接區之權能，即便受限於其目的性，但仍和領海同樣地具有完全、排他性的管轄權，因此除了事實上的規制外，當然包括拿捕、逮捕、扣留甚至起訴等強制措施的執行。

通常如果不能舉證沿海國的相關國內法令，具有超越領海之領域外適用的效果，則必須以該違反行為是在進入沿海國領海、內水後開始著手實施者為必要。因此，對於航行進入領海的外國船舶，並未發生違反國內法令行為而施以拿捕、逮捕等強制措施似乎仍有爭議。一般仍以前者（一）的立場較為有利，沿海國欲主張較嚴格規制時，則必須負舉證責任以證明其合法性。

　　鄰接區是沿海國為防止違反領土、領海內的國內法令（未遂），及為處罰既遂之情形，因此得實施必要的規制，包括對有違反、侵害時，也承認有緊追權的適用。在這樣的情況下，對於違反領土、領海國內法令的外國船舶在駛出領海時，沿海國的規制並不限於事實上規制，另外尚包括拿捕、逮捕、扣留、起訴等強制措施；對於欲進入領海的外國船舶，亦即可能處於預備或未遂的狀態時，除了沿海國法令具有領域外適用的效果外，一般而言沿海國的規制權限僅限於事實上規制及預防性措施，實施的著手必須是在船舶進入沿海國領海、內水後才可能成立。

三、專屬經濟海域

　　1982年海洋法公約為滿足沿海國家對海洋資源的需求，因此設立專屬經濟海域（exclusive economic zone）制度。所謂專屬經濟海域是指領海之外的海域。因此領海外界即專屬經濟海域的內界。專屬經濟海域的外界，則是由沿海國自行決定，但最大不得逾領海基線起算向外200浬的距離。若沿海國主張的領海寬度為12浬，則其能主張的專屬經濟海域最大僅有188浬寬。

　　專屬經濟海域包括海水及其下的海底。專屬經濟海域是否包括海水的上部空間？依據1982年聯合國海洋法公約第56條的規定，沿海國得在專屬經濟海域中利用風來生產能。風存在於空中，而非在海中。因此，依據該項規定專屬經濟海域應包括海域之上部空間在內。嚴格而言，專屬經濟海域基本上僅包含海水與其下的海底，但就利用風生產能而言，專屬經濟海域還包括海水的上部空間，但也並不意味著，沿海國在海水上部空間中享有較利用風生產能更大的權利。

　　沿海國對專屬經濟海域享有對生物及非生物天然資源的探勘、開發、養護、管理的主權權利及對資源、海洋科學研究、海洋環境保護、人工島、設施、結構的設置與利用享有管轄權。基本上沿海國得基於上述各項權利制定相關法規並加以執行；該項執行包括臨檢、調查、訊問、搜索、逮捕人員、拿捕船舶及審判等。但是當被拿捕的船隻或逮捕的人員在提出適當的擔保後即應予以釋放。而因違反有關漁業法規所受的制裁也僅限於罰金，並不能處以自由刑

或身體刑，並且沿海國在逮捕或扣留外國漁船之後，應立即通知船旗國有關的
行動及制裁。

　　對於第三國在專屬經濟海域內的權利，包括享有航行自由、飛越自由及鋪
設海底電纜、管線的自由，另外凡是有關公海自由的規定均適用於第三國，換言
之，在不與沿海國權利相牴觸的前提下，第三國享有與在公海中相同的權利。

四、大陸礁層制度

　　所謂大陸礁層（continental shelf）依照1958年大陸礁層公約的規定是指在
領海外界與水深200公尺間的海底；但若海底資源的開發可能性超過200公尺
時，則以開發可能性所及之地作為大陸礁層的外界。在1982年海洋法公約則規
定大陸礁層的外界測定是沿海國領海以外依其陸地領土的全部自然延伸擴展到
大陸緣邊的海底區域的海床和底土，如果從測量領海的基線起到大陸緣邊距離
不到200海浬則擴張至200海浬；若超過200海浬時則從領海基線量起至350海浬
或不應超過2,500公尺等深線100海浬（第76條）。

　　沿海國對於大陸礁層享有探勘、開發天然資源的主權權利（第77條第1
項）。但是對於開採超過200海浬大陸礁層的礦物資源所得生產物價值的一定
比例應繳交海底管理局，由該管理局分配給各締約國（第82條）。（如圖6-1
大陸礁層比較圖）

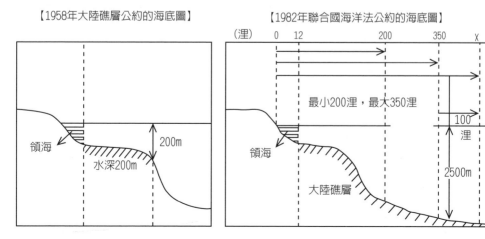

圖6-1　大陸礁層比較圖

◆台灣、中國、日本間有關東海問題

　　日本早在1983年已開始勘探其大陸礁層，直到2008年11月12日日本業已向聯合國大陸礁層界限委員會提出大陸礁層的申請，主張日本的大陸礁層約為40萬平方公里，約為日本國土的2倍大；範圍涵蓋最東端達南鳥島西方，最南端則達沖之鳥礁南方海底。範圍當然也包括了中日之間有領土爭議的東海部分專屬經濟海域。

　　東海最寬部分僅360浬，日本與中國各自劃定200浬專屬經濟海域，因此在東海中日兩國專屬經濟海域是重疊。兩國目前暫以「中間線」作為界線劃分。中國自2003年開始在東海—春曉油田（日本命名白樺）—進行鑽探開採。中國表示，有關東海油氣田的開採作業是在中國近海大陸礁層上進行，是屬正當且合法的行為。「春曉油田」位於中日「中間線」左方5公里處，日本認為中國此舉，在吸管效應下會損及日本利益，特別對中國提出抗議，並要求在中日進行合作開採之前，中國應停止鑽探。然中國並不予理會。因此日本遂於2005年7月14日宣布核准帝國石油公司在東海爭議海域鑽探權，2008年4月中旬，復授權日本民間企業開始在東海進行油氣試驗。

　　我國早在1970年代，即在臺灣北部的東海海域劃設第2至第5共4個礦區，（其中春曉油田即位於第3礦區內），並與美國海灣石油公司合作在東海包括釣魚台附近海域進行探勘，但因事涉釣魚台主權爭議，在美日兩國干預下而宣告放棄。中國東海「平湖」及「春曉」兩油氣田，經內政部查證，均位於我國第一批專屬經濟海域暫定執法線以內，該區海域係中、日、台三方主張的專屬經濟海域及大陸礁層的重疊區域。

　　自2004年起至2007年5月25日止，中日雙方已針對東海問題經過8次協商，仍未獲具體成果。日本在2007年通過海洋基本法，意在牽制中國在東海油氣田的開採工作，累積未來中日雙方的談判籌碼。2008年6月中旬中國大陸與日本達成共識，將共同開發位於東海油田；根據中國外交部發言人姜瑜強調，雙方在平等互相諮詣的情況下，達成這項協議。一、關於中日在東海的合作為使中日之間尚未劃界的東海成為和平、合作、友好之海，中日雙方根據2007年4月中日兩國領導人達成的共識以及2007年12月中日兩國領導人達成的新共識，經過認真磋商，一致同意在實現劃界前的過渡期間，在不損害雙方法律立場的情況下進行合作。

為此，雙方邁出了第一步，今後將繼續進行磋商。二、中日關於東海共同開發的諒解作為中日在東海共同開發的第一步，雙方將推進以下步驟：（一）由以下各坐標點順序連線圍成的區域為雙方共同開發區塊：1.北緯29°31'，東經125°53'30"；2.北緯29°49'，東經125°53'30"；3.北緯30°04'，東經126°03'45"；4.北緯30°00'，東經126°10'23"；5.北緯30°00'，東經126°20'00"；6.北緯29°55'，東經126°26'00"；7.北緯29°31'，東經126°26'00"。（二）雙方經過聯合勘探，本著互惠原則，在上述區塊中選擇雙方一致同意的地點進行共同開發。具體事宜雙方通過協商確定。（三）雙方將努力為實施上述開發履行各自的國內手續，儘快達成必要的雙邊協議。（四）雙方同意，為儘早實現在東海其他海域的共同開發繼續磋商。三、關於日本法人依照中國法律參加春曉油氣田開發的諒解中國企業歡迎日本法人按照中國對外合作開採海洋石油資源的有關法律，參加對春曉現有油氣田的開發。中日兩國政府對此予以確認，並努力就進行必要的換文達成一致，儘早締結。雙方為此履行必要的國內手續。中日合作一旦成真，未來可能連釣魚台附近的油田，都將成為中日兩大國的囊中物。日本與中國積極採取一系列政策作為，意圖為擴張海權，奪取海洋資源而作準備。這樣的作為勢必對臺灣產生許多現實或潛在的影響。

五、群島水域

群島水域制度是適用於群島國領水的情形，這是在1982年後新導入的一種對領域的劃定方法。

（一）群島國之定義

依1982年聯合國海洋法公約之規定「群島國」係指全部由一個或多個群島構成的國家；而所謂「群島」是指一群島嶼，包括若干島嶼的若干部分、相連的水域和其他自然地形，彼此密切相關，以致這種島嶼、水域和其他自然地形在本質上構成一個地理、經濟和政治的實體，或在歷史上已被視為這種實體。符合上述之定義者，其領水則適用群島水域的劃法。（如圖6-2群島國家圖）

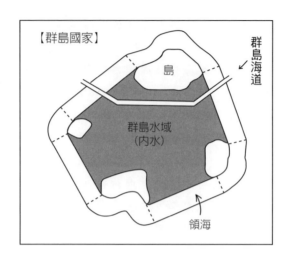

圖6-2　群島國家圖

（二）群島水域之條件限制

　　群島國劃定連接群島最外側各島與各乾礁所連成的直線是為群島基線。而基線內的水域面積和陸地面積之比例應在1：1到9：1之間且其長度不可超過100海浬（但基線總數的3%可延長至120海浬），這種線的劃定不可明顯的偏離群島的一般輪廓。

　　群島國的領海、鄰接區、專屬經濟區和大陸礁層的範圍均由群島基線起算。在群島水域內依領海基線之規定在河口、港、灣用封口線劃定內水的界線。而群島基線內的水域稱之為群島水域，該水域並非自動成為內水而是具有獨自法地位的水域。在該水域中各國享有無害通過權與群島海道通過權。所謂群島海道通過權是指第三國為過境之目的得繼續不停及迅速地通過或飛越群島國所指定的海道或空中航道。為了航行安全需要群島國得針對海道內的狹窄水道規定分道航行制。群島國所指定及規定的海道及分道航行制，應符合一般所接受的國際法規定。群島國並應於海圖上揭示所指定及所規定的海道及分道通航制，同時應將海圖妥為公布。

六、國際海峽

在領海3海浬的時代，國際海峽仍保留有公海的部分，但隨著領海擴張爲12海浬後，原本屬於公海部分卻成爲領海，因此便有創設新的通航制度之必要。所謂國際海峽具體是指何種海峽或海峽的哪一部分是國際海峽，並未明確界定。但是在1982年海洋法公約規定「公海或專屬經濟海域的一個部分和公海和專屬經濟海域的另一部分之間的用於國際航行的海峽」中所有船舶和航空器均享有過境通行權（right of transit passage），過境通行不應受阻礙。公約中所言過境通行是指以繼續不停和迅速過境爲目的，而行使航行和飛越自由。而海峽沿岸國可於必要時，爲海峽航行指定海道和規定分道通航制，以促進船舶的安全通過，但不應妨礙過境通行。另外公約規定在例外情況下，海峽不適用過境通行制度，包括下列四種國際海峽：

（一）受長期存在且現行有效之特定國際公約規範之海峽。

（二）如果海峽是由海峽沿岸國的一個島嶼和該國大陸形成，而且該島向海一面有在航行和水文特徵方面同樣方便的一條穿過公海、或穿過專屬經濟區的航道時，過境通行就不應適用（第45條第1項a）。

（三）如果某一用於國際航行的海峽之公海或專屬經濟區中，存在一條在航行和水文特徵方面同樣方便的航道，本部分不適用於該海峽；在這種航道中適用本公約其他有關部分，其中包括關於航行和飛越自由的規定。

（四）在公海或專屬經濟區的一部分和外國領海之間的海峽（第45條第1項b）。

從1982年聯合國海洋法公約有關國際海峽制度的規定觀之，過境通行權僅適用於國際海峽完全爲領海所涵蓋之情形，亦即，若全部國際海峽水域屬於領海，則該海峽全部水域存有過境通行權。反之，若僅部分國際海峽水域屬領海，依該公約規定反面解釋，須該海峽之公海或專屬經濟海域中並未存有在航行和水文特徵方面同樣方便之航道時，海峽中之領海部分始有過境通行之適用，而專屬經濟區及公海部分則不存有過境通行權之適用。（如圖6-3不同型態國際海峽圖）

適用過境通行權的海峽

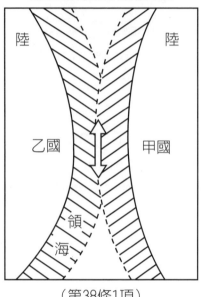

（第38條1項）

適用無害通過權的海峽

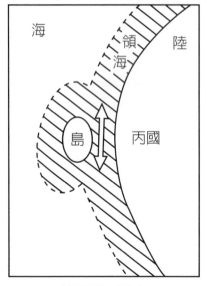

（第45條1項a）

適用無害通過權的海峽

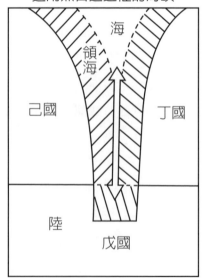

（第45條1項b）

圖6-3　不同型態國際海峽圖

七、深海底制度

所謂深海底（deep seabed）是指在各國領海、專屬經濟海域及大陸礁層以外的海底。有關深海底的地位為何，在早期即存有二種不同的見解。一說認為深海底係為公海的部分，故適用公海自由原則與其他相關之法規。另一說則主張深海底並非公海之一部，而係屬無主地。在1982年海洋法公約中則排除上述兩種主張而把深海底部份命名為區域，且適用下列之原則；一、區域內礦物資源的任一權利皆為全體人類所享有；二、國際海底管理局代表人類行使管理及探勘區域內的礦物資源，並且不得將該權利讓渡他人；三、締約國或其所屬之國營企業或具有其國籍之自然人或法人以及國際組織探採區域礦物資源前，應先獲得國際海底管理局之核准；四、締約國或國際組織自行探採礦物資源應依1982年海洋法公約規定進行；五、締約國或國際組織未履行前述義務，致生損害，應負賠償責任，若探採活動是兩國以上共同所為，則應負連帶責任。

八、國際性區域（國際公域）

（一）國際河川

河川乃一國之內水，受領域國排他性的支配，未經許可外國船舶不能航行。但是對流經多國的河川而言，為求國際交通之利益，對於分屬各國領水部分之河川的領域權都作有限制，相互允許外國船的通航，其中有基於條約之規定開放給外國船舶通航，這種類型的河川稱之為國際河川。

1921年於巴賽隆納締結「有關國際關係之可航水路之制度公約」，條文中規定，流經締約國的河川開放給締約國之船舶航行，沿岸國必須承認締約國船舶的航行自由，但是軍艦與具有警察、行政權限的船舶則不在此限。對於航行之船舶沿岸國必須給予平等之待遇並且不得課徵通航的費用。另外沿岸國有制定及實施有關河川航行規則的權利。

巴賽隆納公約是一具有一般法性格的性質，因此得分別訂立更為寬鬆內容之個別條約；例如，規範萊茵河、易北河國際化的個別條約中即規定開放給所

有國家航行非僅限於締約國而已。

近年來對於國際河川也訂定有關灌溉、發電或工業用水資源的公平利用或防止環境污染等非關航行目的的河川利用公約。

（二）國際運河

所謂運河乃人工的水路，和河川均屬內水部分，同樣受領域國排他性的支配。但是連結公海與公海位於交通要道的運河，其使用並非完全委諸於領域國，而是經由條約規範開放給所有國家的船舶自由航行，像這種國際化的運河稱為國際運河，例如蘇伊士運河、巴拿馬運河即是。

1.蘇伊士運河

自1869年開通經埃及領域，連結地中海與紅海，根據1888年君士坦丁堡條約而賦予國際地位。該條約規定各國軍艦和商船（包括締約國或非締約國的船艦）不論平時或戰時均可通行運河；軍艦通過運河時不得停留在運河內；交戰國軍艦應迅速通過，非必要不得在運河兩端港口停留二十四小時以上；兩敵國軍艦通過運河時須有二十四小時以上的間隔；交戰國軍艦不得在運河或運河港口內裝卸軍隊、軍火等，並且非絕對必要不得補充糧食；運河中立化，在運河兩岸不得建立軍事設施，運河不得作為封鎖或攻擊的對象並且在運河內、運河兩端的港口及三浬以內的區域，不得有戰爭行為例如戰鬥或捕獲。現在雖然蘇伊士運河的運營是歸埃及政府，但仍不影響其係國際運河的地位。

2.巴拿馬運河

1914年8月15日開通，連結太平洋與大西洋，巴拿馬政府將運河地區永久租給美國，在該運河區內由美國行使一切管轄權，包括行使軍事警察力維持運河秩序。巴拿馬運河的國際地位由兩個雙邊條約1901年英美訂立的Hay Pauncefote條約及1903年美巴締結的Hay-Bunau Varilla條約予以國際化。前者條約主要規定是：(1)英國承認美國獨立經營並保護巴拿馬運河；(2)對於巴拿馬運河適用和蘇伊士運河相同之原則。

（三）南極大陸

　　早年多數國家雖有領有南極區域之意思，但限於該地區的特殊地理環境，故實際上對南極地區作有效的佔領仍有困難。在這樣情況下，因此有所謂扇形原則（sector principle）的提出。

　　所謂扇形原則是從極心向該國領土邊區劃線形成的扇形面積，藉以作為各國對南、北極區域建立管轄權的基礎。然而各國因無法有效佔領該區域，違反領土取得的有效原則，當然不為其他國家的承認，於是各國主張將極地區域國際化，1959年各國在Washington D.C.簽訂南極公約，規定各國放棄對南極區域主張領土主權（第4條）。南極區域僅提供各國從事和平研究、科學研究，並且禁止各國在該區域設置軍事基地或軍事演習等軍事性的利用（第1條）。該公約於1961年生效，在生效30年後於1991年於馬德里召開南極公約協議國的特別會議中通過的議定書規定至少於未來的50年間禁止科學調查以外的礦物資源的開發。

南極

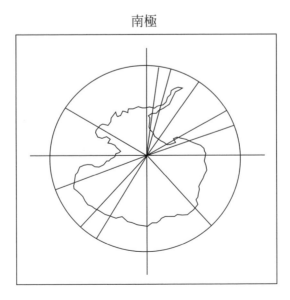

圖6-4　南極大陸

（四）聯合國託管統治

　　聯合國在其權力之下，設立國際託管制度，以管理並監督置於該制度下之領土。該制度適用於：1.國際聯盟委任統治下之領土；2.因第二次世界大戰結果或自敵國割離之領土；3.自願置於該制度下之領土。託管制度的基本目的在於促進國際和平與安全、增進託管領土居民趨向自治或獨立的漸次發展。至於託管制度下的領土，由直接關係各國包括委任統治之受託國與聯合國之間就統治之內容與條件締結託管協定。信託統治領土的法律地位依個別簽訂的託管協定而定。託管制度也承認聯合國（事實上是施政國）對託管地的軍事利用，因此美國在太平洋的託管統治地多設立軍事基地。而這些託管地在後來獨立之際，美國為確保軍事基地的利用而與新獨立國締結協定。

　　根據聯合國憲章第13章規定，設置託管理事會為聯合國之主要機關之一，隨著託管地的減少，而解散託管理事會，由安理會承繼託管理事會的功能。託管地在1946年當時計有11處，至1944年10月帛琉獨立後託管制度的功能業已完成，此後僅在必要時才召開會議。

九、外太空

（一）國際太空法的成立

　　國際法承認一國對其領土上面一定高度的空間為其領空，國家對其擁有完全的、排他的主權。因此，一國的領空一般也指其領土上面的空氣空間，在領空以外的是外太空。1957年10月在發射人造衛星上外太空之後，有關規範外太空活動基本法的制定更形必要。1963年聯合國大會通過的《各國在探索與利用外太空活動的法律原則的宣言》，確定了外太空供一切國家自由探測和使用，以及不得由任何國家據為己有這兩條原則。

　　1959年成立聯合國和平利用外太空委員會（簡稱外空委員會）作為永久性機構。外空委員會設立了法律和科技兩個小組委員會，分別審議和研究有關的法律和科技問題。外空委員會先後草擬了5項有關外太空的國際條約，即

1966年《關於各國探索和利用包括月球和其他天體在內外層空間活動的原則條約》（簡稱《外太空公約》）、1967年《營救宇宙航行員、送回宇宙航行員和歸還射入外太空的物體的協定》、1971年《空間物體所造成損害的國際責任公約》、1974年《關於登記射入外太空物體的公約》和1979年《關於各國在月球和其他天體上活動的協定》（簡稱月球公約）。

（二）外太空的法律地位

聯合國和平利用外太空委員會科學和技術小組委員會指出，目前還不可能提出確切和持久的科學標準來劃分外太空和空氣空間的界限。近年來，趨向於以人造衛星離地面的最低高度（100～110）千米爲外太空的最低界限。

1967年的《外太空公約》明確地指出，任何國家都不能將太空的任何部分占爲己有，同時所有的國家都應該同意太空的和平利用，這一公約爲所有的太空法律提供了基礎。世界上主要的具有太空探索力量的國家都簽署了這一公約，它至今指引著太空探索活動的方向。有關軍事性的利用，在外太空公約第4條規定禁止在外太空部署和使用大規模毀滅性武器，並不得在月球和其他星體上建立軍事基地與設施、測試武器或軍事演習。1979年《月球公約》規定太空之天然資源爲「人類共同的遺產」。但是與其他外太空公約相比，《月球公約》並沒得到多少國家的支援——僅僅5個國家簽署該公約，分別是法國、瓜地馬拉、印度、祕魯和羅馬尼亞，它們都不屬於當今世界主要的太空勢力。

（三）外太空活動的管轄權

1.廣播電視通訊衛星

1982年聯合國大會通過了《關於各國利用人造衛星進行直接廣播應遵守的原則》它由11個條款組成。其主要內容爲：利用衛星進行國際直接電視廣播活動的進行，不得侵犯各國主權和不得違反不干涉原則；並不得侵犯人人有尋求、接收和傳遞情報的思想的權利；從事衛星活動應遵照國際法，包括《聯合

國憲章》、《外太空條約》等有關規定並有權享受直接活動帶來的利益；各國對該活動負有國際責任；有關國家有進行協商的權利和義務。儘管有《關於各國利用人造衛星進行直接廣播應遵守的原則》，但實踐上又缺乏可操作的具體公約或細則，同時也缺乏具體的監督機構和爭端解決程式。至今未能簽定一部國際公約。主要涉及的以下的問題：第一，資訊自由和不干涉原則的對立。在衛星電視節目廣播方面最大的問題是過去東歐國家以國家主權和不干涉內政原則爲理由，強烈反對對另一國領土播放衛星電視節目，認爲衛星電視播放國對另一國沒有放送權或著落權。與之相反，西歐國家則根據自由傳播資訊的原則主張自由進行電視廣播；第二，關於擴散的問題，通過衛星電視廣播其輻射範圍將覆蓋很廣泛的地區，所以，僅限於對本國領土範圍廣播幾乎是不可能的。衛星電視廣播內容會無意識地傳送到其他國家領土上，這就叫作「擴散」。過去東歐國家不僅反對向別國進行直接地衛星電視廣播，而且對擴散問題也特別敏感，他們主張限制擴散節目內容，認爲放送國應經可以接收到該節目的外國的事先同意。不過在東歐國家社會主義制度的解體之後，隨著北約的東擴，原先的東歐國家就上述問題的強烈反對態度已有所轉變。

2.地球觀測衛星

這些衛星以蒐集地球上資源的分布與蘊藏以及有關環境的生態系統數據爲目的。

現行的國際太空法仍存在許多盲點，例如小行星工業礦藏探勘成果歸屬、太空開發智慧財產權等，都尙未包含在條約中。而最新的問題是「太空垃圾」（漂浮在地球軌道上的太空設備碎片），目前都沒有任何有關這類污染物的管理辦法。

參考資料

Teets, Peter B.著、高一中譯，攸關廿一世紀——國家安全的太空領域，國防譯粹月刊，第31卷第11期（2004）。

王人傑，國際法上海峽制度之研究，國立政治大學學報，第37期（1978）。

林享能，從國際法觀點論「中美北太平洋公海流刺網捕漁協定」，問題與研究，第29卷第1期（1989）。

俞寬賜，沿海國家間的海域劃界法制之研究，國立臺灣大學法學論叢，第29卷第2期（2000）。

徐克銘，公海上核子試爆與國際法，海軍學術月刊，第36卷第9期（2002）。

徐克銘，海峽中線的意義與臺灣海域的經營擘劃，律師雜誌，第327期（2006）。

徐熙光，當代國際法上之海峽制度，輔仁法學，第3期（1984）。

黃居正，「國際航空太空法」的教學：規劃與反思，臺灣國際法季刊，第4卷第2期（2007）。

黃忠成，臺灣海峽中線意涵試論，海軍學術月刊，第38卷第10期（2004）。

陳荔彤，臺灣之海域紛爭，臺灣國際法季刊，第1卷第2期（2004）。

陳朝懷，國際法上國際海峽之意義，海軍學術月刊，第39卷第9期（2005）。

陳偉寬，論海峽中線之適法性與避免兩岸軍事衝突之研究，空軍軍官，第127期（2006）。

孫大川，一九八二年聯合國海洋法公約對我國南海島礁主權之影響，國防雜誌，第21卷第2期（2006）。

趙國材，論日、韓關於竹島之法律爭端，臺灣海洋法學報，第7卷第1期（2008）。

鄭敦宇，論國際海底管理局之法律地位，警學叢刊，第30卷第1期（1999）。

魏靜芬，國際法上管轄權之域外適用，中央警察大學法學論集，第6期（2001）。

魏靜芬，海洋法，五南圖書出版公司（2008）。

第七章　個　人

　　隨著國際法的發展，漸漸地個人在一定的範圍內具有國際法上的主體地位，因此，國際法規範之中有直接賦予個人權利課以個人義務者。本章乃針對有關個人在國際法上的權利義務規定加以探討；其中不僅包括直接課以個人權利義務規定者，也包括國際法有關以個人權利義務爲中心而課以國家實施的國際法規定者，嚴格而言，關於此部分的規定，仍屬規律國家行爲的規定，因此有關國家權利義務的國際法相關規定，也將一併探討。

一、國籍

（一）國籍之意義與效果

　　所謂國籍乃指某個人得成爲特定國家構成員之資格。亦即國籍可說是結合特定人和特定國，而使該個人認同爲該國之國民，使其得要求該國予以保護並履行國家加諸於其本身的政治與法律連繫。國籍問題中不僅與個人亦即自然人發生關連，同時形成國家與法人以及物之間的關係，例如，法人的國籍與船舶國籍的問題即屬之。換言之，國家與該法人或與物之間產生的一定法律關，係準用國家與國民間的國籍關係。

　　早期在歐洲大陸不論個人身在何處，均受該個人民族法律的支配，亦即受屬人主義的支配。而後經過15、16世紀屬人主義，漸漸地爲近代屬地主義所取代；亦即不論個人出生地爲何，均受現住國法律的支配。但是在17世紀以後歐洲各國在土耳其境內，主張對居留該地區之本國民，領事得行使裁判權，排除當地國的管轄權；亦即行使所謂的領事裁判權（consular juisdiction）。19世紀時在中國及日本也被迫承認這種權利的存在，但是在今日該制度早已被廢止不被承認。

　　在今日各國對在本國領域內的所有個人不問國籍爲何均得行使排他性的統治權，即使外國人也必須遵從所在地國的法令，立於行政、司法的管轄下。但

是這並非意味著外國人與本國民具有完全同等之地位。國家仍可依其國內法限制外國人的權利或減輕其義務。再者,國籍也是用來決定某特定個人,得為那一國行使外交保護權的基準,因此個人具有哪一國國籍,在國際法上即具有重要之意義。

(二)國籍的衝突

　　國家賦予個人國籍條件常因各國基於歷史傳統、經濟、人口政策或國防上的考量而有不同的規定。蓋國籍之賦予常牽涉到該國之重大利害問題,因此各國得依其獨自的判斷,制定取得該國國籍的條件。因此自來關於國籍得喪的事項,均被視為國際法上之國內管轄事項,各國均可自由決定何人得成為其國民?在何種情況下可取得其國籍?也由於各國國籍法規定內容的互異,故有時會發生一個人持有兩個以上的國籍(雙重國籍)或不具有任何國籍(無國籍)的情形。此即所謂「國籍之衝突(或牴觸)」。此時國際法則具有調整各國因取得國籍條件不同而發生國籍衝突的功能。

　　雙重國籍之個人常因外交保護權的行使或兵役義務的問題,而成為國家間的紛爭原因,相反地無國籍者則因為未能立於任何國家的外交保護之下,而對個人利益的保護有所欠缺。因此為消除產生雙重國籍者或無國籍者之情形,藉由條約統一各國的國籍法則更形重要。

　　1930年在海牙召開的國際法典編纂會議中即討論有關「國籍衝突」的問題,然而在血統主義與出生地主義間並未能達成妥協。但是在會議通過國籍衝突相關聯問題公約、雙重國籍之有關兵役義務議定書、有關無國籍之一情形議定書、有關無國籍之特別議定書,在某種程度上減緩因國籍衝突所產生的不便利。而在第二次大戰後更通過「有關妻之國籍公約」(1957年)「減少無國籍公約」(1961年)。由於女子常因婚姻而取得雙重國籍或喪失國籍,子女也可能因父母之故而成為雙重或無國籍者,為消除此一不合理的現象,故國際條約均予以規定,以避免這樣的問題。

（三）歸化

因歸化而取得國籍之情形，乃是基於本人的意思而取得國籍，而各國多課以必須居住一定期間等要件。像這種經由後天方式取得國籍者，對於給予國籍的國家與個人之間必須存在有眞正且有效的關係；此稱之爲「眞正結合理論」，該理論對於在國家行使外交保護權時是一項不可或缺的因素。

（四）法人國籍的取得

像法人之國籍與船舶之國籍此種國家與該法人或物之間的法律關係乃準用國家與國民間之法律關係。當然同樣地也有國內管轄事項原則的適用。法人國籍的決定基準以英美採行的設立準據說與大陸諸國主張的事務所所在地爲有力之主張，除此之外亦有主張業務中心地、經營支配權等基準。

二、外國人之地位

（一）從輕外主義至平等主義

在一國領域內持有該國以外國籍者稱之爲外國人。至第一次大戰爲止對外國人的待遇普遍採取與本國民視爲同等地位之內外國人平等主義。內外國人平等主義的思想肇始於18世紀，由於當時國際法只適用歐洲基督教國家，國家彼此之間的同質性較高。但是到了19世紀隨著拉丁美洲各國的相繼獨立，非基督教國家相繼加入國際社會後，外國人的地位問題又產生新的爭點。由於新興國家對外國的投資採敵對的態度，此種內、外國人同等對待之平等主義終劃下休止符。

（二）外國人的入出境

在現行國際法下，個人超越國境往來世界之中，並不能說是完全自由。蓋在一般國際法上有關外國人的入境管理，被視爲國內管轄事項，國家並不負有

允許外國人入境之義務。但是實際上在兩國間簽訂的通商航海條約或居住條約中，相互約定允許對方締約國國民入境者卻也爲數不少。這是一種作爲條約上之義務，而必須允許外國人入境之情形。倘若無條約之規定，一般而言允許外國人入境乃是一種事實上的習慣，即令拒絕外國人入境也只是構成對該外國人之本國不友好行爲而已。

通常有關外國人入境，各國多訂有條件限制，例如禁止傳染病患者或犯罪者入境或對於希望永住之移民則以特別許可爲必要。爲使外國人入境通常必須有得到該國簽證爲必要。

原則上外國人的出境是自由的。但是有未繳納稅款之情形或因犯罪嫌疑有調查之必要時能夠暫時禁止其出境；再者在戰時讓敵國人民出境有違反國家利益時，亦不得不禁止其出境。另一方面國家得強制外國人出境；例如外國人的驅逐出境或引渡犯罪者之情形。但是若無正當理由而對外國人驅逐出境則有權利濫用之問題，遭到他國驅逐出境之外國人之本國不得拒絕其歸國。

（三）外國人的權利義務

領域國對於入境外國人的生命、身體、財產，必須負有相當注意義務的保護。因此領域國不惟負事前防止侵害發生之義務，同時在侵害發生之後亦負有事後救濟之義務。保護的方法包括行政上的措施與司法上的措施；行政上的保護是指透過警察等機關的相當注意，事前防止侵害的發生；司法上的保護是指在侵害發生之後，給予被害者適當的救濟。

至於對外國人須負至何種程度的保護義務，亦即有關外國人的待遇基準的問題。自來即有兩種立場相對立。一是國內標準主義，與保護本國民具有相同程度的保護即已足夠；一爲國際標準主義，以與文明國國內相同程度的保護爲必要，或稱爲文明國標準主義。對於警察或裁判制度並不十分整備的開發中國家而言，國際標準主義誠乃負擔沉重，因此反對者眾。在1930年的海牙國際法法典化會議中討論國家責任議題時，支持國際標準主義者共17國，而反對者包括大國在內者共21國。所以國際標準主義很難成爲國際法上之規則。由於並未

有關於此問題的一般國際法存在，然卻也並非意指毫無規範可言。在有關自由權的人權保障習慣法化過程中，對於內、外國平等主義即賦予指示之目的。在今日有關外國人的待遇基準，在現行法上多數國家原則上仍採國內標準主義。

（四）外交保護權與國內救濟原則

在傳統國際法下國際法之主體原則上只限於國家，個人之法主體地位並未被承認。因此個人（自然人或法人）因他國之國際違法行為而蒙受損害時，被害者個人即使在加害國之國內得以追訴其國內法上的責任，但是卻不得直接追訴加害國之國際法上的責任。在這種情況下，為了可以追訴加害國之國際法上的責任，被害者個人之本國則有行使外交保護權之必要。

但是在今日的國際法下，於特定侵害人權的狀況下，也例外地承認個人得直接提起國際法上的救濟程序。但是這只限於非常少數例外的情形，事實上個人權利受到外國政府侵害時，尋求國際法上的救濟幾乎都只能經由國家透過外交保護權的行使而達成。

所謂外交保護權是指個人在他國領域內因違法行為而蒙受損害卻得不到該領域國保護時，該個人之本國得以要求該領域國予以保護之權利。該權利係屬於國家本身之權利，而並不是國家代位行使被害者個人之權利。因此外交保護權具有以下之特徵：第一、有關外交保護權的行使與否，係屬被害者個人本國之自由判斷。因此會產生即使被害者個人希望國家行使外交保護權，但是國家基於政治理由等而不願行使之情形，或相反地個人不希望國家行使而國家認為應當行使的情形亦有。第二、國家行使外交保護權時，有關行使的方式為何或最終處理的形式為何，皆委由國家自由決定，與個人意思無關。第三、國家行使外交保護權的結果，即使從相對國處能夠獲得賠償，但是國家並不負有給付被害者個人之法律上之義務，對於獲得的賠償如何處理，皆由國家自行決定。從上述特徵可以明確瞭解到外交保護權是屬於國家本身之權利，對於個人權利之國際性的保護，只是附隨之機能而已。這種外交保護權的法律性質乃反映出傳統國際法秩序中以國家為中心之特徵與界限，然而就對在外國民保護而言，

並不是一個合理的制度。

國家行使外交保護權必須具備兩項要件：第一是被害者個人必須具有行使外交保護權本國之國籍，該國籍以自遭受侵害時起至行使外交保護權為止期間繼續保有為必要；稱為國籍繼續原則。對於類似殖民地住民受施政國保護者則視為有施政國之國籍。第二是被害者個人必須用盡所在地國當地的國內救濟手段；亦即所謂的用盡當地救濟原則（exhaustion of local remedies）之後，被害者之本國才能發動外交保護權。所以未完成裁判程序之前並非滿足此一要件。但是所在地國並未存有國內救濟手段，或即令存在明顯地亦只是名目上的存在而已，訴諸該手段也無效時，則無該要件之適用。

19世紀末至20世紀初，拉丁美洲諸國為對抗歐洲列強及美國濫用外交保護權進行干涉，因此在賦予外國人經濟上權利的契約中加入所謂的卡爾服條款（Calvo clause）。卡爾服條款是指因契約所生之紛爭，只能基於契約一方之當事者國家的國內救濟程序解決，他方當事者的外國人放棄接受本國政府行使外交保護權保護的權利。卡爾服條款一般見解認為在國際法上應屬無效。蓋外交保護權乃是國家固有的權利，個人與他國訂立契約，放棄不屬於自身之權利乃是不可能。因此即令契約中附有卡爾服條款，在相對國有拒絕裁判等違法行為時，該個人之本國仍然得行使外交保護權。

（五）外國人財產的國有化

所謂國有化是指國家以變革社會性、經濟性體制為目的，將私人的私有財產強制移轉至國家或國家機關。國家因公共目的對國內私人財產有徵收的權利並無爭議。對於徵收財產的補償與否，或是如何補償，則因情事不同而有所不同，蓋此一問題與該國家之憲法或法律規定或國庫之負擔能力有關。國有化多數以國內法制定規範，所以在一定條件下，因立法機關的國際違法行為，則會產生國家責任。所以傳統上國有化僅成為國內法上的問題而不成為國際法上的問題。然而在外國人財產成為國家徵收的對象時，在有關外國人保護基準上則有國際標準主義與國內標準主義的對立。沒有補償的國有化稱為沒收，係為國

際法上的違法行為。然而補償的範圍程度如何，往往成為先進國家與開發中國家對於國有化問題上的最大爭點。

有關補償的基準先進國家向來主張必須「充分、有效及迅速」（adequate, effective and prompt）；新興國家或社會主義國家則主張補償應由徵收國家自由決定，只要內、外國人無差別待遇即有效。

聯合國自1952年以來新興國家間對於外國人財產的徵收或被國有化時的補償問題多有論議，但是對於補償的程度或方法為何仍均未能明確化。聯合國大會決議則指出對於補償問題所引起的紛爭，則應依裁判解決，具體的補償方法由公平的第三者機關裁量。

對於國有化，一般而言國際法規定必須符合三項要件方屬合法：(1)公益原則（為了公共目的的國有化）；(2)無差別原則（內外國人間或外國人相互間無差別的國有化）；(3)補償原則。

◆1952年英伊石油公司國有化事件

英伊石油公司是一家英國私有公司，1933年4月，與伊朗政府簽訂一項協定，由伊朗政府授予其在伊朗境內開採石油的特許權。1951年，伊朗議會通過了石油工業國有化的法律。根據這項法律，伊朗政府對英伊石油公司實行了國有化。這就引起了伊朗和該公司之間的衝突。英伊石油公司認為這些法律違反了以前與伊朗政府簽訂的有關契約。英國政府支持該公司的主張，並以行使外交保護權的名義，於1951年5月26日以單方申請形式在國際法院對伊朗提起訴訟。國際法院於1951年7月5日作出臨時保全措施的裁決，裁定伊朗政府不得採取措施阻撓英伊石油公司照常進行工業生產和商業活動，這種活動仍然在公司的管理機構控制之下進行，另成立一個監察委員會予以監督。

1952年7月22日，國際法院對管轄權問題作出判決：它對本案沒有管轄權，並立即終止臨時保全措施。法院認為，其管轄權只能建立在爭端當事國同意的基礎之上。國際法院不接受英國關於1933年特許權協定既是一項契約、又是兩國之間的條約的主張。法院認為，雖然在簽訂這項協議前，兩國政府間進行過談判，但協議本身只能被認為是一國政府

和外國法人之間的一項特許契約，英國政府並非契約的當事人，英國政府同伊朗政府無契約上的法律關係。伊朗政府既不能根據契約對英國提出任何權利要求，而只能向該公司提出要求，也不對英國政府負擔任何契約上的義務，因此，英國政府不能援引1933年協定，要求伊朗對其承擔國際法上的義務。

三、政治犯與難民的保護

（一）犯罪者之引渡

所謂引渡（extradition）是指侵害一國國內法令之犯罪者，逃亡至他國領域內，經由外交途徑之請求，將其交還本國審判。引渡在一般國際法上並非是屬國家之義務，亦即是否引度逃亡之犯罪者乃屬國家自由。對於拒絕引渡請求而對犯罪者給予保護，此種國家的權利，在國際法上稱之為「庇護權」（right of asylum）。但是由於犯罪的國際化，且犯罪者也易於逃亡至國外，因此各國對於犯罪者的引渡多希望採行國際合作的方式來解決，在今日多數國家間相互訂立犯罪者引渡條約俾使引渡義務化。再者即使雙方並無條約上的義務存在，亦有依本國犯罪者引渡法之規定或依國際禮讓而實施引渡行為。在各引渡條約或各國國內法上，原則上對於引渡皆規定應符合「雙方可罰性原則」以及「特定主義原則」。所謂雙方可罰性原則是指引渡犯罪應同時成立引渡請求國與被請求國雙方刑法上的犯罪，同時限於某些重大犯罪，而特定主義原則是指對於被引渡的犯罪者，僅能就其被引渡的罪行施以處罰。然而從人道上或其他觀點對於逃亡之犯罪者的引渡，仍存有若干限制，其中計有「政治犯不引渡原則」與「本國民不引渡原則」。

（二）政治犯不引渡原則

在法國革命的契機下國際社會瀰漫著尊重個人政治自由之風潮，政治犯不引渡原則也開始被提起。自荷蘭獨立出來的比利時在1933年開始將此原則國內法化，自此而後以美國、英國、法國、瑞士為中心漸次將此原則一般化，自19

世紀末以後條約上即不再有引渡政治犯的規定。

1.政治犯之概念

　　所謂政治犯罪乃是以害一國之政治秩序爲目的之犯罪行爲，通常又可區分爲絕對的政治犯罪與相對的政治犯罪兩者。絕對的政治犯罪是專指侵害政治秩序的行爲，例如叛亂之企圖、革命、政變之陰謀、禁止政治結社等具有政治性意義之犯罪，均成爲處罰之對象。而相對的政治犯罪則係指與侵害政治秩序相關聯之普通犯罪而言；此種情形又可區分爲複合性犯罪與牽連性犯罪。前者是因單一的行動同時構成政治犯罪與普通犯罪，例如爲破壞君主體制而殺害君主之行爲。後者則是兩個以上的犯罪各自構成政治犯罪與普通犯罪，但兩者間有所關聯，例如參加君主體制的顛覆計劃，因此而實施殺人放火之行爲。在這些分類中，絕對的政治犯罪當然成爲政治犯不引渡的適用對象，然對於相對的政治犯罪是否得成爲不引渡的對象則有爭議。

　　從前述政治犯罪的定義觀之，非侵害一國之政治秩序，而是否定任何國家之政治體制之無政府主義等反社會犯罪，均不列入不引渡對象之政治犯罪。而對於外國元首及其家族施加危害行爲者也並不被視爲政治犯罪；稱之爲比利時條款或加害條款，但幾乎在各個犯罪者引渡條約中都將其列爲可引渡的對象。

　　再者滅絕種族罪、劫機行爲雖非政治犯罪，但在國際公約中均將其列爲可引渡罪行（例如防止及處罰滅絕種族罪公約第7條、防止不法奪取航空機公約第8條）。

◆劫機是否爲政治犯——張振海事件

　　1989年12月16日一班由北京出發經由上海飛往紐約的中國民航機，遭到乘客中國公民張振海劫持，該機於日本福岡機場緊急降落。中國對日本要求引渡，東京高等法院對此判斷是否該當「逃亡犯罪人引渡法」所規定的引渡情形。張振海主張由於涉及天安門事件，有被列爲政治犯遭到處罰之可能，因此逃亡至第三國，故應視爲政治犯不應予以引渡；同時因政治意見不同有遭當局迫害之虞，該當於難民公約之「難民」，

引渡給中國係違反該公約第33條「禁止驅逐、遣返原則」。

　　1990年4月20日東京高等法院否決張氏主張，認定本件是劫持民用航空機的重大犯罪且不符合政治犯罪要件，故應予以引渡。

2.政治犯不引渡原則之法律性質

　　政治犯不引渡原則自來概爲多數條約及各國國內法所採行，然其是否已確立爲一般國際習慣法上之原則，則有不同之見解。多數說認爲該原則已成爲國際習慣法上之原則；少數說則認爲該原則尙未成爲習慣法只能依照各個條約作爲依據。然縱使其已具有習慣法之地位，但對於國家之引渡係爲國家之義務或國家之權利則有不同之主張，在日本多數說則偏向主張是屬國家義務說。

◆政治犯不引渡原則是否爲國際習慣法──尹秀吉事件

　　在日本韓籍人士尹秀吉非法居留，而遭強制遣返時，因其反政府行動有受到追訴、處罰之虞，故援引政治犯不引渡原則，提起訴訟。1969年1月25日東京地院認定政治犯不引渡原則爲國際習慣法，判決原告勝訴。1972年4月19日東京高院否決政治犯不引渡原則爲國際習慣法，1976年1月26日持相同之見解。但之後日本政府特別給予居留許可。

3.本國民不引渡原則

　　一般而言實施犯罪者引渡，引渡對象乃只限於請求國或第三國之國民，被請求國之國民不加以引渡乃一般之慣行。但是在英、美國家對於刑罰法規的適用採取屬地主義，所以即令是本國民也得成爲引渡對象。所以和政治犯不引渡原則不同，本國民不引渡原則可說並未成爲國際習慣法上的原則。

（三）難民的保護及其法律地位

　　自古以來由於人種、民族、宗教、國籍或政治意見的不同等原因，而遭受本國迫害或有迫害之虞者，逃亡至外國的事例即已存在。但是於第一次世界大戰後因俄國革命等發生大量難民時，此等問題方才成爲國際社會上之政治

問題。在此之後第二次世界大戰之際更出現世界性規模的大量難民。然時至今日，在世界各地出現難民大多因爲內亂或區域性紛爭或經濟性貧困等各式各樣的理由而發生。像這樣的難民問題在現代國際法之下置於何種法律地位以及如何受到法律保護，此即爲本章節所討論之問題所在。

1.難民的定義

所謂難民（refugee）的概念，在國際法上並未有統一的說明。有關保護難民之各個條約中對難民的定義並不一致。在最廣義的意義下係指因戰爭或內亂等原因而逃離原居住地者而言；其並不一定僅指逃離至國外者，也包括留在本國者（國內難民）；又其也並非指遭受本國政府政治迫害者爲限，因謀生能力之欠缺窮困者亦包含在內。近年聯合國則對欠缺經濟力之難民稱之爲流民（displaced persons）。此種情況下當然也有保護流民之必要的問題發生，但是目前一般國際法上主要探討者仍是以狹義之「政治難民」的保護爲對象。

2.關於難民地位公約

2007年「聯合國難民事務高級專員公署」（UN High Commissioner for Refugees，簡稱UNHCR）在世界難民日（6月20日）前夕發表的報告顯示，世界難民總數連續五年下降後，在2006年增加超過14%。聯合國報告認爲目前世界上有4,400萬人因暴力或受迫害而被迫逃離家園，足見難民問題的嚴重性。

國際法上有關保護難民的規定主要有1951年「關於難民地位公約」以及1967年「關於難民地位議定書」。在1951年「關於難民地位公約」（簡稱難民公約）中，將難民定義爲「凡某一人種、宗教、國籍或特定之社會集團之構成員，因政治性意見之理由而有受迫害之慮者，如有充分理由証明受有恐怖之威脅」，而不能期待受到國籍國保護者。

其中對於下列者則不適用條約之規定：

(1)犯有違反和平罪、違反人道罪或犯戰爭罪者；

(2)以難民身分允許入境避難以前，在國外犯有重大之非政治性罪行者；

(3)實施違反聯合國之目的及原則之行爲者。

　　由於該難民公約所適用的對象以在1951年1月1日前所發生事件的難民爲限，因此爲補充該公約之不足，故在1966年通過「關於難民地位議定書」（1967年生效），對於在1951年後所發生的難民亦符合該公約上之難民定義。而有關難民問題，最重要者乃關於難民出入境之問題，我國雖然在1999年通過入出國及移民法，但是對於難民認定法卻未能制定，在保護難民問題上或許仍稍嫌不足。

　　有關難民出入境之問題，規定在難民公約第31條至第33條之中。關於其入境，即使對於非法入境的難民，公約中規定國家負有不處罰的義務，然而卻也並未對國家課以有允許難民入境的義務。

　　在傳統國際法之下，國家基於領域主權對於遭受迫害逃至領域內的外國人具有保護的權利，這種權利稱爲「庇護權」。這種基於領域主權在本國領域內實施庇護的情形，特別稱爲「領域庇護」。另外國家在他國領域內的本國大使館內實施庇護的情形稱爲「外交庇護」（又稱爲領域外庇護）。外交庇護權雖然在美洲各國間廣爲實施，但是在一般國際法上並未完全確立是爲國家的權利。而與難民保護問題相關連者主要是指領域庇護權而言，該權利在國際法上已被承認爲屬於國家所享有的權利之一。值得注意者乃國家的領域庇護權自古以來即被認爲是國家的「權利」而非「義務」。因此國家對逃亡至領域內的外國人並不負有庇護的義務，而外國人本身也並不具有要求庇護的權利。在一般國際法下對於是否保護因迫害逃亡的外國人，以及在提供保護時，保護的內容爲何，基本上仍然委由該國家自由決定，因此在現狀下有關對難民的庇護仍只限於各國憲法上的保障問題。

　　再者，難民公約中更將「禁止驅逐、遣返原則」（principle of non refoulement）納入條文規定。所謂「禁止驅逐、遣返原則」是指締約國負義務不得將難民驅逐、遣返對其生命、自由有被剝奪之虞之領域。除了對領域國之國家安全或公共秩序造成危險的難民外，即使對於非法入境之難民當然也有此原則的適用。

　　在1967年聯合國大會通過的「有關領域庇護宣言」第3條中，規定包括對抗殖民地主義的鬥爭者在內、或具有援用世界人權宣言第14條權利的任何人，

均不得拒絕其入境，或在其已入境尋求庇護時，不得將其強制遣返或驅逐至有受迫害之虞的任何國家。基於此宣言規定，因此有主張有關「禁止驅逐、遣返原則」在今日已漸成為一般國際習慣法上之原則。另外日漸發展的趨向中，如同該宣言第3條之規定一般，該原則不僅包括禁止驅逐或遣返難民外，尚包含有禁止拒絕其入境之趨勢。

對於政治難民在提供庇護之後，庇護國應賦予難民生活上諸權利，在難民公約中區分為有內國民待遇、最惠國待遇及一般外國人待遇三個側面分別加以規定。

(1)內國民待遇：享有裁判上的權利、信仰宗教及受宗教教育之自由、基礎教育、社會保障、勞動法制等。

(2)最惠國待遇：非政治性、非營利性團體之結社之權利。

(3)一般外國人待遇：關於動產、不動產上之權利、自由業、選擇居住地的權利、國內移動的自由。

四、本國民的國際人權保護

雖然有關人權的國際保障成為一般國際法上的問題乃是第二次大戰後的現象。但是自17世紀以來即有不少保護少數民族條約的訂立以及保障個人信教上、政治上自由的例子，然其中主要是發生在歐洲諸國與其他後進諸國間的特殊問題，並非是國際法上的一般問題。

美國獨立宣言及法國人權宣言提出之後，國民的人權與基本自由漸成為國內法所保護的對象，至二次大戰前，人權及基本自由的保護具成為國內管轄事項之問題。二次大戰後由於極端的漠視人權、蹂躪人權的發生，人權的尊重不再只是國內的問題而是國際關係中的一般基礎，因此有關人權保護的國際條約相繼訂立。但是在今日有關人權的國際保障問題上最為困難的問題乃在各國對人權內容的觀點與重點的不同。

（一）聯合國憲章與世界人權宣言

聯合國憲章在序文中重申對「基本人權、人格尊嚴與價值以及男女平等權利之信念」，又於第1條明定「促成國際合作……不分種族、性別、語言或宗教，增進並激勵對於全體人類之人權及基本自由的尊重」。聯合國經濟暨社會理事會已設立人權委員會，以謀求各地人權的保障。1948年聯合國大會通過「世界人權宣言」（universal declaration of human rights），作為各種人權規定的藍本。世界人權宣言共計30個條文，是第一個有體系地提出尊重及保護基本人權具體內容的國際文書，宣言中規定兩項基本權；其一即自由權的基本權，例如，有關市民、政治的諸權利；其二為生存權的基本權，即保障經濟、社會、文化面的最低水準。該宣言雖然並不具有法的拘束力，但是經由聯合國大會全體決議通過，仍具有三項指標意義：一、該宣言所規定之人權與基本自由幾乎為大部分國家憲法或其他國內法所保障。對各國不統一之國內的人權保護制度中有設定國際基準指針。二、該宣言使國家難以國內管轄事項為由來排除他國的干涉，蓋毫無理由地降低基準或實施差別待遇有違反國際約定之慮。三、該宣言揭示人權與基本自由之共通基準，促進其他區域性人權條約的訂立。

（二）國際人權規約

1948年聯合國大會通過217(I)號決議，不僅確立世界人權宣言，並決定將宣言內容制定為國際公約，於1966經聯合國大會通過第2200(XXI)號決議，制定國際人權規約，該規約將權利的種類和性質分為兩部分：「有關經濟、社會及文化權利的國際規約」（international covenant on economic, social and cultural rights）（略稱A規約或社會權規約）和「有關市民及政治權利的國際規約」（international covenant on civil and political rights）（略稱B規約或自由權規約），兩規約在提交35分批准書後於1976年生效。A、B規約的前言大致相同，都主張「人類社會的所有成員，都有與生俱來的尊嚴與平等不可剝奪的權

利，這是構成世界自由、平等與和平的基礎，同時並承認這些權利是人類與生俱有的尊嚴」。這樣的主張是與聯合國憲章的基本理念相同。前言又強調人類得以享受市民的及政治的自由，並能免於恐懼和貧困，使所有人類均能夠享有經濟的、社會的權利，和市民的、政治的權利時，「世界人權宣言」的理想方能真正實現。前言中更強調「個人有義務對他人以及所屬社會負起責任，並擁護、增進該規約所認定的權利。」

兩人權規約並未對人權的內容作詳細規定，其特徵在於制定具體程序來實行措施。有關其實施措施兩規約的規定亦有所不同，A規約是採取以漸進達成作為目標，故採行報告制度；B規約則是規定即時實施之義務，因此採取國家與個人之通報制度。

A規約的報告制度是締約國為實現規約承認的權利，負有義務向聯合國事務長報告採取的措施及進展，亦即A規約的報告制度特徵是締約國的義務只限於報告而已。B規約也有採報告制度，締約國經由規約人權委員會的請求向聯合國事務長提出報告，另外也訂立來自國家或來自個人的通報制度。國家的通報制度是在締約國不履行規約上的義務時，經由其他締約國的通報而人權委員會受理的制度。個人通報制度並非B規約本身的制度而是B規約選擇議定書所定的程序因此必須以批准、加入為必要。在批准議定書國家管轄下的個人，其B規約所定的權利有被侵害時得將該事實向規約人權委員會通報。但是前提必須用盡國內救濟手段。

在2009年3月31日，我國政府審查通過該兩項規約的批准案，兩公約的施行法並於2009年12月10日起生效，根據該施行法第2條規定「兩公約所揭示保障人權之規定，具有國內法律之效力」。

（三）兒童權利公約

兒童權利公約是一項有關兒童權利的國際公約。聯合國在1989年11月20日的會議上通過該有關議案，1990年9月2日生效，截至2008年2月已有193個國家加入成為當事國。公約定義的兒童是指年齡18歲以下的每一個人，除非締約國

的法律另有明訂。公約涵蓋所有人權範疇並保障兒童在公民、經濟、政治、文化和社會中的權利，使其免受剝削、虐待或其他不良影響，並根據公約原則實踐（第6、13、14、19、26、28、32條）；同時公約規定政府的義務，包括如何推廣和實踐公約等（第2、3、4條），並要求締約國定期提交報告，檢討公約的實施情況。爲檢討締約國實現本公約所約定義務的進展情形，設置有關兒童權利委員會，負責監督締約國履行公約義務的情況（第43、44條）。兒童權利公約的主要特徵並非僅是將兒童視爲保護對象，而是將兒童視爲權利主體予以規範。

　　另外公約下的「兒童被捲入武裝衝突」和「販賣兒童、兒童賣淫和兒童色情製品」的任擇議定書，亦分別於2002年1月18日和2月12日生效。前者議定書規定有關參與敵對行爲的年齡限制；禁止未滿18歲者直接參與敵對行爲以及禁止本國軍隊強制徵用未滿18歲者（第1、2條）。後者議定書則禁止對兒童的性壓榨或以營利目的的兒童器官買賣或對兒童強制勞動等規定，並對締約國課以處罰的義務（第3條）。

（四）消除對婦女一切形式歧視公約

　　1980年聯合國通過「消除對婦女一切形式歧視公約」，該公約是一項有關婦女權利的國際公約，並於1981年9月起生效。公約對「對婦女的歧視」定義爲：「基於性別而作的任何區別、排斥或限制，其影響或其目的均足以妨礙或否認婦女不論已婚未婚在男女平等的基礎上認識、享有或行使在政治、經濟、社會、文化、公民或任何其他方面的人權和基本自由」。公約要求締約國應履行一系列措施，保障婦女在政治、法律、工作、教育、醫療服務、商業活動和家庭關係等各方面的權利，中止一切形式對婦女的歧視，包括：確保當地法制男女平等、設立機構有效保障婦女免受歧視、消除個人、組織、企業對婦女一切形式歧視。

　　另外根據公約規定，成立「消除對婦女歧視委員會」來監察《消除對婦女一切形式歧視公約》的落實，負責定期審查各會員國執行公約的進展。

（五）歐洲人權公約

歐洲人權公約是在第二次世界大戰後由歐洲委員會開始進行起草，該公約不僅為一個國際人權公約，而且其提供個人相當高度的保障。該公約設立歐洲人權法院，任何人只要感覺其權利受到本公約締約國的侵害時，皆可向歐洲人權法院提起訴訟；法院對於個人所提起控告締約國的訴訟具有管轄權。歐洲人權公約本質上為一種概括性的條款，從法律的觀點觀之，條文陳述的原則，其本身並未限定範圍，而需要法院在特定的個案中就其情況做出解釋。歐洲人權公約可以分為三個部分：主要的權利和自由規定在第一章，第二章則規定歐洲人權法院及其運作規則，第三章則是其他各式各樣的條款。

（六）防止及懲治滅絕種族罪公約

本公約內所稱滅絕種族係指蓄意全部或局部消滅某一民族、人種、種族或宗教團體，犯有下列行為之一者：

1.殺害該團體的成員；

2.致使該團體的成員在身體上或精神上遭受嚴重傷害；

3.故意使該團體處於某種生活狀況下，以毀滅其全部或局部的生命；

4.強制施行辦法，意圖防止該團體內的生育；

5.強迫轉移該團體的兒童至另一團體（第2條）。

另外對於共謀、教唆、共犯及未遂也處罰之。凡犯滅絕種族罪或有上述行為之一者，無論其為依憲法負責的統治者，公務員或私人，均應懲治之。有關條約的實施，公約要求各締約國必須制定法律作有效的懲治；有滅絕種族的行為，由行為發生地國家的法院審理，或由國際刑事法院審理（第6條）。

（七）消除一切形式種族歧視國際公約

聯合國自成立以來，在《聯合國憲章》、《世界人權宣言》以及聯合國的一系列決議中均申明平等和不歧視的原則。然而，世界的一些地區仍然存在

著種族主義、種族歧視和種族隔離現象，尤其是南非的種族歧視、種族隔離情況趨於惡化。這些行為違背了《聯合國憲章》的原則以及會員國根據憲章承擔的義務。鑒於此，聯合國呼籲各國制止種族上和宗教上不容異己的行為，1963年11月20日聯合國大會第1904號決議通過了《聯合國消除一切形式種族歧視宣言》。為了實施該宣言所規定的原則，聯合國大會1965年通過12月21日聯合國大會第2106A號決議通過消除一切形式種族歧視國際公約，並於1969年1月4日生效。公約將種族歧視界定為「基於種族、膚色、世系或民族或人種的任何區別、排斥、限制或優惠，其目的或效果為取消或損害政治、經濟、社會或公共生活任何其他方面人權及基本自由在平等地位上的承認、享受或行使」（第1條）。

該公約規定，設立消除種族歧視委員會以監督公約條款的執行。委員會審議各締約國關於其所採用的實施公約各項規定的立法、司法、行政或其他措施的報告，並根據審查締約國所送報告的結果，擬具意見與一般建議提送聯合國大會。委員會有權接受和審議一締約國認為另一締約國未實施公約規定的通知，並得經爭端當事各方的一致充分同意，設立專門和解委員會，為關係各國斡旋，並根據尊重公約的精神，和睦解決問題。在締約國聲明承認消除種族歧視委員會的權限的前提下，委員會有權接受並審查在締約國管轄下自稱為該締約國侵犯公約所載任何權利行為受害者的個人或個人聯名提出的來文（第8至14條）。

（八）國際勞工公約

國際勞工組織成立的初衷及其主要活動是從事國際勞動立法，即制定和推動實施國際勞工公約和建議書，統稱國際勞工標準，以促進對全世界勞動者基本權利的保護。該公約定基本勞工權利的最低標準、包括集會結社的自由與權利、勞資雙方的談判、廢除強迫勞動、機會和待遇的平等，以及其他和勞動相關議題範圍的標準。

五、現行國際人權法的特徵

（一）近年來的國際人權公約中，對於締約國管轄下的所有個人（包括外國人）的權利和基本自由，多數皆訂定有保障規定。

（二）最近的國際人權公約多具體訂定確保國內履行的措施規定。例如B規約中訂有規約人權委員會、消除對婦女一切形式歧視公約中設置消除婦女歧視委員會。在第二次大戰前的人權公約對於人權保障則多採取國內救濟方式，即使有人權侵害之情事發生也無法以國際法上的程序救濟。

（三）基本人權保障原則的習慣法化。基本的人權保障，儘管在各個人權公約中多少具有不同內容的規定。所謂基本人權一般是指世界人權宣言，其內容也已經為B規約所確認並落實。B規約最大的意義在於除課以締約國即時實施的義務外，同時也承認自由權的基本權。就此而論，歐洲人權公約、議定書、美洲人權公約等也都導入自由權的規定。

參考資料

江世雄，在臺灣越南籍配偶之國籍問題——從國際人權法中無國籍者保護之角度談起，中央警察大學學報，第47期（2010）。

吳志光，國家緊急權行使之界限——以國際人權法為核心，月旦法學，第111期（2004）。

吳嘉生，個人在國際法上地位之研析，軍法專刊，第45卷第2期（1999）。

李建良，人民與國家「身分連結」的法制詮要與法理探索：兼論臺灣人國籍的起承斷續問題，國立臺灣大學法學論叢，第36卷第4期（2007）。

李鴻禧，論國際法上之人權保障問題：其人權論之詮釋，中國論壇，第15卷第6期（1982）。

林佳和，全球化與國際勞動人權保障——國際法事實之觀察，臺灣國際法季刊，第5卷第2期（2008）。

周志杰，國家權威與國際規範——合法性因素對國際人權法在實踐上之影響，

政大法學評論，第109期（2009）。

高文琦，論人道干預，中原財經法學，第19期（2007）。

鄒念祖，聯合國與盧安達人權：滅絕種族及其他罪行之懲治，問題與研究，第37卷第11期（1998）。

廖福特，國際人權法教學：省思與前瞻，臺灣國際法季刊，第4卷第1期（2007）。

魏靜芬，引渡之國際法一般規則，月旦法學，第18期（1996）。

第八章　國際責任

　　所謂責任乃對實施違法行爲者所課以的負擔（制裁）之意。國際社會的構成員各具有國際法上之權利義務關係。因此即使在國際社會中責任便也成爲法律上之問題。由於國際社會之組織化並未臻完全成熟，國際社會的上位機關也不存在，同時國際社會整體的法益概念也未完全成形。因此國際社會並不若國內社會區分民事責任（對個人的責任）與刑事責任（對社會的責任），國際法上的違法行爲，一般大多以國內法「私法上的不法行爲」的形式來處理。

　　在國際社會中有關國際法主體責任乃總稱爲國際責任（international liability）。個人和國際組織在一定範圍內得成爲國際法主體，自然有國際違法行爲能力，故國際責任包括國家責任、國際組織責任、個人責任三者。但是即使現在，因國際違法行爲而負有責任者，主要仍以國家爲主。因此通常稱國際違法行爲責任者多指國家責任而言，所以稱國際責任時多指國家的國際責任或僅稱爲國家責任。

一、國際違法行為

　　國家違反國際法的行爲亦即國際違法行爲。所謂國際違法行爲是指國家或其他國際法主體違反條約或國際習慣法上義務的行爲。國際違法行爲與國內法上的違法行爲具有以下不同點；在近代國家的法律下違法行爲包括不法行爲——是指侵害民事法所保護之私人利益的情形；以及犯罪——是指刑事法所保護之國家利益受侵害之情形。一個行爲同時構成不法行爲及犯罪兩者是常有之事，不法行爲與犯罪兩者法律效果互異，前者請求損害賠償，後者則科以刑罰。這種國內法上的區別範疇並非自古以來即明確區分，而是漸隨社會的發達分化而成。

　　國際法直到20世紀初對於違法行爲仍未如同國內法般作區分。近年來在國際法上才出現國際犯罪之概念。可謂隨著國際社會的組織化發展才有分化的現

象結果出現。但是國際違法行為到底具有何種程度的犯罪要素實在令人懷疑。國際犯罪概念的成立前提必須放棄個別的國家法益概念而立足於國際社會本身的法益。然而國際法是以規範平等國家間關係的法規範發展而來的，就某種程度而言仍是較類似國內私法以調整個人相互間關係之性質。因此對違法的救濟，通常是以對被害國損害賠償的形式填補。至於以國際社會整體之超國家立場對加害國施以制裁，藉以回復、維持法秩序的體制，至今仍然並未採取。因此國際違法行為基本上仍可謂是以類似國內法上之不法行為之型態存在。

二、國家責任的成立

　　國家責任的制度是根據國際習慣法或國家的實踐，而非待條約的規定才存在的，直到1980年國際法委員會制定「國家對國際不法行為的責任條款公約」草案方才有條約法的出現。國家責任的發生乃肇因於國家的國際違法行為而產生侵害結果，因此國家責任的發生主要包括二項要件，即「客觀的要件」與「主體的要件」。根據「國家對國際不法行為的責任條款公約」規定，國家責任的發生，除須有違反國際義務行為之客觀要件（國家本身違反國際法上之義務；不履行該作為或不作為之情形）外，尚須該國際違法行為（作為或不作為）係歸屬（attributable）國家本身（實際的行為者與國家之間有特別密切的連結關係，而其行為的法律效果得歸責於國家）。

（一）客觀的要件──國際違法行為

　　作為國家責任發生之客觀要件──國際違法行為，是指國家的行為須有國際義務的不履行或違反，不論該義務是條約上的義務或習慣法上的義務。同時該國際法上的違法行為即便是國內法上的合法行為，由於「國家不得援用國內法規定，作為不履行國際義務的正當化根據」（條約法公約第27條），故也不能免除其國家責任。換言之，國際違法行為的判斷是依據國際法而非國內法判斷。而阻卻國家行為的違法性事由，包括同意、復仇、不可抗力、緊急避難、

自衛等。

　　然而國家責任的發生是否只須有「義務違反」的客觀事實即已足夠。學說或國家的實踐上均有所爭論。對於國家責任的發生要件除須有客觀的因果關係外，有關國家方面是否須具有過失，長久以來學說與國家實踐上乃相互對立。在學說上，國家責任的成立，另外尚須具備「義務違反」的故意或過失之主觀要件。

　　二次大戰前有力之主張係採過失責任主義，亦即國家責任的發生以國家本身有故意或過失為必要之立場，可謂是相當受限。例如對於官員權限外的行為，國家仍需負責任的情形，依過失責任理論即無法充分說明。因此近年來漸導入無過失責任主義。

客觀責任主義

　　不論國家過失之有無，凡因國家之作為或不作為而產生之國際義務的違反則須負國家責任，亦即只要有國際義務違反的客觀事實存在即可。在傳統以故意或過失為構成國家責任的前提下，近年採行此見解者強調「相當注意」；國家欠缺「相當注意」則視為國際法上義務的不履行。此立場在二次大戰後漸成為學說或國家實踐上有力的主張，在2001年「國家對國際不法行為的責任條款公約」中基本上並未將過失列為國家責任發生的要件。

（二）無過失責任原則的導入

　　近年來國際社會為因應大量且高速的運輸方式或由於高度危險性企業活動（ultra-hazardous activities）所導致的重大事故，蓋這種事故所生的損害，要證明有無過失是相當困難，因此國際法上開始導入無過失責任原則（absolute liability）。無過失責任原則是指活動與損害之間有相當因果關係時，即負有賠償責任，而不論有無過失或行為有無違法性，亦即無過失責任原則謂過失並非為國家責任之成立要件，且過失亦非國際違法行為之存在要件。

　　一般而言對於高度危險性活動並非皆適用無過失責任原則，而是依特定的

個別條約規定為限。採行無過失責任的特定個別條約，依責任的主體或國家介入賠償責任的形態區分為三類型：

1.民事責任型

1969年油污染損害民事責任公約、1976年海底礦物資源民事責任公約，只有企業主負無過失、有限的賠償責任。

2.混合責任型

1962年核子船艦運航者責任公約、1963、1997年核能民事責任公約、1971年核物質海上運輸責任公約，企業與國家共負無過失、有限的賠償責任。

3.國家專屬責任型

1972年外太空損害賠償公約，只有國家無過失、有限的賠償責任。

無過失責任原則必須注意兩項問題：第一、無過失責任到現在為止均僅為條約上之原則並不具有一般性地位；第二、在上述三類型當中以國家的專屬責任最為進步，因此對於環境破壞的責任歸屬導入無過失責任原則應是未來推動趨勢。

（三）國際犯罪概念的出現

隨著「國際社會全體的利益」或「人類的利益」觀念的發達，將國際違法行為的一部分，視為類似國內法上的犯罪行為的這種見解已日漸形成，因此遂有所謂「國際犯罪」概念的提出，藉以與傳統的國際違法行為加以區別。

國際犯罪大抵區分為個人的國際犯罪與國家的國際犯罪。所謂國家的國際犯罪是指國家侵害國際社會全體法益的犯罪。國家的國際犯罪在犯罪構成要件上，與個人的國際犯罪容或有重複，但概念上兩者應是有所區別。2001年，聯合國通過「國家對國際不法行為的責任條款公約」將違法行為區分為國際不法行為與國際犯罪兩類型。國際不法行為是指一國的行為如構成違背國際義務即為國際不法行為，不論所違背的國際義務為何。國際犯罪則係指一國所違反的

國際義務是對於保護國際社會的基本利益至關緊要者，以致整個國際社會公認違背該項義務是一種罪行時，因而產生的國際不法行為構成國際犯罪，公約明白揭示諸如：1.嚴重違背對維持國際和平與安全具有根本重要性的國際義務，例如禁止侵略的義務。2.嚴重違背對維護各國人民自決權利具有根本重要性的國際義務，例如禁止以武力建立或維持殖民統治的義務。3.嚴重違背對保護人類具有根本重要性的國際義務，例如禁止奴隸制度、集體屠殺等。4.保護及保全人類環境具有根本重要性的國際義務，例如禁止大氣、海洋的大規模污染等；皆是構成「國際犯罪」（第19條）。

（四）主觀的要件──歸屬於國家行為的要件

1.歸屬於國家行為

(1)國家機關的行為（the conduct of the organ of the state）

　　立於國家機關地位者，在其權限內所實施的行為當然歸屬於國家。例如司法機關的拒絕裁判、立法機關的怠於立法或違反國際法之立法、行政機關不依正當程序而逮捕或虐待外國人或任意驅逐出境等，皆視為國家的國際違法行為。至於國家機關權限外的行為（ultra vires act），亦即違反國內法規定的行為或違背上級機關指示的行為時，只要不是立於私人地位所為者外，也被視為屬於「國家行為」。主要理由乃是：①國內法上的歸屬關係與國際法上的歸屬關係是不同的問題；②是否屬於權限內的行為與否，多數是難以舉證，對於請求國而言是賦予過大的負擔；③避免國家作為免除國家責任之口實。至於國家機關所指為何，則依國內法來決定。

(2)特定團體行使統治權的行為（entities empowered to exercise elements of the governmental authority）

　　基於國內法規定將行使統治權一部分的權限，賦予特定團體而實施的行為，也視為「國家行為」。例如地方公共團體或聯邦國家構成的單位（州）等區域性的統治團體（a territorial governmental entity）或公共企業體。如同國家機關的行為一般，這些團體立於私人地位所為的行動則非屬國家行為。

(3)代行統治權者的行爲（persons acting in fact on behalf of the state）

　　雖爲私人的行爲，但事實上其乃代替國家行動，故該行爲仍歸屬國家本身。主要情形計有下列二者：①國家權限機關請求私人或私人團體遂行公的任務（雇用一般私人擔任警察或軍隊之協助者、派遣至他國的義勇軍等）；②武裝衝突或天然災害發生時正規的機關當局消滅時，私人或私人團體自發地行使統治權。

（二）對於私人行爲之國家責任

　　對於私人（自然人及法人）的行爲，原則上法律效果並不歸屬於國家。但是國家基於領土主權，對於本國領域內外國人身體、財產負有國際法上「相當注意」（due diligence）的保護義務，包括「事前防止義務」（主要是指警察的行政措施）和損害發生後的「事後救濟措施」（主要是指法院的司法措施）。因此國家因私人行爲而負國際責任的前提，必須國家有違反國際義務的作爲或不作爲。至於「相當注意」的內容與程度則有「國際標準主義」與「國內標準主義」的對立。

　　以有過失爲要件的國家責任，在當國家欠缺相當注意義務時，即有國家責任的發生。但是國家的行爲中司法機關與立法機關的行爲如違反國際法，則不問其是否有過失，然如是行政機關的行爲，欠缺相當的注意義務而侵害外國人的權利的情形，即產生國家責任。再者，官員權限外的行爲而生國家責任時，亦不問其是否有過失。

三、國家責任的解除

　　國家因國際違法行爲產生國際責任時，國家負有義務解除責任。就國際違法行爲的效果而言，國家對於損害負有賠償的義務。國家責任的解除並未有一定程序的，通常依國家間的交涉而定。一旦交涉未能達成共識，理論上應交付國際裁判，但在現行國際法下，國際裁判原則上必須基於當事國間的合意，對於違法行爲的救濟，並未能有合理的保障。近年來，在追究國家責任上比較受

到注目的是採取所謂的「對抗措施」。亦即被害國爲了促使違法國家履行賠償責任所採取的措施。該對抗措施並不得違反國際法上特定的義務，例如武力行使乃國際法上的違法行爲，因此伴隨武力行使的對抗措施乃不被允許。再者，對抗措施不得違反國際法上有關基本人權的保護規定或國際人道法的規定；以及不得違反一般國際法上強行法規。原則上得採取對抗措施的國家限於被害國本身，但當被害國以外第三國享有追訴責任權利，爲中止違反或確保被害國賠償責任時，例外承認被害國以外的國家採取合法的對抗措施。

國家責任解除的方式計有回復原狀、金錢賠償、道歉三種型態。一般而言對於物質的損害多採回復原狀或金錢賠償方式，對於精神損害則採道歉方式；但是在當事國合意之下，對於回復原狀可能之情形或對於精神損害，也得以金錢賠償方式爲之，或同時採兩種方式併用。

（一）回復原狀

所謂回復原狀即回復到違法行爲所發生之前的狀態。這是解除責任的基本方式，例如將違反國際法之國內法規定加以廢止或改正之情形、或非法接收外國人之財產而將其返還等。但是對於現實上或社會通念上不可能回復原狀或回復原狀屬顯然不合理時，則以金錢賠償或其他方式爲之。

（二）金錢賠償

將損害以金錢計算而支付的方式，是解除責任最爲普遍的方式。金錢賠償的主要賠償對象多數是指對物質的損害賠償，但亦有對精神上的損害以金錢賠償。金錢賠償往往是以直接損害爲限，至於間接損害是否亦得成爲賠償對象則有不同見解。理論上如果能證明間接損害與違法行爲間有相當因果關係時，是有承認必須賠償之先例存在。但是間接損害意義上並不明確，同時利息的支付與否，往往也都成爲爭點所在。

（三）道歉

道歉是對因違法行為而損及外國的名譽或威信等情況實施，主要是對精神上的損害而言。道歉方式計有以口頭或文書表明道歉之意思、或派遣致歉使節團、或處罰責任者或防止再發生的保證等均屬之。

另外，國際間也有不問賠償責任之有無，而以道義上（ex gratia）的金錢補償方式解決爭端。例如1954年美國在公海上進行核子試爆造成日本漁船及人員損害的「第5福竜丸事件」及1978年前蘇聯人造衛星墜落加拿大的「cosmos 954號」事件。

◆「cosmos 954號」事件

1978年1月24日，前蘇聯發射了一個由小型核反應器驅動的人造衛星，回收過程中在加拿大西北部爆炸。加拿大政府擔心爆炸衛星的輻射性碎片可能造成環境損害，甚至傷及接觸到這些碎片的人和動物。為防止損害，加拿大花費大量的財力和人力搜尋、清除衛星殘骸，並測試人造衛星碎片輻射的擴散範圍。雖然墜落的核碎片沒有帶來實際的損害，但加拿大政府認為墜落的放射性衛星碎片會給該區域的居民、動物潛在的損害。為此，加拿大政府依據《空間物體所造成損害的國際責任公約》、《各國在探索與利用外太空活動的法律原則的宣言》以及國際法一般原則向蘇聯政府提起600萬加元的損害賠償，賠償的內容主要是加拿大政府對該區域所進行的探測、清理費用，同時加拿大政府認為根據國際法一般原則，蘇聯政府有責任預防和減輕有害後果並減少損害。經過長時間的談判，1981年4月2日兩國政府簽署了《關於解決1978宇宙954號衛星解體有關所有事項的議定書》。加拿大政府接受蘇聯政府提供的300萬美元，作為在其潛在的污染區域所採取的清理行動的費用。

表8-1　國際間有關賠償之案例

方式	判決
回復原狀	case concerning the Temple of Preah Vihear事件，ICJ判決196（二）6.15 ◆泰國對於來自柬埔寨領土內寺院的古美術品負有返還義務
金錢賠償	I'm alone號事件，英美合同委員會最終決定1935.（一）5 ◆美國海岸警備隊違法擊沉加拿大船，基於船長及乘組員利益，必須賠償加拿大政府約50萬美元
	Corfu海峽事件，ICJ判決1949.（四）9,1949.1（二）15 英國軍艦在阿爾巴尼亞領海誤觸水雷爆炸事件中，阿國對軍艦損失及人命損失及醫療費負有賠償責任
	Rainbow warrior號事件，聯合國裁定1986.7.6 ◆法國政府必須對紐西蘭遭受的損害支付700萬美元的賠償金
道歉	I'm alone號事件，英美合同委員會最終決定1935.（一）5 ◆美國對於違法擊沉船舶的行為，應向加拿大政府正式承認違法並公開道歉
	Rainbow warrior號事件，聯合國裁定1986.7.6 ◆對於違反國際法的攻擊行為，法國首相應對紐西蘭首相正式且無條件的公開道歉

四、國際組織與國際責任

國際組織是為達成一定目的，而根據國家間訂立的條約所設立的組織體。國際組織為一定的目的而進行各種活動，特別是在進行對外活動時，具備一定的資格與能力誠屬必要。但是國際社會對於國際組織需具備一定要件才能成為國際法主體的承認制度並未存在，對此僅能求諸於組織的設立條約來判斷。

（一）聯合國的國際請求權

1948年中東巴勒斯坦戰亂時，聯合國派駐調停的瑞典籍官員於當地被殺

害。在聯合國憲章中並未有關聯合國國際法人格的規定。對此聯合國是否有權提出損害賠償請求，產生爭議，逐而向國際法院提出意見諮詢。國際法院在有關聯合國職員執行任務時遭受損害的請求賠償事件的諮詢意見中，認為國際組織必須具備法人格才能從事具體活動，同時國際組織是獨立於會員國之外，聯合國與其會員國具有個別的獨立法人格，享有行使國際請求的權利。諮詢意見中為證明聯合國的國際法人格，乃援引「必要推論」之理論基礎，亦即聯合國執行任務時不可欠的權能，稱之為「推論權能」（implied power）。而這種權能為避免濫用，應限定在設立條約明文規定行使職務的必要範圍內。換言之，國際組織所維護的法益遭到國家侵害時，在國際組織執行任務的必要範圍內，可以行使國際請求。相反地，這也顯示說有關屬於國際組織管理的事項，國際組織需負國際法上的責任。但是對於僅擁有少數會員國的國際組織，則與其會員國共負國際責任。例如1972年外太空損害責任公約規定國際組織與其會員國負連帶責任（第22條第3項）。

（二）國際組織之國際責任

國際組織實施國際法上違法行為時，國際組織究竟負何種國際責任？以聯合國為例說明，聯合國責任的發生計有因權利的違法行使（權利的濫用與逸脫）或義務的不履行問題。聯合國的行為須依聯合國憲章而行使，有關這些行為的國際責任可區分為以下兩情況：一是聯合國組織的行為是否直接違反聯合國憲章；二是聯合國職員（國際公務員）的行為對第三者（國家、國際組織、個人）造成損害。

1.聯合國組織的違法行為：聯合國內部機關有違反憲章的行為時，得請國際法院發表諮詢意見（憲章第96條）。但是對於所謂屬於聯合國的內部事項，一般是經由聯合國內部程序處理。例如有關聯合國職員的勞動條件或解僱等問題，委由聯合國或國際勞工組織的行政法院解決。

2.聯合國職員的違法行為：聯合國職員的違法行為，同樣是以必要推論的理論，說明損害賠償責任。再者，必須考量另一因素，必須是在執行公務時所

造成的損害。例如近年在世界各地所實施的維持和平活動（PKO），雖說不直接從事戰鬥行為，但往往也損及當地人民的生命財產等。儘管對於維和部隊所造成損害的法律制度並未確立，但聯合國支付賠償金的事例也多有所見。

五、個人的國際責任

傳統國際法中國家乃是最主要的權利主體，個人無從該當國際法上主體之地位，因此個人之刑事責任問題均限於各國國內法的層面。在兩次世界大戰中，基於對戰爭責任的追訴，國際間逐漸意識到對個人直接科以國際法上之刑事責任——亦即對所謂國際犯罪的範圍，乃以侵害國際社會本身的法益為由，不再透過國內法為媒介，而逕由國際社會直接以國際社會之名，直接將責任歸屬於個人。20世紀以前像海盜行為或奴隸買賣、麻藥買賣等個人的犯罪稱為國際犯罪，其特徵是以國際法規定取締權限。但是此等犯罪仍是被視為是侵害各國共通法益的行為，基於各國之個別的國內刑法處罰；並非被視為是侵害國際社會法益的行為而由國際社會機關處罰。

傳統國際犯罪之意義是起源自第一次大戰後隨著禁止侵略戰爭之動態登場。但是至第二次大戰爆發為止，這種動態到底多少已經成為實證法一部分仍有疑問。雖然二次大戰後戰勝國之一方對戰敗國的德國、日本的戰爭指導者以「違反和平罪」、「一般的戰爭犯罪」、「違反人道罪」加以追訴，並且在紐倫堡及東京設置國際軍事法庭審理，結果被告多數被宣告有罪並執行刑罰。侵略戰爭或人種迫害是屬於侵害國際社會一般法益的行為此等觀點看來，歸類於一種應該施以刑罰制裁的犯罪，乃是基於維持和平或保障人權的目的。為防止此等犯罪的發生由於不能對國家團體科以刑事責任，而改以將責任歸於實際上計劃、實行之個人乃有必要，亦屬可行。因此以後為審理國際犯罪，應設置一個公平的常設國際社會機關，因而在2002年7月1日在荷蘭的海牙正式設立「國際刑事法院」（International Criminal Court）。

個人的國際犯罪又因適用內國刑法或國際法規之基準的不同，分為「涉

外性的犯罪」及「國際法上的犯罪」兩個基本類型。所謂「涉外性的犯罪」，是指在一般的普通犯罪之中存在著涉外因素者，亦即同時觸及兩個以上國家的刑法或刑事管轄權的犯罪。「犯罪」與「國際化」的結合，這種犯罪也是傳統上所稱之國際犯罪。雖說這些犯罪具有「涉外性質」的要素，然而此種犯罪仍只是侵害國內法益行為的國際化而已，並非屬於國際法上所定的犯罪。為求得能夠迅速對人犯追訴、處罰，因此在程序上採取國際司法合作等國際法介入的方式處理。所以在與他國管轄權發生競合或牴觸時，也僅能依國際司法互助方式取得證據或將人犯引渡回國進行司法程序，藉以貫徹本國之刑事管轄權。所謂國際法上的犯罪是指犯罪的構成要件及追訴、處罰等刑事管轄權的分配、歸屬，均基於國際習慣法或條約的規定而來者。因此，在此意義下國際法上的犯罪，又稱為準據國際法的國際犯罪。在國際法學說和國際實踐中，一般稱為國際犯罪者，乃排除前述之具有涉外性的犯罪，而單指國際法上的犯罪而言。對於實施行為者個人刑事責任之追訴，可分為兩種類型：「違反國際法的犯罪」與「侵害各國共通利益的犯罪」。前者是直接依據國際法之規定負國際法上之義務，對於違反義務所衍生之刑事責任直接由國際法院追訴；後者則必須藉助於內國刑法的適用，始能對犯罪行使刑罰權。

（一）違反國際法的犯罪

　　1948年聯合國大會通過了「防止及處罰滅絕種族罪公約」，該公約中確認滅絕種族罪是為國際法上的犯罪，不論是國家元首或公務員或私人，也不論是直接實施者或共謀者、教唆犯、共犯、未遂犯，皆得成為處罰的對象（第1、3、4條）。再者，聯合國大會於1973年通過「有關鎮壓及處罰種族隔離罪之國際公約」，所謂種族隔離罪是指一個人種集團對另一人種集團為確立並維持支配，在制度性的壓抑目的下所實施非人道的行為。在該公約中明訂種族隔離罪是違反人道罪並且是構成對國際和平與安全重大威脅的犯罪，違反者負有國際刑事責任。根據國際刑事法院規約對犯有滅絕種族罪、危害人類罪、戰爭罪、侵略罪的個人，國際刑事法院應進行起訴和審判。這些犯罪皆「為國際社會全

體關心之重大犯罪」，屬國際法上的犯罪，且係由負有國際管轄權的法院予以處罰。除上述類型外，對於其他之「國際犯罪」則仍委由各國國內法院予以追訴、處罰的處理模式。

（二）侵害各國共通利益的犯罪

侵害各國共通利益的犯罪類型當中，包括海盜行為、海底電纜的損壞、漁業的濫捕、海水的油污染等海上犯罪，以及侵害有關保護軍隊傷病者、俘虜、一般民眾之重大違反行為及奴隸買賣、婦人兒童的買賣、毒品的不法買賣等侵害人身保健衛生的犯罪、以及偽造貨幣、文化財的不法輸出入、野生動植物的不法買賣等有關經濟活動特定買賣的犯罪。這些經國際習慣法或條約明定為犯罪，並對國家科以國際法上義務，制定內國刑法追訴犯罪之個人刑事責任。然而倘若規定上開各項犯罪之條約當事國並未制定相當的國內法，則無法進行追訴處罰。因此有關規制這類型國際犯罪的發展上，為了能夠確實達到處罰的效果，國際社會嘗試訂定多國公約建構具體且有效之體制，藉以遏止國際犯罪盛行。其方式除了在公約中明訂犯罪構成要件外，並設定國家裁判權，更科以各締約國負有將嫌疑犯引渡至相關國家處罰或在本國處罰的義務。其中具有成效者計有下列公約：1970年「制止非法劫持航空器公約」（略稱海牙公約）、1971年「制止危害民航安全之非法行為公約」（略稱蒙特婁公約）、1973年「關於防止和懲罰侵害應受國際保護人員包括外交代表的罪行的公約」（略稱外交官等保護公約）以及1979年「防止劫持人質國際公約」（略稱防止劫持人質公約）。

（三）國際恐怖行為

所謂的恐怖行為，是指在政治目的下，直接對個人或財產，進行一種有計畫性的暴力行為，意圖造成民眾間不安的恐怖心理狀態。恐怖行為可能是一種跨國或具國際性質的行為，也可能是一種單純國內的犯罪行為；倘若其活動範

圍係屬跨國或具有國際性質的恐怖行爲，概稱爲國際恐怖行爲，該等犯罪行爲係國際法所欲積極規範的對象。實施國際恐怖行爲的主體，有國家或多數情況下爲私人團體（所謂的「非國家主體」）。

　　規範恐怖行爲之際，國際法首先必須面臨的是恐怖行爲定義的問題。從近年來發生的事例包括在伊拉克、阿富汗等地頻發的事件、以色列境內巴勒斯坦人引發的事件、2001年美國911事件、2004年西班牙火車爆破事件、2005年英國地下鐵爆破事件等觀察，提出一個可以涵蓋全部事件的定義，現階段仍是相當困難。1996年聯合國大會做成52/120號決議，針對反恐怖主義設置一個臨時委員會，對不同類型的國際恐怖主義行爲，訂定新的國際公約及統合既有的特定恐怖主義行爲類型的國際公約，最後終因未能區隔恐怖主義與民族解放鬥爭之間的關係，而未能有一致的共識。至今國際法上對於國際恐怖行爲一詞仍未有統一的法律定義。

　　近年來相關公約嘗試將恐怖主義行爲與其他合法行爲作區別。例如，《防止提供恐怖組織資金公約》第2條1項(b)款規定「意圖致使平民或在武裝衝突情勢中未積極參與敵對行動的任何其他人死亡或重傷的任何其他行爲，如這些行爲因其性質或相關情況旨在恐嚇人，或迫使一國政府或一個國際組織採取或不採取任何行動」。《禁止恐怖主義份子實施爆炸行爲的國際公約》第5條定義恐怖主義爆炸罪「企圖或蓄意在一般公眾、某一群人或特定個人中引起恐怖狀態時，在任何情況下都不可引用政治、思想、意識形態、種族、人種、宗教或其他類似性質的考慮爲之辯護，並受到與其嚴重性質相符的刑事處罰。」該公約首次使用「恐怖主義份子」的措辭，2005年《制止核恐怖行爲國際公約》（International Convention for the Suppression of Acts of Nuclear Terrorism）第6條定義核恐怖行爲；公約規定核恐怖行爲主要有三類：一是以危害人、財產和環境爲目的，擁有放射性物質或核裝置；二是出於同樣目的，使用放射性物質、核裝置或破壞核設施；三是爲達到這些目的，威脅使用或企圖擁有放射性物質或核裝置。這樣的發展表明了各國對國際恐怖行爲犯罪的認識漸趨一致。

（四）國際洗錢行為

　　所謂洗錢（money laundering）是指隱匿或掩飾犯罪行為所收取的財物的性質、來源及資金流向而加以運用。洗錢常與經濟犯罪、毒品交易、恐怖活動及黑道等重大犯罪有所關連，也常以跨國方式為之。因此國際間之合作以防制洗錢，實有必要。

　　1988年8月聯合國制定「禁止非法販運麻醉藥品及精神藥物公約」（United Nations Convention against Illicit Traffic in Narcotic Drugs and Psychotropic Substances，簡稱聯合國反毒公約），要求各締約國負有義務將毒品犯罪收益的洗錢行為加以犯罪化，並且予以加強取締。1989年7月，西方七國經濟高峰會議上，與會代表提出建立國際金融反洗錢特別工作小組的動議。會後成立由29個歐洲、美洲、非洲國家和地區，以及歐洲委員會和海灣合作委員會兩個國際組織參加的「國際金融反洗錢特別工作小組」（Financial Action Task Force on Money Laundering，簡稱FATF）。該機構成立目的為專門研究洗錢的危害、預防洗錢並協調反洗錢國際行動的政府間國際組織，該機構為全球最重要的反洗錢組織之一。1990年工作組完成了《關於洗錢問題的40點建議》，該建議為國際反洗錢工作制定基本綱領，對於反洗錢的國內立法、金融機構規章和國際合作等事項提出辦法。建議世界各國和地區將反洗錢納入司法制度和金融監管體系。

　　我國在民國85年10月23日立法通過並公布「洗錢防制法」，並於次年4月23日施行。根據洗錢防制法的規定，洗錢的定義為：一、掩飾或隱匿因自己重大犯罪所得財物或財產上利益者。二、掩飾、收受、搬運、寄藏、故買或牙保他人因重大犯罪所得財物或財產上利益者。我國亦於1997年加入國際防制洗錢金融行動工作組織」（FATF）之區域性防制洗錢組織「亞太防制洗錢組織」（The Asia/Pacific Group on Money Laundering, APG）。APG於1997年設立，其目的在於協助其會員國接受與履行有關反洗錢及打擊資助恐怖活動之國際標準。為履行打擊資助恐怖行動相關之國際公約及國際組織建議，避免我國遭受國際制裁，我國洗錢防制法於98年6月10日修正時，爰參照制止向恐怖主義提

供資助國際公約，增加明文規定對於意圖恐嚇公眾或脅迫政府、外國政府、機構或國際組織，蒐集或提供財物或財產上利益，而實行特定犯罪之行為加以處罰，處以1年以上7年以下有期徒刑，得併科1,000萬元以下罰金。如有利用帳戶、匯款資助恐怖行動時，亦應採取禁止處分措施。另有鑑於近年來重大罪犯，在我國境外進行犯罪所得之洗錢行為情形層出不窮，98年6月10日修正時並增訂相關規定，使境外洗錢或資助恐怖行動之行為，亦含括在洗錢防制法得以處罰的範圍之列。

另外，第55屆聯合國大會2000年11月15日通過了「聯合國打擊跨國有組織犯罪公約」（UN Convention Against Transnational Organized Crime），並於2003年9月29日生效。「聯合國打擊跨國有組織犯罪公約」是目前世界上第一項針對跨國有組織犯罪的全球性公約。該公約確立了透過促進國際合作，更加有效地預防和打擊跨國有組織犯罪的宗旨，為各國開展打擊跨國有組織犯罪的合作提供了法律基礎。公約規定締約國應採取必要的立法和其他措施，將參加有組織犯罪集團、洗錢、腐敗和妨礙司法等行為定為刑事犯罪。公約要求所有願意遵守該公約的國家在法律上採取協調措施，以打擊有組織犯罪集團與腐敗行為、打擊洗錢等非法活動、簡化引渡程序、擴大引渡範圍。

為補充2000年聯合國《打擊跨國有組織犯罪公約》之不足，又通過三項議定書。首先於2000年通過《關於打擊陸、海、空偷運移民的補充議定書》和《關於防止、禁止和懲治販運人口特別是婦女和兒童的補充議定書》兩項議定書。《關於防止、禁止和懲治販運人口特別是婦女和兒童的補充議定書》旨在防止和打擊販賣人口，特別是販賣婦女和兒童，保護和幫助人口販賣的受害者，並促進締約國在實現這些目標方面的合作。

《關於打擊陸、海、空偷運移民的補充議定書》旨在打擊和防止偷運人口，重申移民本身不是犯罪，移民可能是需要保護的受害者。該議定書第6條將下列行為規定為犯罪行為並追究刑事責任：1.偷運移民；2.為得以偷運移民而實施下列行為：制作欺詐性旅行或身分證件；獲取、提供或持有此種證件。3.使用本款2.項所述手段或任何其他非法手段，使並非有關國家國民或永久居民的人以不符合合法居留於該國的必要規定的方式居留於該國。中國應盡早將

上述中國參加的有關國際公約、協議等規定的國際非法移民犯罪行為轉化為國內法的規定，在國內法的刑事法條文中明確規定，並處以刑罰。

　　2001年3月，由於恐怖主義和武裝販毒、走私等跨國有組織犯罪活動日益猖獗，各國迫切希望加強合作，預防和打擊與此相關的非法製造和販運槍枝等活動，為此，各國談判達成了「打擊非法製造和販運槍支及其零部件和彈藥的補充議定書」（ProtocolAgainst the Illicit Manufacture of and Trafficking in Firearms, Their Parts and Components and Ammunitions；簡稱「槍枝議定書」（Firearms Protocol））。其目的在於通過打擊非法製造和販運槍枝等小武器的活動，加強國際社會在預防和打擊跨國有組織犯罪方面的合作。

參考資料

李明峻，國際法院規約第62條的適用問題──以訴訟參加申請國的舉證責任為中心，臺灣國際法季刊，第4卷第4期（2007）。

林麗瑩，提升跨國犯罪追訴效能的刑事訴訟統合運動──以歐盟對跨國刑事追訴的發展為中心，檢察新論，第6期（2009）。

侯權峰，外空物體造成損害之國際責任，問題與研究，第43卷第5期（2004）。

陸東亞，從國際法觀點上論國際責任，法商學報，第1期（1961）。

雷崧生，國家的國際責任，法學雜誌，第2卷第8期（1951）。

謝立功，防制人口販運之國際刑法意涵，月旦法學，第167期（2009）。

賴宇松，國際環境公約確保義務履行機制初探，臺灣國際法季刊，第3卷第4期（2006）。

繆寄虎，從國際法與國內法論日本「天皇」之戰爭責任，中華雜誌，第26卷第8期（1988）。

魏靜芬，國際犯罪與國際法，軍法專刊，第48卷第1期（2002）。

魏靜芬，國際恐怖行為之特徵與界限，軍法專刊，第51卷第4期（2005）。

第九章　外交機關

一、外交關係

　　國家間的外交關係乃以互相派遣外交使節來處理外交上的問題。以國家對外交涉爲任務的主要機關分爲有外交使節與領事。外交使節與領事依其性質及派遣程序；以及享有的特權、豁免的內容均不相同。外交使節是代表派遣國與駐在地國間進行外交交涉；領事則不具代表國家的資格，也非代表本國對他國行使外交交涉的機關，領事乃是以保護派遣國國民有關通商、產業、交通、海運及其他實務事項等商業上利益爲職務的派遣國機關。鑑此，領事並不具有外交官的特權，領事的特權也僅限於條約所承認的範圍內。再者，外交官的任命程序大多依照國際法規的規定，而領事則無相關的國際法規存在。

表9-1　外交官與領事之差異

	外交官	領事
代表資格	代表本國與接受國政府進行外交交涉	不具有代表本國的資格
任命方式	以接受國事前的同意爲必要，同時必須向駐在地國元首提出信任狀（letter of credence）	不需要同意的程序。由派遣國發給委任狀（commission）遞交接受國
職務	代表本國調查接受國國內情勢向本國回報並保護監督當地本國國民	觀察接受國國內情勢包括商業、經濟等發展狀況向本國及當地本國國民回報
特權、豁免	基於國際習慣法規定，廣泛承認與職務相關之權利	限於條約所承認的範圍，與外交使節相比，較爲受限

二、外交使節

　　就外交使節而言，分爲經常性駐在接受國遂行外交任務之常駐使節、與負

有特別任務一時派遣至外國之特別使節。其中特別重要者乃常駐在接受國維持繼續外交關係之常駐使節；國際法對於此，本於外交傳統而設有詳細的規則。有關外交關係的規則大多以國際習慣法的型態來規範，然隨著國家間交涉的經常化，以及伴隨非歐洲體系國家的獨立產生新的國際關係，遂有制定更詳細規則的必要。1961年通過「維也納外交關係公約」（Vienna Convention on Diplomatic Relations）即是將有關常駐使節的習慣規則法典化的國際公約，目前幾乎所有國家都已加入該公約。

根據「維也納外交關係公約」第2條規定：「國與國之間外交關係及常駐使館的建立，以協議爲之」。換言之，有關國家間外交關係的開設與常駐使節團的設置乃經由雙方國家同意而實施。在此種情形之下，外交關係的開設與常駐使節團的設置，各國之間並不一致，因此事實上，國際間一方面維持外交關係卻不派駐使節團者的情形也有，蓋這些問題多由派遣國與接受國之間的合意而決定。一般而言，國家間多採取締結條約或換文、公報等形式爲之。依該公約規定，互派外交使節團的主體現於國家之間，因此派駐國際組織的代表團，雖其性質與法律地位幾乎等同外交使節團，但卻不屬於國際法上所稱的外交機關。

（一）外交使節的任務

根據「維也納外交關係公約」第3條規定，外交使節有五項主要的任務：1.在接受國內作爲派遣國政府的代表，進行兩國關係事項的聯繫與協商。2.在國際法承認的範圍內，於接受國內保護派遣國與其國民的利益。3.代表派遣國政府與接受國政府進行交涉談判。4.外交使節得使用任何合法手段，確認接受國內諸情勢並向派遣國報告。5.促進派遣國與接受國間的友好關係和發展兩國經濟、文化和科學關係。另一方面，外交使節也負有不得介入接受國國內問題之義務（第41條第1項）。

（二）使節團的派遣

　　使節團為了有效遂行其任務，接受國對於使節團構成員有良好印象乃是重要的因素之一。為此，遂有遵行使節團派遣之習慣程序，亦即派遣國在派遣使節團長之時，必須事前徵詢接受國的同意，而接受國亦可以不同意派遣國所提的人選。不同意時接受國對派遣國也不負說明理由之義務（第4條）。至於其他的使館職員則勿須徵詢同意，由派遣國全權作主自由任命；但對於使館駐在武官的任命，接受國要求派遣國提出武官人選資料時，派遣國有義務提出（第7條）。使節團的外交職員，原則上以持有派遣國國籍者為限，但如得接受國的同意，則可任命接受國國籍者（第8條）。

（三）外交使節的階級與席次

　　根據1815年維也納規則規定，使節分為三等級：大使（ambassadors）、公使（ministers）、代辦（charge）。在維也納外交關係公約中再次將使節等級詳細規定。由於使節的等級與席次、國際禮儀有所關連，因此須加以嚴格區分。

1.等級

　　公約將使節分為三級，第一等級為大使；第二等級為公使，兩者均是由派遣國元首向接受國元首派遣者；第三等級為代辦，是由派遣國外交部長向接受國外交部長派遣者。使節的等級除有關禮儀與席次之事項外，對於其職務與特權並無任何差別（第14條）。外交使節所屬之等級應由派遣國及接受國協議決定（第15條）。而使館館長缺位或不能執行職務時，應由臨時代理大（公）使暫代使館館長（第19條）。

2.席次

　　使節的席次是以等級來決定，對於同一等級的使節間的席次順序，則是以外交使節開始執行職務之期及時間先後決定（第16條）。開始執行職務的時期

由兩種慣例決定，在呈遞國書後或在向接受國外交部或另經商定之其他部通知到達並將所奉國書正式副本送交後，即視為已在接受國內開始執行職務（第13條）。

三、外交使節的特權與豁免

外交官在接受國內享有與一般外國人不同待遇及特權的地位；亦即，不受他國主權及管轄權（主要乃裁判權）的拘束，並且更賦予特別的保護。這種對外交官的情形特別稱之為外交特權與豁免或外交官的特權與豁免。

外交使節團的特權與豁免為全體外交使節團所享有，此與外交官個人所享之特權、豁免是有區別的必要。再者，外交特權、豁免特別區分為接受國國家權力不行使（裁判權豁免、課稅之豁免等治外法權）與特別保護（不可侵權、自由權）二者。然在外交關係條約中對於兩者並未予以明確區別。

至於為何賦予外交特權、豁免，其理由根據主要基於：

1. 治外法權說（**extraterritoriality**）：此說認為外交特權、豁免乃係基於「使館為派遣國領土的延伸」，因此不受駐在地國法律管轄。然所謂領土延伸，派遣國的主權也並未隨之延伸至駐在地國，理論相互矛盾，故該說並不周延。

2. 國家代表說（**representative character**）：該說認為外交特權、豁免乃建立在使節代表派遣國的威嚴之上，根據「平等者間無管轄權」（par in parem non habet imperium）原則，因此使節享有外交特權、豁免。

3. 機能說（**functional necessity**）：此說認為為避免使館與外交人員受到駐在地國干擾，而能順利執行其任務，外交特權、豁免乃為達成外交任務所必要者。

從維也納外交關係公約的前文觀之「確認此等特權與豁免之目的不在於給予個人以利益，而在於確保代表國家之使館能有效執行職務」，顯然公約係採用後二者之見解。

（一）外交使節團之特權與豁免

1.使館的不可侵

所謂使館是指使節團辦公處所和館長官邸之用的建築物或建築物各部分及其所附屬土地。使館享有不可侵權，亦即未得有館長之允許，接受國官員不可隨意進入（第22條第1項）。然對於緊急情況之下是否例外承認可以進入使館，則並無規定，例如火災之情形，倘未得允許，是否得以進入即有爭論。公約規定接受國爲防止破壞或侵入使館及維持使館安寧和威嚴，得採任何適當的措施（第22條第2項）。對於館內、館內用品等其他財產、運輸方式不得加以搜索或強制執行（同條第3項）。

使館之不可侵乃屬絕對的，但對接受國之法令必須尊重；對於使館的使用不得違反外交關係公約、一般國際法之規則及當事國間的合意（第41條第1、3項）。例如不允許使館內藏匿武器、拘禁或庇護犯人等。

2.使館的稅捐豁免

根據維也納外交關係公約規定，使館免納全國性或地方性各種稅捐（第23條第1項）。使館公務用品（如辦公家具、車輛等）准許入境，並免課關稅、租稅（第36條第1項a）。

3.使館文書、通訊的不可侵

使館檔案和文件，無論何時也不論位於何處，都不得侵犯（第24條）。亦即對於使館的往來公文不得侵犯、外交封印袋不得予以開拆或扣留。另外根據維也納外交關係公約規定，接受國對於外交使節團公用通訊的自由，必須予以保護。使節團在與本國政府或本國其他使節團通訊時，得使用外交信使、設置特殊通訊器材或使用密碼。但是，有關無線電通訊的設置與使用必須以得到接受國的同意爲必要（第27條）。

（二）外交官個人之特權與豁免

1.不可侵權

　　係指外交官的身體不可侵，亦即不得以任何方法對其身體加以拘留或拘禁；再者，外交官不受警察權的支配，即使違反警察規則亦不受扣留等強制處分；另一方，接受國對外交官之身體、自由、尊嚴的侵害必須採取適切的防止措施。另外，外交官個人的住所、書類、通訊、財產亦享有不可侵權。

2.裁判權的豁免

　　外交官負有尊重接受國法令之義務，即便違反該國法令，也不受接受國裁判權的支配，不得強制執行。換言之由於外交官對接受國刑事裁判權享有豁免權，因此有犯罪之情形亦不得對其提起追訴、處罰。但是在任中外交官個人之犯罪行為，於其喪失特權後則可加以追訴。

3.行政權的豁免

　　外交官應免除一切個人勞務及所有各種公共服務，並應免除關於徵用、軍事募捐及屯宿等之軍事義務。外交官免納一切對人或對物課徵國家、區域或地方性稅捐，但是間接稅、私有不動產之課稅、遺產稅、繼承稅等則為例外。外交官及其家族之個人使用的物品均免除一切關稅、租稅及其他課徵，並且外交官私人行李免受查驗，又，外交官免適用失業保險等接受國之社會保險辦法。

（三）特權、豁免之範圍

1.人的範圍

　　外交官的特權、豁免並不只限於使節團的團長、外交職員，其家族人員也同樣享有豁免權。使節團之技術、事務職員與其家族也幾乎同樣地享有特權、豁免權，但是民事及行政裁判權上的豁免僅限於外交官公務上的行為。

2.時的範圍

　　外交官的特權、豁免自赴任進入接受國領域時起開始，或是人早已在該領域內者，自外交部通知任命時開始享有。自任務終了後離去接受國時起，特權、豁免權始消滅或是自離境經過一定合理期間而告消滅，縱有武裝衝突情事亦應繼續有效，對於逐行任務上的行為於特權、豁免權消滅後，裁判權仍得繼續豁免。

3.場所的範圍

　　外交官的特權豁免權只在接受國的領域內被承認。外交官因赴任、歸國時而通過第三國領域時，第三國必須給予過境上必要的豁免與不可侵權。外交官同行的家族也同樣適用享有。

◆1979年德黑蘭美國大使館員人質事件

　　1979年11月4日伊朗支持何梅尼的學生們攻佔德黑蘭的美國大使館，扣留館內大使、領事等館員約66名為人質，一直持續到1981年的1月20日，長達444天。美國於11月29日向國際法院就美國駐伊朗大使館的處境及美國駐伊朗的外交和領事人員被扣為人質的問題對伊朗提起訴訟。美方聲稱，伊朗政府已經違反並且仍在違反1961年維也納外交關係公約、1963年維也納領事關係公約、1955年美伊友好經濟關係及領事權利條約、1973年關於防止和懲罰對國際保護人員包括外交代表犯罪的公約、聯合國憲章和國際慣例，請求法院判決並宣布：1.伊朗違反了對美國承擔的各項條約義務；2.伊朗有義務立即釋放拘禁於大使館的所有人員及拘禁於伊朗外交部的3人，並保證他們安全離境；3.伊朗政府應對其不法行為向美國賠償損失；4.將對此罪行負責的人員送交主管當局懲處；同時請求採取臨時保全措施。

　　1979年12月15日，國際法院指示了臨時措施。法院認為：在處理國家關係上，沒有比外交使節及大使館不受侵犯權更基本的先決條件。這些義務，特別是保證外交人員人身安全及不受追訴的義務，乃是他們的代表性質和外交職務所必不可少的、絕對的和固有的權利。至於襲擊、

佔領使領館及其財產、毀壞檔案、扣留人質的行為。這段期間的事件不能直接歸因於伊朗國家，因為還不能證明這些行為是代表國家或由國家機關負責以便執行某種職務而作出的，所以不能歸因於國家。但在事件發生後，美國使館請求伊朗當局給予援助和保護，伊朗當局沒有採取適當步驟保護使領館及其人員和制止事態的發展，伊朗已完全違反條約義務應負國際責任。

四、領事的特權與豁免

領事在遂行職務的必要範圍內享有一定的特權與豁免。領事與外交使節不同並非代表派遣國，因此當然並不享有一般國際法上的特權與豁免，而只限於在駐在國國內法所承認的範圍內享有特權與豁免。有關領事特權與豁免之內容及範圍從前多在各個領事條約或通商條約中規定，現在則有在1963年制定的「維也納領事關係公約」一般公約的存在。但依該公約第73條規定，維也納領事關係公約不影響雙邊領事條約，也不排除另訂領事條約加以確認或補充。由於外交官具有代表本國之性質，而領事則以保護本國經濟性利益與本國民之利益為其主要任務，因此外交使節團多設置於接受國之首都，而領事機關則多設在主要港口等商業都市。

（一）領事的派遣與職務

按維也納領事關係公約規定，領館館長奉派任職，應由派遣國發給委任狀，經由外交途徑送交接受國政府。領館館長在接受國發給領事證書表示准許後，才能執行職務。一國拒發給領事證書，無須向派遣國說明其拒絕理由。領事交涉的對象限於與事務有關的地方機關，至於與中央政府的交涉則須委由外交機關處理。

遂行領事職務的機關稱為「領館」，包括任何總領事館、領事館、副領事館或領事代表處。奉派任此職位的人員稱為「領館館長」，領館館長的等級分為四級，即總領事、領事、副領事、領事代理人。所有承辦領事職務之任何人

員（包括領館館長在內）分為兩類，即職業領事官員及名譽領事官員。前者領事官員是以執行領事職務為本務，因此原則上應具派遣國國籍，後者則非以領事官員為本務，而是委以領事職務，因此名譽領事官員的選任多為居住在接受國的有力工商業者。

領館
- 總領事館（consulate-general）
- 領事館（consulate）
- 副領事館（vice-consulate）
- 領事代表處（consular agency）

圖9-1　領館的種類

- 總領事（onsuls-general）
- 領事（consuls）
- 副領事（vice-consuls）
- 領事代理人（consular agents）

圖9-2　領館館長的等級

根據維也納領事關係公約規定，領事的主要職務包括：1.在國際法許可限度內，在接受國內保護派遣國及其國民利益；2.增進派遣國與接受國間商業、經濟、文化及科學關係的發展，並在其他方面促進兩國間的友好關係；3.以一切合法手段瞭解接受國商業、經濟、文化和科學活動的發展狀況，並向派遣國政府報告；4.向派遣國國民發給護照及旅行證件，並向希望到派遣國旅行的人士，發給簽證或其他適當文件；5.協助派遣國國民；6.執行公證、民事登記等職務和辦理若干行政性質的事務，但以接受國法律、規章無禁止規定為限；7.監督和協助派遣國的船舶、航空器及其航行人員等（第5條）。

（二）領事機關的特權

領事機關的特權包括：1.領館的不可侵：接受國官員非經領館館長或派遣國使館館長同意，不得進入領館中專供領館工作之用區域。惟遇火災或其他災

害須迅速採取保護行動時，得推定領館館長已表示同意；2.課稅的豁免：領館及館長寓邸一概免繳納國家、區域或地方性的一切捐稅；3.公文書等不可侵：領館檔案及文件無論何時，亦不論位於何處，均屬不得侵犯；4.通信的自由及公用通訊不可侵：接受國應准許領館為一切公務目的自由通訊並予保護，包括外交、或領館郵袋及明密碼電信在內。但如接受國主管當局有重大理由認為郵袋裝有非公文、文件之物品，亦即有領館郵袋濫用時，得請派遣國授權代表一人在該當局前將郵袋開拆。

（三）領事官的特權、豁免

包括：1.人身的不可侵：領事官人身自由不得侵犯，但遇犯嚴重罪行，依司法機關裁判執行者或為執行有確定效力之司法判決者，不在此限。如對領事官員提起刑事訴訟，該員必須到管轄機關出庭；2.裁判權的豁免，但僅限於領事官員及領館僱員為執行領事職務而實施的行為，但因領事官員或領館僱員並未明示或默示以派遣國代表身分而訂契約所生之訴訟或第三者因車輛、船舶或航空器在接受國內造成的意外事故而要求損害賠償之訴訟，則不適用裁判權的豁免；3.有關外僑登記及居留證所規定之一切義務或僱用外國勞工有關工作證的義務，應免除適用；4.課稅、關稅的豁免。一切對人或課徵之國家、區域或地方性稅捐，免予繳納。

（四）領事特權及豁免的享有開始及終了

領館人員包括領館館長，自進入接受國國境前往就任之時起，享有特權與豁免，其已在該國境內者，自其就領館職務之時起開始享有。當派遣國通知接受國謂該員職務業已終了、撤銷領事證書或接受國通知派遣國謂接受國不復承認該員為領館館員，領館人員職務即告終了。

表9-2 外交‧領事機關特權‧豁免之比較

		領事關係公約		外交關係公約
	條文	內容	條文	比較
領事機關的特權‧豁免	28條	給予執行職務的便利	25條	同旨
	29條	國旗國徽之使用權	20條	同旨
	30條	協助取得房舍	21條	同旨
	31條	領館官舍不得侵犯與特別的保護	22條	①須迅速採取保護行動時得推定館長已表示同意 ②可對領館或其財產等搜索強制執行 ③一定情況得徵收領館 ④館長的住居非不可侵
	32條	領館與館長住居免稅	23條	同旨
	33條	公文書及文件的不可侵	24條	同旨
	34條	移動旅行的自由	26條	同旨
	35條	通訊自由	27條	避免領館郵袋濫用之措施規定
	36條 37條	與本國民通訊與聯絡 本國民死亡等通知	──	
	39條	領館規費與手續費的豁免	28條	同旨
領事官的特權‧豁免	40條 41條 42條		29條	①重大犯罪經裁判執行時得逮捕或羈押 ②執行確定判決時得施以監禁可羈押 ③刑事訴訟之出庭義務
	43條 44條	管轄豁免 作證義務	31條	①限於執行領事職務之行為 ②一定的民事訴訟不得豁免 ③得被請在司法程序中到場作證
	46條 47條	外僑登記及居留之豁免 免除工作證	──	
	48條	社會保險辦法免除適用	33條	同旨
	49條	租稅豁免	34條	同旨
	50條	關稅與查驗之豁免	36條	同旨
	51條	有關遺產之豁免	39條 4項	同旨
	52條	勞務與捐獻等豁免	35條	同旨

五、國際公務員的特權與豁免

　　國際公務員概念出現源自國際聯盟設立時。所謂國際公務員是指國際組織的職員，分別持有個別的本國國籍，僅對國際組織負責與執行職務。國際組織職員的地位，以聯合國職員為例，根據憲章第100條、第105條第2項規定，聯合國職員基於其地位的國際性與獨立性，應享有獨立行使職務所必須的特權及豁免。1946年2月13日聯合國大會通過「聯合國特權和豁免公約」，該公約對於聯合國本身的財產和資產的法律程序豁免（第2條第2項）、會員國代表的特權和豁免（第4條第11項）、聯合國職員的特權與豁免（第5條第18項）均列有詳細規定。詳言之，聯合國職員應享有以下各項的特權和豁免：1.其以公務資格發表的口頭或書面的言論及所實施一切行為的訴訟程序享有豁免；2.其得自聯合國的薪給和報酬的稅捐豁免；3.國民服役義務的豁免；4.其本人、連同其配偶及受扶養親屬移民限制和外僑登記的豁免；5.關於外匯便利，享有給予構成駐關係國政府使館一部分的相當級位官員的同樣特權；6.於發生國際危機時，給予其本人、連同其配偶及受扶養親屬以給予外交使節的同樣的遣送返國便利；7.於初次到達關係國就任時有免納關稅運入家具和用品的權利。除這些規定的特權和豁免外，秘書長和各助理秘書長本人以及其配偶和未成年子女並應享有依照國際法給予外交使節、其配偶和未成年子女的特權、豁免和便利（第5條第19項）。

　　國際公務員享有的特權、豁免和外交特權、豁免相比較，最大的差異乃是其與本國的關係。亦即外交特權、豁免在其本國內並不具有效力，相反地國際公務員的特權、豁免，包括其本國在內的所有會員國，均得主張享有。同時國際公務員的特權、豁免，純粹是基於功能上的必要。因此國際公務員的特權、豁免僅限於條約所規定者。

參考資料

王啓明，從涉外案件之案例談外交豁免權之研究，警學叢刊，第27卷第2期
　　（1996）。

安謙，外交關係論，思想與時代，第126期（1965）。

俞劍鴻，外交承認與外交關係——國際法的觀點，亞洲與世界月刊，第18卷第
　　2期（1993）。

陳長文，從國際法看中共對外交和領事特權與豁免的立場，東亞季刊，第5卷
　　第1期（1973）。

陳純一，美國有關外交代表和領事人員豁免的法律規範，美歐月刊，第9卷第
　　12期（1994）。

陳榮傳，外國駐華外交人員的管轄豁免問題，月旦法學教室，第24期
　　（2004）。

郭春源，涉外案件處理與外交特權暨豁免權之探討警學叢刊，第27卷第2期
　　（1996）。

第十章　國際組織

一、國際社會的組織化

（一）國際組織的意義

　　所謂國際組織（international organization, international institution）是指基於各國間的合意爲實現各國共通的目的所結合而成的團體組織，具有一定的機關（organs），透過該機關形成團體本身的意思並以團體之名行動。廣義的國際組織包括以國家作爲構成單位，基於條約設立的政府組織（inter-governmental organizations, IGO）以及如國際商會、國際紅十字會等稱爲非政府組織（non-governmental organizations, NGO）的民間國際組織或多國籍企業。狹義的國際組織則是指政府間國際組織。

　　國際組織依其目的、功能或規模的標準，可作以下不同的分類：1.依目的、功能區分爲一般性組織（general organizations）與專門性組織（specialized organizations）；前者是以綜合性目的或任務爲主的一般性組織，後者則是以特定功能爲目的的專門性組織。2.依國際組織的規模亦即以具有全球性的規模至少具有普遍性規模的世界性組織（universal or global organizations），以及基於特定區域、民族、言語、宗教、文化或政治所結合而成，性質上限定會員國範圍的區域性組織（regional organizations）。

二、一般性的世界組織──聯合國

　　聯合國是一個由主權國家組成的國際組織。世界上絕大多數國家都是聯合國的成員國。1945年4月25日，「聯合國國際組織會議」在美國舊金山開幕，包括中國在內的50個國家的280多名代表出席大會。6月25日，與會代表一致通過「聯合國憲章」，並於26日舉行憲章的簽字儀式。同年10月24日，「聯合國憲章」在得到多數簽字國批准後開始生效，聯合國（United Nations）正式成

立，51個簽字國（波蘭後補簽）成爲聯合國創始會員國。截至2008年爲止，聯合國共有192個會員國。聯合國已成爲當代由主權國家組成的最具普遍性和權威性的政府間國際組織。

聯合國憲章共分19章111條，充分表達人類不再遭受戰禍的決心，規定了聯合國的宗旨、原則、權利、義務及主要機構職權範圍等。憲章宣示聯合國的宗旨是「維護國際和平及安全」、「制止侵略行爲」、「發展國際間以尊重各國人民平等權利自決原則爲基礎的友好關係」和「促成國際合作」等；同時還規定聯合國及其成員國應遵循各國主權平等、各國以和平方式解決國際爭端、在國際關係中不使用武力或武力威脅以及聯合國不得干涉各國內政等原則。

根據聯合國憲章的7條規定，聯合國設立6個主要機關：大會、秘書處、安全理事會、經濟及社會理事會、託管理事會、國際法院。

（一）大會

聯合國大會是由全體會員國所組成。主要任務爲憲章範圍內的任何問題或事項以及與其他機關權限競合者（第10條）。大會與經濟及社會理事會和託管理事會的關係，大會具有優先的地位（第60條、第85條第2項）。反之，大會與安全理事會的關係，安全理事會則是具有優先地位（第12條、第11條第2項）。維持國際和平及安全的主要責任，則是交付給安全理事會，大會則是具次要地位（第24條）。但是在聯合國的實踐上，「聯合維持和平」（uniting for peace）決議，即是企圖強化大會權限的實例。

大會對重要問題的決議，應以到會及投票的會員國三分之二多數決定之。其他問題以外的決議，應以到會及投票會員國過半數決定之。所謂重要問題爲憲章所列舉的關於維持國際和平及安全的建議、安全理事會非常任理事國的選舉、經濟及社會理事會理事國的選舉、新會員國加入聯合國的准許、會員國權利及特權的停止、會員國的除名、施行託管制度的問題以及預算問題（第18條第2項）。另外，大會到會及投票的會員國三分之二多數得決定追加重要事項（第18條第3項）。大會決議的效力僅具有建議（recommendation）性

質；但是加盟、除名、權利停止等決議、預算的承認、理事國的選舉等、聯合國組織內部營運事項則是具有決定（decision）的效力。大會的投票，不論國家大小，採用一國一票原則（第18條第1項）。

（二）秘書處

秘書處置秘書長一人及若干事務人員。秘書長應由安全理事會推薦，經大會委派（第97條），其他職員則由秘書長直接任用。採用的決定應考量下列兩項基準：1.以「求達效率、才幹及忠誠的最高標準為首要考慮」，亦即考量職員的個人資質；2.於可能範圍內，應充分注意地域上的普及（第101條）。秘書處職員亦即所謂的「國際公務員」（international civil servants），僅對聯合國負責並不受特定國家的干涉（第100條）。秘書長為首席的行政官，其權限及於事務營運的任何面向，具有相當的政治影響力，即便在維持國際和平及安全的功能上，憲章也賦予其一定權限（第99條）。秘書長應執行大會、安全理事會、經濟及社會理事會、託管理事會所付託的職務（第98條）。

（三）安全理事會

安全理事會是維持國際和平及安全為主要任務的重要機關，由15個會員國所組成，包括美、英、俄、中、法5個常任理事國和從大會選出的10個非常任理事國（非洲3、亞洲2、中南美洲2、西歐1、東歐1）。安全理事會的決議區分為程序事項與其他一切事項（非程序事項）處理。對於程序事項的決議，安全理事會應以9理事國的可決票表決之；對於其他一切事項的決議，應以9理事國的可決票包括全體常任理事國的同意票表決（第27條第2、3項）。程序事項以外的決議，即使是9個國家以上贊成，但是有一常任理事國反對，決議即不能成立。賦予5個常任理事國如此強大的權限，稱之為否決權（veto power）。否決權所及的範圍極為廣泛，在第2次大戰後東西方的冷戰下，立於少數者立場的前蘇聯頻繁行使否決權藉以癱瘓理事會的功能，造成運作上的困難。對於

否決權制度也產生負面的評價。

（四）經濟及社會理事會

理事會當初成立是由18個會員國組成，在1965年及1973年修改憲章後增加為54個會員國組成。經濟及社會理事會是為增進福祉而進行國際合作的主要組織，在理事會下依照功能別、區域別而設立各個下部機關（第68條）。理事會透過與各專門機關的合作關係建立，進行技術援助及其他廣泛的活動（第63條）。理事會的決議應以到會及投票理事國過半數表決（第67條）。

（五）託管理事會

根據憲章規定，託管理事會是由以下各會員國所組成：1.管理託管領土的會員國；2.安全理事會的常任理事國而現非管理託管領土者；3.從大會的會員國選出（任期3年），其總數為1.減去2.所餘之數額（第86條）。截至目前為止，所有託管的區域都已獨立或已獲得自治，因此託管理事會已在1994年11月起停止運作。

（六）國際法院

國際法院為聯合國的主要司法機關。法院由法官15人組成，其中不得有2人為同一國家的國民。法官並非國家的代表而是以個人資格被選任。國際法院特別設置在荷蘭海牙。有關裁判程序規定在國際法院規約，該規約並為憲章之構成部分。

三、專門的世界組織

（一）聯合國的專門性組織

聯合國還有一些專門機構和政府間組織，這些機構和組織有自己獨立的

機制，由經濟及與社會理事會協調與聯合國合作，並每年向經濟與社會理事會做出工作報告，其中包括：世界貿易組織（WTO）（原為關稅及關貿總協定）、聯合國糧農組織（FAO）、萬國郵政聯盟、聯合國教科文組織（UNESCO）、世界衛生組織（WHO）、國際貨幣基金組織（IMF）、世界氣象組織（WMO）、世界知識產權組織和世界銀行（World Bank）等。

1.國際勞工組織（International Labour Organization, ILO）

　　該組織是負責勞工問題的國際機構，成立於1919年10月，通過凡爾賽條約的談判形成，最初是國際聯盟的一個部門。第二次大戰後，國際聯盟解散，成立聯合國，成為聯合國的一個部門，是聯合國諸多機構中成立最早、地位十分重要的一個專門機構。其設立的宗旨是通過勞工立法和開展技術合作，促進「社會正義」，維護「世界永久和平」以及改善勞工的勞動條件。國際勞工組織主要通過三個組織機構開展工作，國際勞工大會、理事會（是國際勞工組織的執行機構）、國際勞工局（是國際勞工組織的常設秘書處和所有活動的聯絡處）。各國派出兩名政府代表、一名雇主代表和一名工人代表參予會議，為該組織的特色。總部在瑞士的日內瓦，訓練中心位於義大利都靈。

2.聯合國教科文組織（United Nations Educational, Scientific and Cultural Organization, UNESCO）

　　1945年11月16日在英國倫敦依聯合國憲章通過「聯合國教育、科學及文化組織法」，次年11月4日在法國巴黎宣告正式成立，總部設於巴黎。該組織的設立宗旨是「透過教育、科學及文化促進各國間合作，對和平與安全做出貢獻，以增進對正義、法治及聯合國憲章所確認之世界人民不分種族、性別、語言或宗教均享人權與基本自由之普遍尊重」。其下設立大會、執行局、秘書處執行職務。

3.世界衛生組織（World Health Organization, WHO）

　　國際最大的公共衛生組織，總部設於瑞士日內瓦。世界衛生組織的宗旨是使全世界人民獲得盡可能高水平的健康。該組織給健康下的定義為「身體、精

神及社會生活中的完美狀態」。世界衛生組織的主要職能包括：促進流行病和地方病的防治；提供和改進公共衛生、疾病醫療和有關事項的教學與訓練；推動確定生物製品的國際標準。

4.聯合國糧農組織（Food and Agriculture Organization of the United Nations, FAO）

糧農組織1945年10月16日成立於加拿大魁北克市。1951年，其總部由美國首都華盛頓遷往義大利羅馬。糧農組織由會員國組成的大會管理，每兩年召開一次會議，對本組織開展的工作進行審議並批准下兩年度的工作計劃和預算。糧農組織由8個部組成，即：農業及消費者保護部、經濟及社會發展部、漁業及水產養殖部、林業部、人力、財政及物質資源、知識及交流、自然資源管理及環境部以及技術合作部。

5.世界銀行（World Bank Group, WBG）

是世界銀行集團的俗稱，「世界銀行」這個名稱一直是用於指國際復興開發銀行（IBRD）和國際開發協會（IDA）。這些機構聯合向發展中國家提供低息貸款、無息信貸和贈款。它是一個國際組織，其一開始的使命是幫助在第二次世界大戰中被破壞的國家的重建。該組織的任務是資助國家克服窮困，各機構在減輕貧困和提高生活水平的使命中發揮獨特的作用。總部設在華盛頓哥倫比亞特區，是一個非營利性的國際組織。

6.國際貨幣基金（International Monetary Fund, IMF）

於1945年12月27日成立，職責是監察貨幣匯率和各國貿易情況、提供技術和資金協助，確保全球金融制度運作正常；其總部設在華盛頓。該組織致力於促進全球金融合作、加強金融穩定、推動國際貿易、增進高就業率、經濟穩定成長以及降低貧窮的組織。

7.國際開發協會（International Development Association, IDA）

是世界銀行爲幫助和促進最不發達的貧窮國家的發展而設立的銀行服務機

構，是世界銀行的組成部分。國際開發協會成立於1960年9月24日，主要職責是向世界80個非已開發國家提供長期免息貸款，其中有39個國家在非洲。

8.國際金融公司（International Financial Corporation, IFC）

是聯合國專門機構世界銀行集團的一份子。國際金融公司於1956年成立，總部設在美國華盛頓特區，其目的是創造開發中國家的發展機會，刺激經濟成長，改善與提升人民的生活水準。國際金融公司致力於為發展中國家和新興市場的私營部門提供多樣化的金融支持，包括股權投資，長期債權投資，基金，結構性融資等形式。

9.萬國郵政聯盟（Universal Postal Union, UPU）

是協調會員國之間的郵務政策，是世界郵政的國際組織，總部位於瑞士首都伯恩（Bern）。根據其憲章，萬國郵政聯盟的任務是促進有效及便利的全球郵政服務；在單一的郵政領域內組成互動的網絡，促進郵件自由流通，採取標準化的郵務作業，確保各利益相關者的合作與互動，推動有效的技術合作，增進全世界各地居民的溝通聯繫。主要的機關包括大會（Congress）、行政理事會（Council of Administration）、郵政經營理事會（Postal Operations Council）及國際公署（International Bureau），除大會之外，均是常設機關。

10.國際電信聯盟（International Telecommunication Union, ITU）

前身是1865年5月17日在巴黎創立的國際電報聯盟，是世界上最悠久的國際組織，總部設在瑞士的日內瓦。主要任務是確立國際無線電和電信的管理制度和標準。全權代表大會是國際電信聯盟的最高機構，通常每五年召開一次會議。常設機構包括總秘書處、國際頻率登記委員會、國際無線電諮詢委員會、國際電報電話諮詢委員會。

11.國際民航組織（International Civil Aviation Organization, ICAO）

1944年11月1日至12月7日各國在芝加哥召開國際會議，簽訂「國際民用航空公約」（通稱「芝加哥公約」），依公約規定成立臨時國際民航組織

（PICAO）。1947年4月4日，「芝加哥公約」正式生效，國際民航組織也正式成立，同年5月13日，國際民航組織正式成為聯合國的一個專門機構，總部在加拿大的蒙特婁。其職責包括：發展航空導航的規則和技術；預測和規劃國際航空運輸的發展以保證航空安全和有序發展。國際民航組織還是國際範圍內製定各種航空標準以及程序的機構，以保證各地民航運作的一致性。國際民航組織還制定航空事故調查規範，這些規範被所有國際民航組織的成員國之民航管理機構所遵守。

12.國際海事組織（International Maritime Organization, IMO）

　　國際海事組織是聯合國負責海上航行安全和防止船舶造成海洋污染的一個專門機構，總部設在倫敦。1948年在聯合國支持下召開並通過「政府間海事協商組織公約」，1959年1月17日在英國倫敦正式成立政府間海事協商組織。1982年5月22日改名為國際海事組織，現有167個正式成員。香港特別行政區和澳門特別行政區為該組織聯繫成員。該組織宗旨為促進各國間的航運技術合作，鼓勵各國在促進海上安全，提高船舶航行效率，防止和控制船舶對海洋污染方面採取統一的標準，處理有關的法律問題。國際海事組織由大會、理事會和4個主要委員會組成，包括海上安全委員會、海上環境保護委員會，法律委員會及技術合作委員會。

13.世界氣象組織（World Meteorological Organization, WMO）

　　於1873年在維也納成立。1946年7月，挪威學者海塞貝格博士在巴黎舉行的一次國際氣象組織的會議上，起草了一份世界氣象公約草案，並提議國際氣象組織改名為世界氣象組織，成為聯合國的專門機構之一。1947年9月，該組織在華盛頓召開大會，通過《世界氣象組織公約》，決定成立世界氣象組織。1950年3月23日，公約開始正式生效，國際氣象組織也正式更名為世界氣象組織。1951年正式成為聯合國的專門機構並開始運作。

14.世界知識產權組織（World Intellectual Property Organization, WIPO）

是一個致力於促進使用和保護人類智力作品的國際組織。總部設在瑞士日內瓦的世界知識產權組織；管理涉及知識產權保護各個方面的24條約（16部關於工業產權，7部關於版權，加上「建立世界知識產權組織公約」）。

15.國際農業開發基金（International Fund for Agricultural Development, IFAD）

聯合國於1974年11月在羅馬召開了世界糧食會議，決定成立「國際農業發展基金會」，以便為開發中國家的農業發展，尤其是糧食生產提供資金，是一個向開發中的會員國提供糧食和農業發展貸款的金融機構；於1976年籌建，1978年正式開始業務活動，現已發展成為聯合國糧食與農業的三大機構之一，總部設在義大利羅馬。

16.聯合國工業開發組織（U.N.Industrial Development Organization, UNIDO）

成立於1966年，藉由會員國間的共同合作，促進和加速開發中國家的工業化進程及實施可持續性發展戰略，總部在奧地利維也納。在投資與技術促進領域，經過多年的發展，該組織目前已經成為全球多邊投資與技術及項目融資體系中的重要組成部分。

（二）專門性政府間國際組織

1.國際原子能總署（International Atomic Energy Agency, IAEA）

於1957年7月成立，總部設於奧地利，是一個致力推廣和平使用核能的國際組織，亦即核技術應該安全地用於能源生產、健康、農業和水資源保護等為人類服務的和平目的。主要機構包括大會、理事會和秘書處。大會由全部會員國組成，每年召開一次會議。理事會是決策機構，由35個會成員國組成。秘書處為執行機構，由署長領導。

2.關稅暨貿易總協定（General Agreement on Tariffs and Trade, GATT）

　　在1944年布雷頓森林協定的框架下，再加上國際貨幣基金和國際復興開發銀行的協助，許多國家在1947年10月簽署了GATT，並在隔年正式生效。GATT的原則是自由（GATT第11條：將貿易限制措施轉為關稅，以及降低關稅稅率）、無差別（最惠國待遇、本國民待遇）、多元化，必須在這三項原則下進行自由貿易往來。1994年GATT進行更新（GATT 1994），其中包含了簽約成員國的新定條約，最值得一提的是設立了世界貿易組織（WTO）。在1995年1月，75個GATT的簽約國和歐洲共同體成為了WTO的創始成員。GATT僅是一項多邊國際協定，在實際上發揮了國際組織之功能，但在法律上並不具備國際組織之獨立法人格；WTO則在其設立協定第8條明文規定，WTO則是一個獨立之國際組織。GATT因本身並非一個國際組織，其組成成員稱為「締約成員」（Contracting Parties）；而WTO乃係一國際組織，其組成成員則稱為「會員」（Members）。GATT並未設立永久組織，基於務實之需要，GATT之決議，以「締約成員全體」（即全部字母大寫之THE CONTRACTING PARTIES）代表GATT；而WTO是一具有國際法人格的永久機構，其決議可直接以「WTO」代表會員之意思。GATT僅於臨時基礎上適用，並未經所有締約國國會之正式批准；而WTO及其協定經各會員依其國內有關對外締定條約協定之正式程序批准，各國政府對WTO之承諾具全面性及永久性。GATT之規範僅及於貨品貿易；而WTO之規範除了貨品外，尚包括服務貿易及與貿易有關之智慧財產權。

四、區域性的國際組織

　　國際社會中除有世界性組織外，也存在由國家團體所組成的區域性國際組織（regional international organizations）。在這樣組織化的國際社會下，對於世界性或區域性的國際組織，則有倡議普遍主義與區域主義兩種不同立場的評價。主張普遍主義者，認為隨著科技的進步，今日的地球已漸整合成一個國際

社會，國際問題已不再是單一國家或若干國家間所關心的問題，而應從世界整體的觀點去解決。反之，主張區域主義者則認為，國際社會多數的問題往往具有區域上的特質，為確保國際組織的實效性，為有建構在區域的連帶情感基礎上或區域的共通利益上，藉由區域組織的運作才有可能達到解決問題的效果。然無論何種立論，皆缺一不可，蓋兩者立論在增進國際社會福祉上，實具有相輔相成之效。但不可諱言地，在維持和平議題上，世界性的維持和平國際組織與區域性的安全保障組織間，確實存在利害關係的對立與衝突，如何調整兩者間的關係，將是一個重要的待解決問題。

（一）西歐地區

1.歐洲聯盟（European Union, EU，簡稱歐盟）

　　歐盟的歷史可追溯至1952年建立的歐洲煤鋼共同體，當時只有六個成員國。1958年又成立了歐洲經濟共同體和歐洲原子能共同體，1967年統合在歐洲共同體之下，1992年1月，簽訂「馬斯垂克條約」，設立理事會、委員會、議會，逐步由區域性經濟共同開發轉型為區域政經整合的發展；並更名為歐洲共同體，總部設在比利時首都布魯塞爾。歐盟是目前最強大的地區性國際組織。成員國已將部分國家主權交給組織（主要是經濟方面，如貨幣、金融政策、內部市場、外貿），使得歐盟越來越像聯邦制國家。雖然歐盟還不是真正的國家，但歐盟的政治體制因與世界其他大規模的國際組織不同，應將其視為一個獨特的實體。

　　歐盟組織下設置歐洲理事會（European Council），由會員國行政首腦及歐洲委員會委員長組成，是決定歐盟外交、安保等重大政策的最高決策機關。歐盟理事會（Council of European Union）即歐盟各國部長理事會，由會員國部會首長組成，代表會員國國家利益與政府立場出席；具有立法與預算權限及條約重大政策的決定權。歐盟委員會（Commission of European Union）是歐盟的執行機構，負責起草歐盟法規，實施歐盟條約、法規和理事會決定、向理事會提出立法動議並監督其執行情況。代表歐盟負責對外聯繫及經貿談判，對外派

駐使團。歐洲議會（European Parliament）是歐盟的立法、監督和咨詢機構。歐洲法院（European Court of Justice）是歐盟的仲裁機構，負責審理和裁決在執行歐盟條約和有關規定中發生的各種爭執。現有15名法官和9名檢察官，由成員國政府共同任命。歐洲審計院（European Court of Auditors）負責歐盟的審計和財政管理。審計院1977年成立，由12人組成，現由27名委員組成。歐洲中央銀行（European CentralBank）則是處理歐元的金融政策機關。

2.經濟合作開發組織（Organisation for Economic Co-operation and Development, OECD）

OECD之前身爲「歐洲經濟合作組織」（Organization for European Economic Cooperation，簡稱OEEC），經擴充會員、增強宗旨與功能後，OECD乃於1961年9月正式取代OEEC。OECD設立主要係爲推動下列政策事項：(1)在維持金融穩定之前題下，促進會員國相互間之經濟合作關係，並加速達成各國經濟之持續成長與提高就業率，以改善會員國之生活水準；(2)協助開發中國家發展經濟，並促進會員國經濟之健全發展；(3)在符合國際規範之多邊化與非歧視性基礎上，促進自由貿易以擴大國際經貿往來。OECD總部設於法國巴黎，另在德國波昂與柏林、日本東京、墨西哥市及美國華府設有辦事處。

3.北大西洋公約組織（North Atlantic Treaty Organization, NATO）

1949年3月美國和西歐國家公開組建北大西洋公約組織，於同年4月在美國華盛頓簽署「北大西洋公約」後正式成立，是一個爲實現防衛協作而建立的國際組織；及至蘇聯解體，華沙公約組織宣告解散，北約組織就成爲一個地區性防衛協作組織。北約組織的最高決策機構是北約理事會。理事會由成員國國家元首及政府高層、外長、國防部長組成，總部設在比利時的布魯塞爾。第一個北約軍事行動是1993年6月到1999年4月間的前南斯拉夫境內衝突的介入。2001年10月4日，北約第一次援引條北約憲章第5條，認爲911的襲擊「應被視爲對締約國全體之攻擊」。2003年8月，北約進入阿富汗，開始了歐洲以外的第一次行動。

（二）東歐地區

1.東歐經濟互助委員會（Council for Mutual Economic Assistance, CMEA）

　　1947年美國國務卿馬歇爾提出對歐長期經援計劃，表面上係為恢復被戰爭毀壞的經濟建設，實質上則為阻止共黨勢力蔓延。蘇聯為對抗馬歇爾計劃，1949年1月，蘇聯、保加利亞、波蘭、羅馬尼亞、捷克等6國代表在莫斯科舉行經濟會議時決議成立經濟互助委員會，是一個由社會主義國家所組成的政治經濟合作組織，總部設在莫斯科。成立宗旨：協助會員國交換經濟經驗，相互提供技術援助，相互給予原料、糧食、機器、設備等援助。蘇聯及東歐各國的經濟及貿易部長1991年6月28日在匈牙利首都布達佩斯集會，會中簽署協議，正式解散東歐經濟互助委員會。

2.華沙公約組織（Warsaw Treaty Organization）

　　該條約由原蘇聯領導人赫魯雪夫起草，1955年5月14日在波蘭首都華沙簽署，是為對抗北大西洋公約組織而成立的政治軍事同盟。政治協商委員會為組織的最高決策機構，由各締約國黨的第一書記、總理、國防部長和外交部長組成。負責協商和決定締約國的國防、政治、外交和經濟等重大問題。組織於1991年3月31日停止一切活動，官方於1991年7月1日在捷克首都布拉格簽署關於華沙公約停止生效的議定書，華沙公約組織正式宣布解散。

3.美洲地區──美洲國家組織（Organization of American States, OAS）

　　1948年成立是一個以美洲國家為成員的國際組織，總部位於美國華盛頓。美洲國家組織的宗旨是：加強本大陸的和平與安全；確保成員國之間和平解決爭端；成員國遭侵略時，組織聲援行動；謀求解決成員國之間的政治、經濟、法律問題，促進各國間經濟、社會、文化的合作，加速美洲國家一體化進程。它的最高權力機構為大會。每年召開一次年會，由各成員國參加。

4.中東地區──阿拉伯國家聯盟（The League of Arab States）

成立於1945年，是阿拉伯國家組成的地區性國際政治組織，成員國皆位於亞洲或非洲，宗旨是加強成員國間的協作，共同維護各國的主權和領土完整，廣泛開展經濟文化各個領域的合作，總部設在開羅。阿拉伯國家聯盟與歐洲聯盟最大的不同是，阿拉伯國家聯盟沒有造成大規模的地區融合或與成員國的人民沒有直接關係，只是提倡統一的阿拉伯民族，為阿拉伯國家提供討論問題的平台。

5.非洲地區──非洲聯盟（African Union）

前身是1963年5月成立的非洲統一組織（Organisation of African Unity），成立的目的是為了團結非洲國家，形成一個代表非洲國家的統一的聲音。於2002年7月更名為非洲聯盟，是屬於集政治、經濟和軍事於一體的全非洲性的政治實體。非洲聯盟以不結盟精神為基礎，協調非洲各個國家的政策和計劃，保衛非洲各國的獨立和主權；可謂是非洲最高的政治組織，代表由會員國所選派出來的首長擔任，透過投票的方式選出該會當年的主席。其他的組織包括執行委員會、非洲議會、非洲文化及經濟促進委員會，由各會員國的外交部長或外交大使所擔任，作為該委員會的永久代表，一個非洲國民社會諮詢的實體。2009年1月，非洲聯盟委員會（The African Union Commission）改組為非洲聯盟行政當局（African Union Authority），做為非洲聯盟最終邁向統治全非洲政府的折衷辦法。

6.亞洲地區──東南亞國協（Association of Southeast Asian Nations, ASEAN）

是一個集合東南亞區域國家的國際組織；1967年8月6日，印尼、馬來西亞、新加坡、菲律賓、泰國五國外長在曼谷舉行會議，於8月8日發表了《曼谷宣言》，正式宣告東南亞國協成立。中國於1996年成為東協全面對話夥伴，與日本、韓國一樣透過「東協十加三會議」與東協成員國進行共同協商。2004年11月29日中國與東協在寮國首都永珍簽署「中國──東協全面經濟合作框架協

議貨物貿易協議」，朝推動成立自由貿易協議區（東協十加一）的方向推進。為達到2010年中國—東協自由貿易區物流零關稅的目標，雙方決定自2005年開始，針對部分貨品開始協商免稅，再逐漸擴大到2010年時達到全面免稅的目標。另一方面，日本與韓國也宣布將自2005年開始，與東協十國協商自由貿易區談判，以作爲成立東亞自由貿易區（十加三）的起步。預訂2015年成立「東協共同體」。主要任務之一爲防止區域內共產主義勢力擴張，合作側重在軍事安全與政治中立，冷戰結束後各國政經情勢趨穩，開始轉向加強區域內經濟環保等領域的合作，並積極與區域外國家或組織展開對話與合作

五、國際社會組織化的現狀

上述各種型態的國際組織，都是以國家爲構成單位，以合意爲基礎所設立的政府間國際組織；透過常設的機構行使個別獨立的意思表示及權能，具有國際法上的法人格。就此而言，與依特定國國內法設立的非政府組織，是具有根本上的差異。

政府間國際組織基本上受「主權・平等」原則的支配。亦即多數國際組織的設立基礎乃建構在尊重會員國的國家主權以及會員國間的相互平等之上。國際組織有關「主權・平等」原則，具體表現在代表制度、表決制度與決議的效力相關問題上。但是「主權・平等」原則卻並非嚴格適用於所有的政府間組織，往往因組織功能上的需要，而各有差異。

（一）代表制度

國家的代表是參加政府間國際組織意思形成的過程。在主權平等原則下，會員國在發言、表決時應無差別性待遇。選任各國代表在組織各理事會或委員會中，其考量的基準包括衡平的地理分配、對組織活動的貢獻度或利害關係程度等，大多採用實質利益的代表制度。

（二）表決制度

　　第二次大戰後國際組織的表決方式大多採取多數決原則。聯合國體制下為求議事運作的效率化導入多數決制度，但是另一方面在安全理事會卻賦予5個常任理事國享有否決權的特殊事例，顯然違反國家平等原則。區域性組織對於一定事項採用全體一致主義，例如NATO理事會、OECD理事會、歐洲議會、阿拉伯聯盟理事會。從平等原則觀之，對於投票應係採行一國一票主義，但是國際組織在考量國家的大小或對組織的貢獻度之下，特設加重投票制度（weighted voting system），諸如聯合國底下的專門性組織世界銀行、國際貨幣基金、國際農業開發基金以及歐盟皆採此一制度。

（三）決議的效力

　　由於國際組織普遍採多數決制度，因此違反會員國意思而通過的組織決議多有所見。對於這樣的決議，一般都僅具建議的性質，亦即屬於諮詢性或宣示性，對會員國並無拘束力；對於具有拘束力的決議，幾乎是有關組織內部規範事項，例如，設置委員會的決議、經費收支的決議等。但是聯合國及美洲國家組織的決議中對於維持國際和平與安全採取的措施，會員國負有協助執行的義務，是具有法的拘束力，然這種案例卻也仍屬少數。儘管一般國際組織的決議並不具有法的拘束力，但實際上卻會對國際社會產生重大影響，甚至有形成國際法之引導作用。

參考資料

李明峻，臺灣與區域性組織，新世紀智庫論壇，第30期（2005）。

李鴻禧，非政府間國際組織與法學底研究，法論月刊，第21期（1979）。

吳祖田，「東南亞國家協會」組織之發展與回顧，問題與研究，第37卷第8期（1998）。

吳東林，臺灣加入國際組織應有的認知：國際組織的國際法地位，教育資料與

研究，專刊（2007）。

宋燕輝，1982年聯合國海洋法公約有關國際組織之規定，新世紀智庫論壇，第
　　3期（1998）。

陳隆志，國際組織引論——參加聯合國及非政府組織的策略，新世紀智庫論
　　壇，第3期（1998）。

雷崧生，國際組織中的兩大制憲問題，問題與研究，第1卷第9期（1962）。

鄧衍森，國際組織法導論，臺灣國際法季刊，第2卷第2期（2005）。

蔡佩芬，反洗錢國際組織與司法互助議題之研究，高大法學論叢，第5期
　　（2009）。

第十一章　國際環境法

一、國際環境法之意義

　　大氣污染、海洋污染等環境污染，並非僅止於國內問題，而是具有越境性質的國際性問題，再者，臭氧層的破壞或地球暖化的問題更是擴及全球的問題。鑑此，各國必須協力共同因應，不單是跨越國境的合作，而更是跨越時間，經由不同世代持續性地維護地球環境。國際社會藉由設立共通的環境保護基準，由各國遵循實施的國際法，即稱為國際環境法。國際環境法不惟包含海洋污染、大氣污染或核能等防制的相關條約，近年來規範的對象範圍更形擴大至臭氧層的保護、稀有動物保護或氣候變遷等問題。

　　國際環境法規範的對象，簡言之即所謂的「環境」，然此一用語究指為何？法律上並未有一致的定義。在一般的國際文件之中，可以窺見規制對象「污染」、「惡影響」等的定義及相關行為的規定。但是對於環境本身的定義卻未能見諸於法律文件，然在決定國際環境法的範圍時，「環境」的定義即變得非常重要。

　　1993年歐洲理事會（the Council of Europe）通過「關於對環境有危險的活動造成損害的民事責任公約」。該公約的目的是保障為危害環境活動所造成的損害提供充分的賠償，以及提供預防損害和恢復受損害的環境的措施。根據該公約第2條第10款規定，「環境」定義為，「空氣、水、土地、動物和植物，以及上述因素的相互作用的生物的和非生物的自然資源及構成文化遺產一部分的財產景觀」；包括範圍相當廣泛。該公約第2條第7款對「損害」定義如下：1.死亡或人身傷害；2.財產的滅失（loss）或損害（damage），這裡的財產不是指在危險活動場所、處於操作者控制下的財產或設施；3.因環境損傷（impairment of the environment）所造成的滅失（loss）或損害（damage）。

（一）國際環境法之法源

　　國際環境法主要由條約、決議、宣言等形式構成。宣言部分包括自1972年6月5日，聯合國於瑞典斯德哥爾摩召開的人類環境會議，這是歷史上第一次以環境議題爲主題的世界性會議，會議中並通過「人類環境宣言」，1992年的「有關環境與開發里約宣言」，再到2002年約翰尼斯堡地球高峰會議的「永續發展宣言」。條約部分則有1985年「保護臭氧層維也納公約」，及1987年「蒙特婁破壞臭氧層物質管制議定書」、1992年「聯合國氣候變遷框架公約」及1997年「京都議定書」（全名：聯合國氣候變遷框架公約的京都議定書）等。國際環境法作爲一個獨立領域得以全面開展，是從1972年聯合國第一次人類環境會議開始。相較於其他領域，一些重要的環境條約都是採用「框架公約＋議定書」模式，所謂「框架公約」是規定國家的一般義務爲主要內容，「議定書」則是以訂定詳細的基準與程序爲主，規定國家的具體義務，而「議定書」的協議過程則是開發中國家和已開發國家之間的磨合過程。在這種背景下，環境條約所規定的國家義務通常都是比較抽象性的規定，一般以要求國家「盡一切努力」（make every effort）來實現公約之目標；至於如何「盡一切努力」，則取決於國家的實際狀況。

（二）國際環境法與責任

　　國際環境法是由各國爲了保護自然環境而締結的一系列條約或宣言所組成。國際環境法的規定，對國家賦予權利並課以義務，一旦國家權利遭受侵害或國家違反義務規定，當然產生國家責任。另一方面，國際法主體間有關環境問題的爭端，適用爭端解決程序解決。然而有關環境保護的問題，常因環境遭到破壞，具有不可回復的性質，因此在適用爭端解決程序上是有其困難性。鑑此，在環境保護分野中，往往在有關國際環境的相關條約或國際文件，採用新型態獨自的方式解決，包括有事前協議、事前通知、資訊交換、報告制度、環境影響評估、遵約程序等形式；再者，污染者付費、預防原則、無過失賠償責

任等也是採用的方式。上述各種方式之中，有些已經爲國際法所採用者，有些
則是新導入的制度。有關國際環境的保護在國際法上具有何種地位，這與各國
對於環境保護政策賦予何種優先順位有密切的關聯。蓋國際社會現存嚴重的問
題乃是貧困與國際爭端問題。因此國際法對於如何解決環境與經濟發展問題或
環境與人權問題，將是一個不得不面對的深刻問題。

二、海洋污染的防治

（一）船舶起因

　　來自船舶的污染，第一個國際性公約是1954年防止油污染公約（經1962
年、1969年、1971年修正），1973年防止海洋污染公約則是希望對船舶污染海
洋的問題作全面性規定的公約，該公約並於1978年作主要修訂。對於船舶因意
外事故造成污染的情形，另有1969年、油污染干涉公約（1976年、1984年、
1992年修正）油污染民事責任公約（1992年修正）、1971年油污染補償基金公
約（1992年修正）、1990年油污染事故對策合作公約。聯合國海洋法公約對於
來自船舶的污染規定各國應透過主管國際組織或外交會議方式制定國際規範，
以防止、減輕及控制來自船舶的污染。船旗國本身並應制定法規以防止、減輕
及控制來自其所屬船舶造成之海域環境污染。爲防止、減輕及控制海域環境
的污染，各國應針對前往其港口或其他內水或岸外設施之外國船舶，制定停靠
條件，並應公告及通知主管國際組織。沿海國得對在領海內的外國船舶制定法
規以防止、減輕及控制海域環境的污染。但是此種規定不得損及無害通過權。
又，沿海國得對其專屬經濟海域內制定法規，以防止、減輕及控制來自船舶的
污染（第211條第1項）。

（二）陸上起因

　　陸上起因的海洋污染，是指來自陸地上的發生源造成海洋環境的污染
（聯合國海洋法公約第207條第1項）。來自陸地造成的海洋污染占海洋污染

全體的90%。自1992年「里約環境與發展宣言」以來，以及2002年至2006年間由聯合國環境計畫（UNEP）主導運作下「保護海洋環境免受陸上活動影響全球行動綱領」（GPA）和「保護海洋環境免受陸上活動影響蒙特婁宣言」的實施，在期間特別側重注意城市廢水、生境的改變和破壞，及滋養活化。有關海洋問題的迫切課題之一，國際社會聚焦於陸上起因污染。

有關來自陸地的污染，聯合國海洋法公約對於來自陸地的污染，規定各國應採取各種措施，包括訂定防止、減輕及控制來自陸地污染的相關法規（第207、213條）。在區域基礎上，各國應盡力協調其在防治陸地源污染的政策。各國應致力於樹立防治陸地源污染之區域性或全球性規則及執行程序。鑑此，國際社會致力於區域性合作制定若干區域性條約，例如1974年「防止陸地源物質污染海洋公約」（巴黎公約）、1980年「保護地中海免於遭受陸地源污染議定書」，1974年「保護波羅的海區海洋環境公約」、1978年「科威特防止海域環境污染合作區域條約」、1992年「保護東北大西洋海洋環境公約」。另外1972年「防止由傾倒廢棄物或其他物質造成海洋污染公約」（倫敦海拋公約），是一個全球性的公約，以防止陸上起因廢棄物投棄海洋或海上焚燒污染海洋為主要目的；之後以強化海拋規制為內容，通過「1996年議定書」，揭示「預防原則」與「污染者付費原則」之防治海洋污染的基本原則。

三、空氣污染的防治

人類以各種型態的活動對環境造成影響。因產業活動造成越境空氣污染的特雷爾冶煉廠事件，是最初為世人所知曉的國際環境事件。從該事件導出國際法上所謂「領域使用管理責任」原則；該原則自此成為處理越境環境問題時重要的判斷依據。

1934年，美國與加拿大邊境特雷爾冶煉廠排放出的二氧化硫氣體造成美國境內森林、湖泊、農產品的嚴重污染、損害一案，仲裁庭於1938年4月16日做出初步裁決，認為加拿大政府應支付78,000美元賠償特雷

爾冶煉廠對美國土地造成直接損害的「完全的和最後的補償和賠償」。
裁決還宣布採取保全措施，要求特雷爾冶煉廠直至1940年10月1日避免
造成損害，並實施臨時制度，包括安裝控制污染的測量儀。

　　雖然特雷爾冶煉廠仲裁案的判決確立了國家對本國境內的私人活動
引起的越境環境損害應予賠償的先例，但是此後的相關案例幾乎沒有。
在1950年代之後，在歐洲發生的酸雨事件，由於對於舉證與污染源之間
的因果關係相當困難，因此「領域使用管理責任」原則並未能有效的被
援引解決。酸雨的發生和濃度與大氣污染程度成正比，酸雨會嚴重地破
壞生態環境，使土壤酸化，農作物減產，林木枯死；使湖泊河流的水質
酸化，水中的水生物死亡。鑑此，從污染的觀點論，避免大氣污染即有
其必要性。

　　1979年聯合國歐洲經濟委員會（ECE）發起，在日內瓦簽署了長距離越
境大氣污染公約（Convention on the Long-distance Transboundary Movements of
Atmospheric），並於1983年3月生效。該公約是第一個有關大氣污染多國間的
架構性（框架式）條約，主要規定有關大氣污染國際合作的一般原則，之後也
通過若干詳細規定的補充議定書，例如1985年赫爾辛基議定書、1988年索菲亞
議定書、1991年日內瓦議定書、1998年奧斯陸議定書等。這種以先制定架構性
的公約，再經談判、協商逐步建立具體基準與詳細內容的方式，在國際環境法
中越來越被廣泛採用。

　　公約對締約國課以防止污染的一般性義務，要求各締約國對越境大氣污染
採取妥善防止政策，締約國必須努力限制並盡可能逐漸減少和防止包括長距離
的大氣污染（第2條）。在這樣的基本原則下，以交換資訊、協商、廣泛研究
及監控等方法，制定有關控制大氣污染物排放的政策與戰略（第3條）。公約
並規定協商義務，亦即在造成或有可能造成長距離越境大氣污染的情況下，受
影響的國家應與污染源所在國協商，如果締約國對本公約的解釋和適用，發生
爭議時，應藉由談判或其他為雙方所接受的方式尋求解決（第5條）。公約並
設立執行委員會和秘書處，評估公約的執行情況。

四、有害廢棄物的處理

已開發國家常將有害廢棄物運往開發中國家處理或棄置，造成嚴重環境問題。1989年3月，UNEP在瑞士巴塞爾召開管制有害廢棄物越境移動及處理公約的簽訂大會，116個參與國一致同意締結有關廢棄物越境移動的處置與規定的「有關危險廢棄物跨國運送管制及其處置公約」（Basel Convention on the Control of Transboundary Movements of Hazardous Wastes and Their Disposl），簡稱「巴塞爾公約」。其他區域性條約中有1989年第四個洛美協定（Lome Convention）、1991年巴馬科條約，另外美國與加拿大在1986年簽訂有害廢棄物越境移動協定、美墨間簽訂拉巴斯協定附屬書等雙邊協定。

「巴賽爾公約」的目的是爲了避免廢棄物（特別是有害廢棄物）的不當越境轉移，造成環境與人類健康的危害，所制定的國際公約。各締約國負有將其國內產生的廢棄物減至最低限度並與以適當處置的義務；並且本國或他國環境不能適切管理的情況下，不得輸出他國或自他國輸入（第4條第2項）。在巴塞爾公約中建立一種危險廢棄物運送之「通知」與「同意」的管制制度，亦即公約中規定危險廢棄物跨國運送程序上是採取一種「事前告知同意制度」。在巴塞爾公約的管制下，所有有害廢物的越境轉移都必須到輸入國及輸出國的同意才能進行。同時依據公約規定，輸出國必須在接到出口商之廢棄物輸出通知後，「通知」輸入國和任何過境國（包括移運路線所經的有關國家）有關一切危險廢棄物之運送資料（第6條）。爲了進一步的控制有害廢物的轉移問題，1995年通過了巴塞爾公約修訂案（又名巴塞爾禁令），禁止已發展國家向發展中國家輸出有害廢棄物。

爲確保條約的有效執行，公約設立查核機制，亦即任何締約國如有理由相信另一締約國有違背公約義務的行爲，可將該情況通知秘書處（第19條）。如果締約國之間就本公約或其任何議定書的解釋、適用或遵守方面發生爭端時，有關締約國應通過談判或任何其他和平方式謀求爭端的解決（第20條第1項）。如果有關締約國無法以上述方式解決爭端，在爭端各方同意的情況下，應將爭端提交國際法院或按照關於仲裁的附件六所規定的條件提交仲裁（第

20條第2項）。另外爲強化公約的落實，在2002年締約國會議中通過「促進締約國遵守公約之執行機制」（簡稱遵約機制），以設立遵約委員會處理遵約問題。《巴塞爾公約》遵約委員會在與所涉締約方協調後，可向締約方提供諮詢意見、非約束性建議和資料，包括提出加強建立和加強管理體系的建議、獲得財政和技術援助的建議、與締約方合作擬訂自願遵約行動計畫並審查其實施情況。

五、地球暖化的防治

（一）聯合國氣候變遷框架公約

　　溫室氣體的排放引起了全球氣候的變遷，爲遏止全球氣候惡化，聯合國大會在1990年決議設立「政府間氣候變化綱要公約談判委員會（INC）」，並授權該談判委員會起草有關氣候變化公約條文及所有認定爲有必要的法律文件，該委員會於1992年通過「聯合國氣候變遷框架公約」（公約於1994年3月21日正式生效），秘書處設於德國波昂，迄2009年9月已有192個締約國。

　　該公約奠定了應對氣候變遷國際合作的法律基礎，這是世界上第一個爲全面控制二氧化碳等溫室氣體的排放，也是國際社會在解決全球氣候變遷問題方面進行國際合作的一個基本架構。該公約採取「普遍但有所區分的責任」、「預防性措施」及「費用對應效果」等基本原則。根據公約規定，作爲溫室氣體排放大戶的已開發國家應採取具體措施限制溫室氣體的排放，並向開發中國家提供資金以支付他們履行公約義務所需的費用。開發中國家則不需承擔限控義務。該公約並未對個別締約方規定具體需承擔的義務，也未規定實施機制。從這個意義上說，該公約缺少法律上的約束力。但是，該公約規定可在後續從屬的議定書中設定強制排放限制。

（二）京都議定書

　　京都議定書是「聯合國氣候變遷框架公約」的補充條款。1997年12月條約在日本京都通過，並於1998年3月16日至1999年3月15日間開放簽字，共有84國簽署，條約於2005年2月16日開始強制生效，到2009年2月，一共有183個國

家通過了該條約（超過全球排放量的61%），引人注目的是美國沒有簽署該條約。另一方面，中國、印度以及其他的發展中國家目前被京都議定書豁免，是因為他們並沒有在工業化時期大量排放溫室氣體並造成當今全球的氣候變化。然而世界最大溫室氣體排放國的美國未能加入京都議定書，對於該議定書的實效性令人存疑。

京都議定書目標是「將大氣中的溫室氣體含量穩定在一個適當的水平，進而防止劇烈的氣候改變對人類造成傷害」。議定書的全文共28條及A、B兩個附件，主要內容為：1.減量時程與目標：公約「附件一成員」，應於2008至2012年間達成減量目標：歐洲聯盟及東歐各國8%、美國7%、日本、加拿大、匈牙利、波蘭6%，另冰島、澳洲、挪威則各增加10%、8%。2.管制六種溫室氣體，其中CO_2、CH_4、N_2O管制基準年為1990年，而HFCs、PFCs與SF_6為1995年。3.制定「共同執行」、「清潔發展機制」及「排放交易」等三種彈性機制。4.森林吸收溫室氣體之功能納入減量計算，即1990年以後所進行之植林、再植林及砍伐森林所造成之溫室氣體吸收或排放之淨值，可計算於減量之中。

六、生物多樣性的保護

近年來，由於人類沒有節制的經濟活動及工業發展，使得我們賴以生存的地球環境遭受嚴重破壞，資源被過度利用消耗，自然界的維生體系無法正常運作，導致全球發生物種絕滅消失。1972年聯合國人類環境大會將生物多樣性的保育列為重點，而後國際間陸續成立國際性或區域性與生物多樣性有關的保育公約。到了1987年，聯合國環境保護組織（UNEP）意識到生物多樣性的消失並未減緩，且有日益嚴重的現象；該小組於1990年達成共識，在既有公約之上建立一個新的綱要協約，以保育全球的生物多樣性。在1992年5月聯合國的內羅比（Nairobi）會議中通過「生物多樣性公約協議本文」，並於1992年6月5日在巴西里約熱內盧舉行的世界高峰會議中開始接受各國簽署。「生物多樣性公約」（The Convention on Biological Diversity, CBD）在1993年12月29日正式開始生效。

　　所謂「生物多樣性」是指所有來源的活的生物體中的變異性，這些來源除其他外包括陸地、海洋和其他水生生態系統及其所構成的生態綜合體；這包括物種內、物種之間和生態系統的多樣性。在這樣的定義下，公約就：1.生物多樣性的保存；2.生物多樣性的組成部分的持續利用；3.公平合理分享由利用遺傳資源而產生的惠益，分別訂定相關規定。實施手段包括遺傳資源的適當取得及有關技術的適當轉讓，亦即採行將先進國家技術提供給開發中國家的技術合作方式（第16條）；另外已開發國家締約國應提供新的額外的資金，以使開發中國家締約國能支付它們因執行那些履行本公約義務的措施而承擔議定的全部增加費用，並使它們能享受到本公約條款產生的惠益（第20、21條）；締約國負有義務制定為保護和持續利用生物多樣性的國家戰略、計劃或方案（第6條(a)）；監測移地保護及生物多樣性組成部分的持續利用（第7條）；締約國應儘可能並酌情採取對保護和持續利用生物多樣性組成部分起鼓勵作用的經濟和社會措施（第11、17、18條）。

　　根據公約第19條第3項規定，締約國應考慮是否需要一項議定書，規定適當程序，特別包括事先知情協議，適用於可能對生物多樣性的保護和持續利用產生不利影響的由生物技術改變的任何活生物體的安全轉讓、處理和使用，並考慮該議定書的形式。鑑此，通過生物安全議定書（Catagena Protocol on Bio-safety）的制定，此議定書乃是依照1995年生物多樣性公約各締約國的決議要求所衍生出來的。目的在規定適當程序，安全轉讓，處理和使用改性活生物體（Living Modified Organisms LMOs是指任何藉由現代生物科技而改變或創新其原有基因組合的所有活生物體），這其中包括對於改性活生物體越境轉移（輸出入）提出規範設限。根據條約中預防性的原則precautionary principle，進口國可在認為可能將對環境或人類健康危害，即便無法執行評估或缺乏完整科學根據證實確實有害的情況下，仍可拒絕LMO產品之進口。

七、野生動植物的保護

　　國際保育社會有鑑於蓬勃的野生物國際貿易對部分野生動植物族群已造

成直接或間接的威脅，而爲能永續使用此項資源，國際自然保育聯盟（World Conservation Union, IUCN），在1963年公開呼籲各國政府正視此一問題，著手野生物國際貿易管制的工作，「瀕危野生動植物種國際貿易公約」（Convention on International Trade in Endangered Species of Wild Fauna and Flora, CITES，簡稱華盛頓公約），1975年7月1日正式生效。參與此公約的單位並不強制要求必須是主權國家，取而代之的是以「團體」（Party）作爲締約單位，這些團體之中有些是主權國家，也有一些是區域性的政府組織。

華盛頓公約的基本精神在於管制而非完全禁止野生物的國際貿易，其用物種分級與許可證的方式，藉以達成野生物市場的永續利用性。華盛頓公約的主張並非完全禁止野生動植物的國際貿易，而是以分級管制、依需要核發許可的理念來處理相關的事務。目前被收錄在公約中的物種包含了大約5,000種的動物與28,000種的植物，並且被分列入三個不同的附件，作不同的規範。

附件I包括所有受到和可能受到貿易的影響而有滅絕危險的物種，原則上是禁止進行貿易（第2條）。若因學術研究之必要，例外得進行貿易，但必須取得輸出國與輸入國雙方許可書爲必要。附件II所列有那些目前雖未瀕臨滅絕，但如對其貿易不嚴加管理，就可能變成有滅絕危險的物種，附件III在某個國家或地區被列爲保育生物的物種，原則上是允許進行貿易，輸出時必須向輸出國當局提出輸出許可證，輸入時必須向輸入國當局提出輸出許可證與輸入許可證（第4條第2、4項、第5條第2、3項）。爲落實公約的實施與防止違法貿易，公約對締約國課以義務制定法規執行本公約的規定，並對違反本公約的貿易行爲，採取處罰、沒收等適當措施（第8條）。有關與非締約國的貿易，倘若非締約國的權力機關所簽發的輸出入許可證，在實質上符合本公約對許可證和證明書的要件，就可作爲公約所承認的許可證而予接受（第10條）。

爲確保締約國確實履行公約的規定，公約特別設立會員國會議制度（第11條）。會員國會議中得作出必要的規定，使秘書處能履行其職責；提出提高公約效力的建議；設置各種委員會查察本公約執行情況等。同時公約的常設委員會根據締約國提出的報告書內容，得進行審議，有疑義時得對相關締約國調查，並提出建議（第13條）。

在公約中並未明文規定對於不遵守公約得採取的強制措施，所有該公約的條款均需要各國國內法的配合推動。而各國的法規則有其社會環境的考慮，在大會所提出的違反公約的報告中，仍舉出許多未遵守公約或明顯企圖規避執行公約規定的案例，改善各締約國之間執行層面的協調應是刻不容緩。

八、臭氧層的保護

1977年3月，臭氧層問題國際專家會議在華盛頓舉行，通過「關於臭氧層的世界行動計畫」，1985年3月5日通過「關於保護臭氧層的維也納公約」（Vienna Convention for the Protection of the Ozone Layer）。1987年9月8日至9月16日聯合國環境署在加拿大蒙特婁召開保護臭氧層會議，討論控制全球耗減臭氧層物質的排放量，以保護臭氧層。46個國家出席了會議，通過了「蒙特婁破壞臭氧層物質管制議定書」（Montreal Protocol on Substances that Deplete the Ozone Layer），簡稱蒙特婁議定書，是聯合國為了避免工業產品中的氟氯碳化物對地球臭氧層繼續造成惡化及損害，承續1985年保護臭氧層維也納公約的大原則，該議定書自1989年1月1日起生效。

「臭氧層」是指行星邊界層以上的大氣臭氧層（第1條）。公約對締約國課以一般義務，各締約國應依規定採取適當措施，以保護人類健康和環境，使免受足以改變或可能改變臭氧層的人類活動所造成的或可能造成的不利影響（第2條）。包括通過有系統的觀察、法律、科學和技術方面的合作、採取適當的立法和行政措施（第4條）。

蒙特婁議定書規定各國有共同努力保護臭氧層的義務，凡是對臭氧層有不良影響的活動，各國均應採取適當防治措施，影響的層面涉及電子光學清洗劑、冷氣機、發泡劑、噴霧劑、滅火器……等等。此外，議定書中亦決定成立多邊信託基金，援助發展中國家進行技術轉移。

於1990年6月在英國倫敦召開蒙特婁議定書締約國第二次會議，並對議定書內容作了大幅之修正，其中最為重要者即為擴大列管物質，除原有列管項目之外，另增加共計12種化學物質，之後聯合國又陸續修訂管制範圍，包括1992

年的哥本哈根修正案、1997年的蒙特婁修正案及1999年的北京修正案。

參考資料

王冠雄，永續發展國際法意涵之探討，臺灣海洋法學報，第5卷第2期
　　（2006）。

王冠雄，峇里島行動計畫在國際環境法上的意涵：以共同但有區別責任原則為
　　例，臺灣海洋法學報，第7卷第1期（2008）。

牛惠之，預防原則之研究——國際環境法處理欠缺科學證據之環境風險議題之
　　努力與爭議，國立臺灣大學法學論叢，第34卷第3期（2005）。

田中則夫講、江世雄譯，保護海洋生物多樣性的國際法規——海洋法與環境法
　　間整合運作的探討，臺灣國際法季刊，第6卷第4期（2009）。

阮國棟、吳婉怡、黃冠穎，國際環境公約國內法制化現況，環境工程會刊，第
　　18卷第1期（2007）。

施文真，國際環境公約下之處理不遵約機制，臺灣國際法季刊，第3卷第4期
　　（2006）。

陳荔彤，海洋環境污染的國際法規範，中興法學，第38期（1994）。

張孫福、楊一晴，論公共衛生議題在國際法之發展與趨勢，經社法制論叢，第
　　33期（2004）。

賴育邦，跨國污染與國際環境協定，經社法制論叢，第40期（2007）。

鄧烈，論「永續發展」概念在國際法上的意涵，臺灣海洋法學報，第5卷第2期
　　（2006）。

鄭敦宇，海洋生物多樣性與國際法，警學叢刊，第32卷第4期（2002）。

蘇義雄，海洋環境保護與國際法—兼論油料和放射性廢料之污染，中興法學，
　　第22期（1986）。

魏靜芬，船舶起因海洋污染之防止措施，台灣國際法季刊第3卷第3期
　　（2006）。

第十二章　國際爭端的和平解決

　　現今的國際社會由約190多個國家與多數的國際組織所構成，這些構成員之間，特別是國家間因政治性或經濟性的種種利害衝突或對立，進而產生爭端，國際法上稱之為國際爭端（international disputes）。隨著國家的急速增加擴大、政治性或經濟性體制的多樣化，再加上國家關係的緊密化，這些國際爭端發生頻繁且問題亦更趨複雜。原則上國際爭端乃係屬爭端當事國間的問題，採取何種手段或方法解決皆委由當事國的自由判斷。解決國家間爭端的方式，有採取和平的方式，也有採取如戰爭般以武力為手段的強制方式。然而國家之間發生爭端時，往往因受侵害的法益不同，未必皆採取外交交涉或裁判等和平方式解決，有時甚至可能發展成武力衝突的情況。結果將導致有破壞國際社會的和平與安全。鑑此，國際爭端的和平解決，雖然未必是解決爭端唯一公平的方式，但卻是維持國際和平所必要者。因此將爭端的和平解決課以法律上的義務誠屬必要，此外對於得以解決爭端的手段、方法，也必須加以制度化保障。

一、爭端解決手段的種類與義務

　　19世紀的國際法，承認國家有訴諸戰爭的權利，作為解決國際爭端或作為國家權利被侵害的救濟手段。當時各國在經由外交交涉解決失敗後，往往即訴諸戰爭。然在1899年第1次的海牙和平會議中通過的「國際爭端和平處理條約」，改變了當時的狀態。根據該條約第1條規定「為盡量防止訴諸兵力」締約國應盡一切努力「和平解決國際爭端」。但是該條約卻也並未禁止以武力解決國際爭端，亦即戰爭是被當作強制解決國際爭端的方式，為了彌補其不徹底。其後遂有1928年非戰公約的訂立。該公約一方面規定「戰爭是為國家政策之手段」，同時在另一方面又禁止「為解決國際爭端而訴諸戰爭」之情形，認為不論爭端之性質或原因為何，必須以和平方式解決。惟在第1次大戰之後，戰爭才被視為違法的行為，必須在國際社會的統馭之下實施。首先在國際連盟規約中規定在發生「有斷絕邦交之虞的爭端」時，會員國必須交付與仲裁裁判

或司法裁判或連盟理事會，遵循該判決或理事會建議之國家不得訴諸戰爭（第12、13、15條）。為此該規約規定必須設置常設國際法院（第14條），更進一步規定經理事會解決爭端之程序（第15條）。國際連盟規約在和平解決爭端上雖有顯著的躍進，但也僅限於對實施戰爭作大幅度的限制，然卻未完全禁止戰爭。

　　第二次世界大戰後，依聯合國憲章第2條第3項的規定各國負有和平解決爭端的義務，「各會員國應以和平方法解決其國際爭端避免危及國際和平、安全及正義」；同時在第33條第1項又具體規定爭端的解決手段「任何爭端的當事國，於爭端之繼續存在足以危及國際和平與安全之維持時，應盡先以談判、調查、調停、和解、公斷、司法解決、區域機關或區域辦法之利用、或各該國自行選擇之其他和平方法，尋求解決」。1970年聯合國大會的友好關係宣言（關於各國依聯合國憲章建立友好關係和合作的國際法原則宣言）明白宣示「每一國應以和平方法解決其與其他國家之國際爭端，俾免危及國際和平、安全及正義。各國因此應以談判、調查、調停、和解、公斷、司法解決、區域機關或辦法之利用或其所選擇之他種和平方法尋求國際爭端之早日及公平之解決」。而爭端各當事國未能以上開任一和平方法達成解決時，有義務繼續以其所商定之他種和平方法尋求爭端之解決。亦即和平手段的選擇，則依照自由選擇方法之原則解決。

　　有關爭端的和平解決義務，可謂已確立為國家一般國際法上的義務。但是這樣概括的規定，對於禁止戰爭、確保和平並不能有充分的效果。因此在爭端尚未擴大至武裝衝突之前，建構爭端的和平解決機制是有其必要性。聯合國憲章也重新納入第一次大戰後發展出來的國際調停以及司法解決方式。所謂國際調停（international concilation）是指由中立的國際委員會對爭端本身作實體審查，對雙方當事國的主張加以衡量並提出建議性的解決方案。在一般的議定書中也均定有委員會的設置方法。這種經由委員會的調停制度在解決有關各個條約的解釋或適用的爭端上均被廣泛地採用。國際調停經由國際組織而為之者亦不乏其例，例如國際勞工組織中審查委員會的建議即其中一例（ILO憲章第26條）。

　　國際社會發展至目前爲止，作爲和平解決國際爭端的方式計有非裁判的解決方式與裁判解決方式兩大類型。非裁判的解決方式包括交涉談判（nego-tiation）、斡旋（good offices）、調停（mediation）、調查（inquiry）、調解（concilation）、國際組織介入之爭端處理；裁判解決方式則有仲裁裁判（ar-bitration）以及司法裁判（judicial settlement）。非裁判的解決方式旨在以促進當事國間的和解爲目的，但僅具有建議性的效果；而裁判解決方式原則上是第三者以國際法爲基準作成判斷解決爭端，該判斷則具有拘束力。

二、非裁判的解決方式

　　裁判以外的手段區分爲經由爭端當事國間的直接交涉與經由第三者的介入兩大類型。而經由第三者的介入依組織化的程度不同，計有經由國家的介入、國際組織介入與國際組織之爭端處理三種。

（一）交涉（negotiation）

　　所謂交涉是指爭端當事國爲解消與相對國間的利害或意見的對立，直接經由外交途徑實施對話以達到和解的方法。這是最原始且基本的國際爭端解決方式，一般認爲是國際法上較爲適當的解決爭端手段之一，在各國締結的條約中也常將交涉明訂爲解決當事國間爭端的義務。然而一旦當事國經由外交交涉亦無法解決爭端時，也只能藉由第三者的介入來解決爭端。

（二）國家的介入──斡旋（good offices）與調停（mediation）

　　斡旋或調停，無論哪一種方式皆是第三國介入解決爭端，惟兩者的區別乃在於對介入的程度有所不同。所謂斡旋是第三國的介入並不涉入爭端的內容，僅限於像提供會場等外在方便當事國交涉的情形。而調停則是指第三國提出爭端的解決方案等，直接參與交涉內容的情形；而斡旋或調停往往受到大國政治力的影響，因此對於解決政治性的爭端，大多具有一定的效果。

（三）國際組織介入——調查（inquiry）與調解（concilation）

　　所謂調查是指作成由第三者組成的國際調查委員會，由該委員會查明有關爭端的事實關係藉以促進當事國間和解以達解決爭端的方式。國際調查委員會並非常設組織，當事國也無將爭端交付該委員會之義務，調查的對象也限於事實問題，對當事國並無拘束效力。

　　所謂調解是指作成由第三者形成的國際調解委員會，查明爭端之事實關係並對爭端當事國提出解決案的方式。但是調解所提出的解決案並不具有法的拘束力，爭端當事國是否遵從皆屬自由判斷。

（四）國際組織之爭端處理

　　經由國際組織作爲爭端處理的手段，肇始於第一次世界大戰後國際聯盟的設立時，但是由於成效不彰，及至第二次大戰後聯合國的設立，爲藉由聯合國和平地解決爭端，因此在聯合國憲章第6章中具體規定有關聯合國會員國間爭端的和平解決方式。根據聯合國憲章第6章規定中的解決方式乃由爭端當事國自行判斷，稱爲「創造和平」（peace making），相對於此在聯合國憲章第7章規定爭端的強制解決方式，稱爲「強制和平」（peace enforcement）。聯合國中安全理事會和大會是處理爭端的主要機關，但安全理事會比大會更享有優越之權限，亦即當安全理事會對於任何爭端，正在執行憲章所課予的職務時，大會非經安全理事會請求，對於該項爭端不得提出任何建議（第12條第1項）。聯合國所採行的和平解決方式包括交涉、斡旋、調停、調查、調解等，但無論採何種方式也都僅具有建議性質，並不具強制力。

　　聯合國介入爭端的情形大致區分爲二：一、是負有義務介入國際爭端：依憲章之規定，聯合國會員國所生之爭端，如繼續存在足以危及國際和平與安全之維持時，首先各當事國間必須選擇任何和平的手段解決（第33條第1項）。當事國如未能依規定所示方法解決時，必須將該項爭端提交安全理事會（第37條第1項）。安全理事會如認爲該項爭端之繼續存在，在事實上足以危及國

際和平與安全之維持時，應決定是否採取行動或建議其所認爲適當的解決條件
（第37條第2項）。二、有介入權限但非屬義務之情形：1.爭端並非是危及國際
和平與安全之維持時，安全理事會如經所有爭端當事國之請求，得向各當事國
作成建議以求解決（第38條）。2.自發性介入的情形；當事國雖然未將爭端提
交安全理事會，但安全理事會得調查任何爭端或可能引起國際摩擦或惹起爭端
之任何情勢，以斷定該項爭端或情勢之繼續存在足以危及國際和平與安全之維
持（第34條）。調查結果如係屬於重大爭端或情勢時，安全理事會爲解決爭端
或調整情勢，得向爭端當事國建議適當程序或方法（第36條第1項）。而非聯
合國會員國之國家如係爭端當事國時，經預先聲明就該爭端接受憲章規定和平
解決之義務後，得將該項爭端提請大會或安全理事會注意（第35條第2項）。

三、裁判的解決方式

　　裁判的解決方式是指由裁判機關對當事國的主張加以判斷，而對當事國
作出具有法拘束力的決定，當事國具有服從的義務；亦即裁判是藉由第三者
的裁斷，達到解決爭端的目的，可謂是解決爭端的有效手段。然而各國對於
交付裁判並不具有一般性的義務，而必須經當事國事前或事後合意，裁判才得
以進行。國際裁判依法院是屬常設性或暫時性的不同，分爲司法裁判（judicial
settlement）與仲裁裁判（arbitration）兩種。

　　不論是仲裁裁判或司法裁判，對於其判決皆有法的拘束力，爭端當事國
也負有遵從判決的法律義務。但是仲裁裁判與司法裁判在法官的選任方法以及
裁判準則上卻有所差異。首先仲裁裁判對於法官的選任方式是採用經由當事國
間合意的ad hoc方式。而司法裁判則是由事先已決定的法官擔任（ICJ規約第
31條例外情形）。第二、關於裁判準則，仲裁裁判是以在尊重法律的基礎下實
施（國際爭端和平處理條約第37條），因此也有可能考慮國際法以外之因素而
作成判決。而司法裁判則是依據國際法實施（ICJ規約第38條第1項），亦即其
裁判準則原則上僅限於國際法（但是在當事國合意下，例外地得基於「衡平與
善」原則判決〔ICJ規約第38條第2項〕）。

（一）仲裁裁判

1.國際仲裁法院（International Court of Arbitration，Permanent Court of Arbitration）的設置

　　國際仲裁法院，又譯爲常設仲裁院，是位於荷蘭海牙的國際司法機構。1899年第一次海牙會議通過「和平解決國際爭端公約」，1900年設立國際仲裁法院，成爲世界上歷史最爲悠久的國際爭端解決機構；該公約經1907年第二次海牙會議補充、修正後，對於國際仲裁制度作了詳細規定。國際聯盟的國際常設法院於1922年正式成立以前，仲裁是國際爭端的唯一的法律解決方法。仲裁與司法解決基本上經常作爲國際爭端的兩種法律解決方法被運用。

　　國際仲裁法院基於國家之間或者國家與私人之間的合意，處理爭議雙方之間的爭端。換言之，國際仲裁法院不僅接受來自國家間的申請，同時也接受國家與私人團體或者個人之間的衝突解決申請。爭議雙方可以請求仲裁院對其進行仲裁、調解或者僅僅是調查事實。當國家間發生爭端時，經各當事國同意，由各當事國所選任的仲裁人員在尊重國際法的基礎上，對爭端，主要是法律性質的爭端，作出有拘束力的裁決。仲裁法庭的組成、程式以及適用的規則等，都由各當事國協議確定。

2.國際仲裁法院的組成

　　國際仲裁法院實際上它既非「常設」，也非「法院」，它只設有一個國際局（Secretary-General），和一個常設行政理事會。理事會由各締約國駐荷蘭外交使節和荷蘭外交大臣組成，主要職務是監督國際局工作和決定有關仲裁法院工作的一切行政問題。除這兩個機構外，就只有一份仲裁人名單和一部供採用的程式規則。按照公約規定，每一締約國選定至多4名「公認在國際法問題方面合格勝任並享有最高道德聲譽」的人員列入常設仲裁法院仲裁人總名單。各締約國可以把爭端提交常設仲裁法院，也可以協議選任仲裁人成立特別仲裁庭。遇有締約國願將爭端提交常設仲裁法院解決時，應從仲裁人總名單中選定仲裁人組成審理該爭端的仲裁庭。如果各當事國沒有就仲裁庭的組成達成協

議，則一般由「每一當事國指派兩名仲裁人，其中只有一名得爲該國國民，或選自該國所選定作爲常設仲裁法院仲裁人的人。被指定的仲裁人共同選定一位總仲裁人」。

　　2000年法院通過的環境爭端任擇仲裁議定書在國際上首創了環境糾紛的專門仲裁規則。根據該議定書設立了一份環境仲裁員和環境專家名單，供環境爭端仲裁之用。

3.仲裁程序

　　1907年公約中規定的程式規則，是根據長時期的仲裁實踐編纂的，要點如下：提請仲裁的國家應簽訂一項仲裁協定（compromise），明文規定爭端事由、委派仲裁人的期限和方法、賦予仲裁庭的特別權力、開庭地點、使用的語文等。各當事國有權委派特別代理人作爲各當事國和仲裁庭之間的聯絡人，也可以聘用律師或輔佐人。仲裁程式包括書面程式和口頭程式。仲裁庭的評議秘密舉行，一切問題由仲裁人多數決定。裁決書必須敘明理由。裁決是確定的，不得上訴。裁決僅對各當事國有拘束力。每個當事國負擔自己的費用，仲裁庭費用則由各當事國平均負擔。上述規定現在基本上仍被沿用。

（二）國際法院（International Court of Justice; ICJ）

【國際法院】

1.常設國際法院的設置

　　國際法院是聯合國的司法裁決機構，根據「國際法院規約」於1946年2月成立，位於荷蘭海牙。國際法院共有法官15人。法官人選由常設仲裁院的仲裁員組成的國內團體或各國政府專為國際法院選舉而委派的團體提名，聯合國大會和聯合國安理會選舉產生（ICJ規約第3條、第8條）。法官任期9年，並且可以連任，每三年改選三分之一的法官（第13條1項）。15名法官必須全部來自不同的國家，其名額分配辦法與安理會席位分配一致，即非洲3名，拉美2名，亞洲3名，東歐2名，西歐及其他國家（包括加拿大、美國、澳大利亞和紐西蘭）5名。國際法院的所有決議都必須在出席法官多數同意後才能做出。其職能有兩方面：(1)對當事國一致同意提交國際法院的法律爭端，根據聯合國憲章規定以及有關條約及公約做出判決；(2)對聯合國其他機構或各種專門機構，就其工作範圍內提出的任何法律問題發表諮詢意見。法官為確保其獨立性，不受本國政府的指示行事，於執行法院職務時，應享受外交特權及豁免（第19條），同時法官不得行使任何政治或行政職務，或執行任何其他職業性質之任務（第16條）。

2.裁判的義務化

　　國際法院的管轄包括各當事國提交的一切案件，及聯合國憲章或現行條約及協定中所特定的一切事件（第36條第1項）。但隨著裁判義務化的發展，有選擇條款（optional clause）制度的設置。所謂選擇條款又稱為任意條款是指國際法院規約第36條第2項之規定，對於一定的爭端，各當事國聲明接受法院的管轄，在與承認同一義務的任何其他國家間，不須另訂特別協定，法院的管轄當然具有強制性。亦即當國家接受選擇條款時，當事國一方提訴將爭端事件交付法院，爭端相對國即生應訴之義務。這裡所謂的一定的爭端包括：(1)條約的解釋；(2)國際法的任何問題；(3)任何事實之存在，如經確定即屬違反國際義務者；(4)因違反國際義務而應予賠償之性質及其範圍。

　　但是現今接受選擇條款的國家並未達法院規約當事國的三分之一，即使接受該條款的國家，大多數也都保留期限。鑑此，為有效維持國際社會的和平，

以裁判作爲解決爭端手段的一般義務化仍是有其必要性。

國際法院的管轄權主要是基於爭端當事國間的合意而發生，可分爲以下三種情形：(1)爭端發生後，爭端當事國經由妥協（compromise）同意將爭端交付法院，例如北海大陸礁層事件、突尼西亞對利比亞大陸礁層事件即屬之。(2)締結爭端處理條約，一旦發生爭端得由爭端當事國任何一方提交法院，例如愛琴海大陸礁層事件即以1928年國際爭端處理一般議定書，作爲法院取得管轄權之依據。(3)公約中規定爭端解決條款等，對於公約的解釋或適用爭議，由爭端當事國任何一方提交法院，例如德黑蘭美國大使館人質事件即是援引維也納外交關係公約及維也納領事關係公約的選擇議定書規定，作爲法院取得管轄權之依據。

另外，當爭端當事國權利遭受到急迫侵害時，國際法院爲了排除該侵害，得作出臨時措施（provisional measures）之裁決，例如1998年巴拉圭訴美國「布雷德案」、1999年德國訴美國「拉格朗德案」以及2003年墨西哥訴美國「阿維納和其他墨西哥國民案」，均因美國其國內執法官員遲延通知外國被告人在「維也納領事關係公約」第36條下的權利，國際法院作出要求美國暫緩對相關外國被告人執行死刑的臨時措施命令。

3.裁判的當事者

得爲國際法院的訴訟當事者原則上限於國家（第34條），因此私人（個人及法人）甚或國際組織均不能成爲國際法院之訴訟原告或被告。而具有向國際法院提出告訴資格的國家限於該法院規約中的當事國。由於國際法院是聯合國的主要的司法機關，因此聯合國的會員國當然成爲該法院規約中的當事國。對於未加入聯合國的國家，依據憲章第93條第2項規定「得成爲國際法院規約當事國的條件，應由大會經安全保障理事會的建議就各別情形決定」。另外依據憲章第96條第2項規定「聯合國其他機關及各種專門組織，對於其工作範圍內之任何法律問題，得隨時以大會之授權，請求國際法院發表諮詢意見（advisory opinion）」。此時國際法院所爲的諮詢意見本身與裁判判決性質不同，並不具有法的拘束力，但皆爲各相關機關所尊重；而在各國際機關的設立條約中

多數均承認其具有法的拘束力，因此實際上諮詢意見在某種程度上是具有法律上的意義。

4.判決的效力與執行

　　國際法院所作之判決僅對於爭端當事國及本案具有法的拘束力（第59條）。法院之判決系屬確定，不得上訴。判詞之意義或範圍發生爭端時，經任何當事國之請求後，法院應予解釋（第60條）。國際法院之判決，對於爭端當事國間雖然具有法的拘束力，但由於在國際社會中並未有確保履行程序之機關的存在，因此仍有可能發生爭端當事國不履行判決之情形。在1986年國際法院裁決要求美國停止針對尼加拉瓜的非法軍事行動時，遭到美國的拒絕。國際法院指責美國「違反了國際法中有關主權國家不得對另一主權國家使用武力」的規定，並且要求美國支付賠償金。美國至今仍為履行義務。其他裁決未得到執行的案例還包括：1980年美國指控伊朗非法拘留美國駐德黑蘭的外交官；美國與加拿大在緬因灣地區的領海爭議；南斯拉夫聯邦共和國控告北約成員國未經授權而發動科索沃戰爭等。

　　在這樣狀態下，為要求爭端當事國遵守判決內容，最終也只能依照國家本自身的實力，以自力救濟方式實現，結果可能導致爭端因此擴大，造成採取復仇或戰爭等武力行使之可能。聯合國憲章為迴避此一問題，賦予安全理事會若干權能。如遇有一造不履行依法院判決所應負之義務時，他造得向安全理事會申訴。安全理事會如認為必要時，得作成建議或決定應採之必要措施，以執行判決（第94條第2項）。安全理事會這種權能，就其任務性質而言，可視為是一種判決執行力。

（三）國際海洋法法庭（International Tribunal for the Law of the Sea; ITLOS）

　　國際海洋法法庭位於德國漢堡，係根據聯合國海洋法公約附件VI「國際海洋法法庭規約」，於1996年所創設專為解決海洋爭端的常設國際法庭。附件

VI規定了法庭的組織、權限、程序和爭端分庭的設立等事項；其他相關規定則散見於公約第11部分「國際海床區域」及第15部分「爭端解決」。

1.國際海洋法法庭的組成

國際海洋法法庭是由21名獨立法官所組成，任期9年，每3年改選7名法官，可連選連任。法官的選任必須考量能代表世界各主要法系與地區分配的公平。同時法官必須具有以下條件：(1)享有公平和正直的最高聲譽，並在海洋法領域內具有公認資格；(2)不得執行任何政治或行政職務，也不能對與「探勘和開發海洋或海底資源或與海洋或海底的其他商業用途有關的任何企業的任何業務有積極聯繫或有財務利益」。

2.管轄權範圍

國際海洋法法庭的管轄權範圍包含承認法庭管轄的主體範圍以及成為裁判事項的事項範圍兩部分。

首先，作為國際海洋法法庭管轄對象的主體（人的管轄權）包括：(1)選擇以國際海洋法法庭作為解決爭端手段的聯合國海洋法公約的締約國；(2)關於海床爭端，將有關案件提交法庭管轄的締約國以外的實體，包括國際海底管理局、企業體（enterprise）及從事海床活動的自然人或法人；(3)提起船舶、船員釋放之訴時，扣留船舶的締約國以及被扣船舶的船旗國；(4)在仲裁庭組成之前，對爭端提起臨時措施的締約國；(5)不論特別協定或一般性條約，根據賦予管轄權協定的規定，同時爭端全體當事國同意交付管轄的締約國以外的主體。由此觀之，國際海洋法法庭與國際法院不同，是前者可以接受國家以外的法人或自然人提交的案件審理。

國際海洋法法庭裁判事項的範圍，包括：(1)有關聯合國海洋法公約締約國間，對公約的解釋或適用的任何爭端；(2)與聯合國海洋法公約目的有關的其他國際協定的解釋或適用的任何爭端，例如1995年聯合國漁種群協定，該協定是依據聯合國海洋法公約第64條所定具體且詳細的協定；(3)如果與聯合國海洋法公約主題事項有關的現行有效條約或公約的所有締約國同意，有關該條

約或公約的解釋或適用，也可提交法庭。

3.強制解決程序與例外規定

國際海洋法法庭只是聯合國海洋法公約規定具有拘束力裁判中的選擇手段之一。締約國可以在任何時間以書面方式選擇法庭或其他爭端解決程序，如國際法院、仲裁法庭等解決爭端。國際海洋法法庭這種爭端強制解決程序，也設有限制與例外規定。例如關於主權權利或管轄權在執法行為上的爭端；或劃定海洋邊界有關聯合國海洋法公約的解釋或適用的爭端；關於軍事活動的爭端；正由聯合國安理會執行聯合國憲章所賦予職務的爭端等；締約國可在任何時候以書面聲明表示不接受聯合國海洋法公約規定的強制解決程序。

（四）國際刑事法院（International Criminal Court, ICC）

在1948年，繼紐倫堡審判和遠東國際軍事法庭（東京審判）以後，聯合國大會認識到國際社會需要一個常設法院，來處理對類似二戰暴行的國際犯罪。但是鑑於當時冷戰的局面致使成立國際刑事法院成為不可能的夢想。進入1990年代，由於前南斯拉夫內戰時屠殺種族的暴行再度成為國際注目的問題，國際社會為審理前南斯拉夫和盧安達的戰爭犯罪而成立了兩個特設法庭，即於1993年成立的前南斯拉夫國際刑事法庭和於1994年成立的盧安達國際刑事法庭。這兩個特別法庭的成立更加突出了常設國際刑事法院的必要性。於2002年4月11日，批准簽署「國際刑事法院羅馬規約」的國家達到了條約約文要求的60個，「國際刑事法院羅馬規約」即日起成為有法律約束力的條約，並於2002年7月1日生效，國際刑事法院依據「國際刑事法院羅馬規約」成立，總部設在荷蘭海牙，對於違犯國際社會所關注的重大國際犯罪的個人進行起訴和審判的常設司法機關。到2010年3月，已經有111個國家加入了「國際刑事法院羅馬規約」，成為國際刑事法院的成員國。

根據國際刑事法院羅馬規約第4條規定，法院具有國際法律人格，並享有為行使其職能和實現其宗旨所必需的法律行為能力。法院根據本規約規定，可

以在任何締約國境內，或以特別協定在任何其他國家境內，行使其職能和權力。

　　國際刑事法院設有18位法官，1個檢察官辦事處，1個預審庭，1個審判庭和1個上訴庭。18位法官經選舉產生，任期9年，不能有兩位法官來自同一個國家。國際刑事法院將審理國家、檢舉人和聯合國安理會委託審理的案件。檢察官將根據國際刑事法院預審法庭的同意，應某個國家或聯合國安理會的請求對罪犯進行起訴。根據規定，國際刑事法院僅對規約生效後實施的犯罪具有管轄權，因此國際刑事法院無權審理2002年7月1日以前發生的犯罪案件（第11條）。對於規約生效後成為締約國的國家，於該國生效後實施的犯罪始有管轄權，非締約國如願接受國際刑事法院的管轄權，可向國際刑事法院書記官長提交聲明。國際刑事法院管轄的犯罪並無任何時效，即不受追訴及行刑權的時效限制。

1.國際刑事法院之管轄權

　　依國際刑事法院羅馬規約第5條規定，國際刑事法院有權對「滅絕種族罪」、「戰爭罪」、「危害人類罪」和「侵略罪」四種類型罪行進行審判，只對個人追究其刑事責任。法院在解釋和適用滅絕種族罪、戰爭罪和危害人類罪時，應由締約國大會成員三分之二多數通過（第9條），藉以防止擅斷與偏頗。

　　國際刑事法院行使管轄權，限於(1)締約國向檢察官提交顯示一項或多項犯罪已經發生的情勢；(2)安全理事會根據《聯合國憲章》第七章行事，向檢察官提交顯示一項或多項犯罪已經發生的情勢；(3)檢察官開始調查的情形（第13條）。同時國際刑事法院享有管轄權的前提要件必須建立在：(1)犯罪行為地是國際刑事法院規約締約國境內；如果犯罪發生在船舶或飛行器上，該船舶或飛行器的註冊國；(2)該犯罪嫌疑人具有締約國國籍；(3)犯罪行為地或嫌疑人國籍非屬締約國，而該非締約國同意接受國際刑事法院對有關犯罪行使管轄權。再者，犯罪嫌疑人在實施犯罪行為當時未滿18歲時，國際刑事法院也並不具有管轄權。

　　檢察官如果認為所提供的資料不構成進行調查的合理根據，即應通知提供資料的人。這並不排除檢察官審查根據新的事實或證據，就同一情勢提交的進一步資料。檢察官如果認為有合理根據進行調查，應請求預審分庭授權調查，預審分庭在審查請求及輔助資料後，如果認為有合理根據進行調查，並認為案件顯然屬於本法院管轄權內的案件，應授權開始調查（第15條）。

2.適用刑罰

　　國際刑事法院不得判死刑，有期徒刑最高為三十年，無期徒刑以極嚴重之犯罪及個人狀況證明有必要的情形為限，亦得處罰金及沒收犯罪所得之收益及資產。

3.補充性原則

　　國際刑事法院採取對國家刑事管轄權具有補充作用的所謂「補充性原則」。亦即對案件具有管轄權的國家正在對該案件進行調查或起訴，除非該國不願意或不能夠切實進行調查或起訴（第17條）；換言之，國際刑事法院必須是在各個國家所屬的法院不能自主審理的情況下才可介入。

4.指揮官和其他上級的責任

　　軍事指揮官或以軍事指揮官身分有效行事的人，如果未對在其有效指揮和控制下的部隊，或在其有效管轄和控制下的部隊適當行使控制，在下列情況下，應對這些部隊實施的本法院管轄權內的犯罪負刑事責任：(1)該軍事指揮官或該人知道，或者由於當時的情況理應知道，部隊正在實施或即將實施這些犯罪；和(2)該軍事指揮官或該人未採取在其權力範圍內的一切必要而合理的措施，防止或制止這些犯罪的實施，或報請主管當局就此事進行調查和起訴（第28條）。

　　藉由國際刑事法院的設立，創設對違犯國際犯罪的個人進行制裁的制度。但值得注意的是，作為聯合國安全理事會常任理事國的中國、俄羅斯和美國，以及以色列均未加入該規約（其中，美國曾在2000年12月31日簽署羅馬規

約，但在國會批准前取消簽署）。美國立場鮮明乃係爲避免派遣海外的本國軍人受到追訴，因此拒絕簽署加入國際刑事法院羅馬規約，並與他國締結個別的追訴豁免條約，採取國際刑事法院管轄權不及於本國民的政策。這對於追求立於「法的支配」下的國際社會的形成，將受到明顯挑戰。未來國際刑事法院的運作更是值得關注。

四、國際爭端的類型

在學說上依國際爭端性質的分類，國際爭端可分爲法律性爭端與政治性爭端（非法律性爭端）兩種類。前者適合以裁判的方式解決；後者則否，而較適合以調停等裁判以外的手段處理。有關這兩者的區別並非只存於理論上的區別，在實證法上或現實情況中均存在這樣的分類。亦即在條約中承認裁判義務者多限於法律爭端，或者明定法律爭端者付託裁判，非法律爭端則應付託調停。然而所謂的法律爭端在實證法上究指何意義並不是很清楚；只能就定有裁判義務的條約作各個解釋。就一般情形而論，有三種判斷主張：第一、具有重要政治性者即爲政治性爭端，反之則爲法律性爭端。然多數條約之中規定法律爭端中有關國家重大利益、獨立、名譽爭端者屬於裁判託付之外，由此觀之法律爭端如不具重要的政治性則勿須作此規定，依照這樣的說法在實證法上的解釋並不妥當。第二、有適用的國際法規的存在是爲法律性爭端，如無可適用的國際法規則爲非法律性爭端。但是有關是否存在有可適用的法規，乃在法院審理之後方才得知，根據此說法則法律爭端自始即無法確定，亦即在條約中規定非法律爭端不屬付託裁判之事項，此乃爲當事國之眞意表示，但在裁判之前當事國無法確定該爭端是屬何種爭端，必須在法院審理之後方得以確定此乃不合邏輯。第三、有主張當事國間在國際法基礎下，所產生之爭端，係爲法律性爭端，反之當事國若基於國際法以外之根據，所產生之爭端，乃爲非法律性爭端。亦即當事國有牽涉到國際法上權利義務問題之爭端者乃屬法律性爭端；反之有背離國際法上權利義務問題之爭端者則屬政治性爭端。此說截至目前爲止是較符合實際情形者。

目前國際實踐傾向主張法律爭端由國際法院處理，而非法律爭端則應交由聯合國安全理事會等政治性組織處理。國際法院本身也仍然採取一貫之立場，對於政治性爭端皆主張法院並無管轄權（例如1984年對尼加拉瓜軍事行動事件之管轄權判決、1992年有關蒙特婁公約的解釋與適用事件之保全措施命令等案例）。

參考資料

Maljean-Dubois, Sandrine著、許耀明譯，「與實務隔絕」這幽魂：世界貿易組織規則與其他國際法與原則之關係為何，興大法學，第3期（2008）。

王人傑，和平解決國際爭端與侵略行為，國立政治大學學報，第23期（1971）。

李明，天安艦沉沒事件牽動東北亞國際政治，海峽評論，第235期（2010）。

李庚嬉，聯合國安理會能否制裁北韓─論「天安艦事件」，海峽評論，第235期（2010）。

施文眞，由智利──劍魚案論環保貿易措施所引發之爭端：管轄權衝突之探討，政大法學評論，第86期（2005）。

姜皇池，論海洋爭端和平解決之機制，警學叢刊，第28卷第4期（1998）。

俞寬賜，論國際法院就利比亞與突尼西亞間大陸礁層劃界爭端案所作之判決，社會科學論叢，第37期（1989）。

章瑞卿，國際刑事法院對戰爭犯罪的制裁機制，全國律師，第10卷第1期（2006）。

廖福特，非聯合國會員國之國際法院當事國適格性──比較分析與臺灣借鏡，臺灣國際法季刊，第2卷第2期（2005）。

劉必榮，國際調停的權力的過程──關于國際調停模型的幾點討論，東吳政治學報，第3期（1994）。

第十三章　條　約

一、條約的形成

　　有關條約的成立要件、締結程序、解釋方法、條約效力、終止等國際法規則統稱為條約法。條約法最早係經由國際習慣法形成。傳統的條約法主要採取形式主義，亦即只要國家間具有形式上的合意，不論是對國家加諸強制而訂立的條約或條約內容為何，皆屬有效的條約。但是自19世紀末開始，特別是第二次大戰後，科學技術飛躍式的開展，國際關係更形緊密與複雜，多數新興獨立國家的出現，導致國際社會產生極大的變化。對於新生條約、慣行有關法律關係明確化的必要性，重為國際間所認識，轉而對傳統形式主義採批判立場。聯合國開始展開條約法法典化的作業，於1969年通過「維也納條約法公約」（略稱條約法公約），於1980年1月27日該公約正式生效。條約法公約內容包括條約的締結程序、條約的解釋、條約與第三國關係、條約保留、條約無效、終止等規定。誠如條約法公約前言所揭櫫的「自由同意與善意原則」及「條約必須遵守原則」乃形成條約法律拘束力的基礎。

（一）條約的概念

　　根據條約法公約規定，所謂「『條約』者，謂國家間所締結而以國際法為準的國際書面協定，不論其載於一項單獨文書或兩項以上相互有關之文書內，亦不論其特定名稱為何」（第2條）。亦即條約多數是以書面的形式形成，通常多為單一的文書，但也有以複數的文書形成。雖然口頭的約定對國家也有拘束力，但一般並不稱為條約。條約有時並不用條約的名稱，而係以公約（convention）、協定（agreement）、規約（covenant）、憲章（charter）、規約（statute）、議定書（protocol）、合意文書（agreed minute）、宣言（declaration）、交換文書（exchange of notes）、暫定協定（modus vivendi）等各式各樣的名稱出現。然而不論何者，只要是國家間的合意，其效力仍是一樣。

　　條約有各種的分類方式。依當事國的範圍，可分爲雙邊條約（bilateral treaty）與多邊條約（multilateral treaty），其中又分爲當事國僅限於少數國者的特別條約與大多數國家皆參與的一般條約。又依條約性質則可區分爲契約條約（contract treaty）與立法條約（law-making treaty）；前者是以當事國相對立的意思表示爲其內容者，後者則是以規範多數國家共通行動規則爲其內容者。由於國際社會欠缺像國內一般的立法機關，因此締結具有一般條約性質的立法條約，更能符合國際社會的期待，而聯合國也仍持續力促該目標的達成。

　　綜上所述，所謂條約是指不問其名稱爲何，國家間以書面的形式所締結的合意。但是條約法公約並不適用於國家與其他國際法主體間所締結的國際協定或其他國際法主體間的國際協定或非書面國際協定（第3條）。亦即締結條約的當事者原則上以國家爲主，但是近來亦有不少國際組織成爲條約的當事者（例如有關聯合國之特權及豁免公約即是聯合國與國家間所締結的條約，聯合國是一方的當事者）。因此在一定的情況下，國家以外的其他國際法主體也得締結條約。

（二）條約的締結程序

　　一般國際法上，有關條約的締結並未有一定的程序，只要當事國間具有合意，任何程序皆得採取。然一般而言，條約的締結多經過交涉、簽署、批准、批准書的交換或寄存的程序。

　　代表當事國進行條約交涉或簽署的人必須出具賦予權限的「全權委任狀」（the full powers），但是國家元首、政府首長、外交部長、外交使節團長（爲議定兩國間條約的約文時）以及國家派往國際會議或國際組織的代表（爲議定國際會議或國際組織條約的約文時），就職務性質上毋須出具全權委任狀，視爲代表其國家（第7條第2項）。而未經授權所實施締結條約的行爲，非經該國事後確認，不發生法律效果。議定條約約文原則上應以所有參加草擬約文國家的同意爲之，但國際會議如無特別的合意，應以三分之二多數決爲之（第9條）。條約文經由交涉國協議的程序或簽署後，具有最終且眞正之準定

本（第10條）。

　　條約一旦有效成立時，締約當事國自然須受條約的拘束，誠實地履行義務。條約有效成立的要件，包括締結條約的當事者須有締結能力、締結權者須具備國內法上正式的資格、締結當事者之間須有眞正的合意及條約的目的與內容必須是合法的，這些均爲條約有效成立的要件。

　　條約在締結過程當中，簽署是表示簽署國同意受條約拘束之意，而此種同意的表示有時因條約規定的不同，也有以文書交換、批准、承認、加入等方式爲之。再者，條約必須經批准之後才生效力，所謂批准是指國家代表所簽署的條約，須經權限機關對國家同意的意思表示，作最終確定的行爲。由於條約的簽訂往往在本國以外進行交涉，因此有將條約內容攜回本國內再檢討之必要，或程序上需由直接代表國民的立法機關審查條約、及經其承認之必要，因此須經批准這道程序。依條約法公約規定當事國得自由決定，條約須經簽署或須經批准，方生效力之程序。以批准爲必要的情形，必須在交換或寄存批准書後，條約始發生效力。所謂批准書的寄存是指在多邊公約的情形，對寄存者的國家或國際組織所爲之行爲。近來多數情形皆是以寄存批准書達簽署國之一定數目時，寄存國間始承認條約之效力。

　　第二次大戰後，由於技術性內容的條約增加以及爲增進條約締結程序的效率化，因此簡略形式的條約（treaty in simplified form），其中毋須批准必要的條約大爲增加。鑑此，條約法公約規定，條約雖經簽署，但條約生效是否以批准爲必要，委由國家自由決定。條約訂有以批准爲條件者，倘條約不被國內批准時，自然不成爲條約之當事國，但是對簽署國而言，在其是否得成爲當事國尚不明確時，亦負有不違反條約旨趣及目的之義務。

（三）條約的登記

　　依據聯合國憲章第102條規定聯合國會員國在締結條約或國際協定後，負有向聯合國秘書處登記之義務，並由秘書處公布之。蓋登記是爲防止秘密外交，讓國際社會得以在公開、公平之下確保和平與安全。在國際聯盟時代即已

設立的一個制度。對於未向聯合國秘書處登記的條約或國際協定,聯合國及其
所屬之任何組織皆不得加以援用。沒有登記的條約本身並非無效,而是不得援
用對抗其他當事國。向聯合國秘書處登記的條約,秘書處必須加以公布,公布
是以登載於聯合國所發行的條約集方式實施。雖然非聯合國的會員國並不負有
條約登記之義務,但條約集當中亦可以登載非會員國提出之條約或國際組織相
互間的協定。

二、條約的變更

(一) 條約的保留

　　根據條約法公約規定,所謂保留(reservation)是指「一國於簽署、批
准、接受、贊同或加入條約時所作的片面聲明,不論措詞或名稱爲何,其目的
在摒除或更改條約中若干規定對該國適用時的法律效果」(第2條),亦即保
留乃是條約的締約國所作的正式聲明,表示對條約中某一或若干條款,該國
意欲排除其適用或賦予某一特定意義之謂。保留的提出事實上僅適用於多邊
條約;蓋雙邊條約乃係一種類似契約性質的條約,雙方權利、義務均明確規
定,因此附有保留條款乃不被允許。保留的提出一般也僅限於開放條約(open
treaty),由於任何國家都有加入開放條約的自由,因此當然亦可以決定該條
約的適用範圍,故可對其提具保留。

　　然而保留最大的問題,在於對締約國間已建立的法規範造成例外情況,因
此國際社會提出各種方法,例如禁止保留的提出、或限制某些條款不准提具保
留、或提具保留之前須獲得簽署國的同意等等,想要藉以緩和或解決因保留所
造成的問題。

　　一般認爲保留若未得到全體締約國的同意,並不具有效力。然也有不同主
張,認爲如此一來,將有害條約的普遍性。對此在1951年國際法院就防止及處
罰滅絕種族罪公約的保留問題作出建議性意見,認爲提具保留的同時,應重視
是否有與條約之目的相對立。條約法公約將此意見旨趣納入規定,大幅提昇保

留之可能性。根據公約規定，一國得於簽署、批准、接受、贊同或加入公約時提具保留，但條約有作保留特別規定者，依規定爲之，例如該項保留爲條約所禁止者或條約僅准許特定之保留而有關之保留不在其內者；無特別規定者，則保留不得違反條約之目的及宗旨（第19條）。至於保留是否違反條約目的及宗旨，是委由各個當事國判斷，因此提具保留後的條約關係，則繫於保留國與接受國間而成立。亦即保留經另一締約國接受，就該另一締約國而言，保留國即成爲條約之當事國；若保留經另一締約國反對，則條約在反對國與保留國間，並不因此而不生效力，但反對國確切表示相反意思者，則不在此限。但是條約規定有條約整體爲每一當事國同意承受條約拘束之必要條件時，保留則須經全體當事國接受。再者，倘條約爲國際組織的設立規章，保留必須經該組織主管機關接受（第20條）。

倘反對保留的國家並未反對條約在其本國與保留國間生效，保留所涉及之規定在保留範圍內於該兩國間並不適用（第21條）。因此保留國並不得對其他締約國，要求履行因其保留而免除條約上之義務。

保留、明示接受保留及反對保留，均必須以書面提據並致送締約國及有權成爲條約當事國之其他國家。除條約另有規定外，保留得隨時撤回，無須經業以接受保留之國家同意。

◆滅絕種族罪公約保留案

1948年締結的《關於防止及懲治滅絕種族罪公約》並沒有保留條款的規定。前蘇聯以及東歐8國等對其提出了保留，導致另一些國家以這些保留損害公約基礎爲由予以反對，引起對條約保留的效力問題的爭議。1950年11月16日，聯合國大會就此向國際法院提出三個問題，請求法院發表諮詢意見：

第一，當一國對公約作出的保留受到一個或數個締約國反對，但不爲其他締約國反對時，該國是否可以被認爲是締約的一方？

第二，若對上一問題的回答是肯定的，那麼，保留在保留國與（甲）反對保留的國家和（乙）接受保留的國家之間的效力如何？

　　第三，未批准公約的簽字國和有權但尚未簽署或加入公約的國家，對保留提出的反對意見的效果如何？

　　法院諮詢意見如下：

　　第一，當一項保留為該公約的一個或數個締約國反對而未受到其他締約國反對時，如果該保留與公約的目的和宗旨相符合，作出該保留的國家可以被認為是締約的一方；否則不能被認為是締約的一方。

　　第二，一方面，如果該公約的一個當事國反對一項保留，認為它不符合該公約的目的和宗旨，該國可以事實上認為提出這項保留的國家不是締約的一方；另一方面，如果一個當事國接受這項保留，認為它符合該公約的目的和宗旨，該國可以事實上認為提出這項保留的國家是締約的一方。

　　第三，尚未批准該公約的簽字國反對一項保留，只有在它批准公約後才能產生在回答問題之一中所指出的法律效力；在此之前，該項反對只作為對提出保留的國家關於該簽字國的可能態度的通知。有權簽署或加入公約但實際上未這樣做的國家對於一項保留的反對，沒有法律效力。

（二）條約的修正

　　條約得以當事國協議修正之。條約如無特別規定，修正程序，適用與締結時相同的程序。雙邊條約的修正，一般而言並不生法律上的問題，但是在多邊條約的情形，特別是有關修正國際組織的組織章程時，倘若其修正是以必須經全體當事國同意為必要者，這時若僅有一國反對亦不得修正明顯不合理。因此近年來條約多規定只要達一定國家數的同意即得修正。例如聯合國憲章規定，修正案經大會會員國三分之二表決並由會員國三分之二包括安全理事會全體常任理事國批准，修正即屬有效，對聯合國全體會員國發生效力（第108條）。而反對修正的國家，倘不願受拘束得選擇退出聯合國。在條約法公約中規定有關多邊條約之修正程序，依規定條約之修正並不以全體當事國同意為必要，修正條約對於同意修正國家有拘束力，對反對修正國家則不具有拘束力。因此對同意修正的國家與反對修正的國家間，以及反對修正國家之間，繼續適用修正

前的條約（第40條）。

三、條約的效力

（一）條約的一般效力

條約原則上只對當事國有法的拘束力，這種法的拘束力是從「條約神聖」（Pacta sunt servanda）原則，導出來當然的結果。在條約法公約第26條即明文規定「凡有效之條約對其各當事國有拘束力，必須由各該國善意履行」。條約一旦生效，當事國即負有誠實履行之義務。而一國也不得援引其國內法規定為理由不履行條約。例如當條約與國內法內容相矛盾時，暫且不論該條約在國內法上的效力，在國際法上並不能援引作為主張條約無效之原因。條約法公約明文規定「一國不得援引其同意承受條約拘束之表示為違反該國國內法關於締約權限之一項規定之事實以撤銷其同意」（第46條）。但是有關違反締約權限之國內法規之情事，「顯明且涉及具有重要性」之國內法規則者，得撤銷其同意主張無效（第46條）。但是倘若條約之締結係違反國內法上規定之程序時，則有不同之見解。

（二）條約對第三國的效力

從「條約神聖原則」的反面解釋，條約的效力並不及於條約的非當事國，此為「條約對第三國之無利無損」原則（Pacta tertiis nec nocent nec procunt）。亦即原則上條約只拘束當事國，效力並不及於第三國。條約對第三國創設權利或義務，則必須經第三國同意。在條約法公約中規定，如條約當事國有意以條約之規定科以第三國義務時，則必須經第三國以書面明示接受（第35條）。該原則的例外為侵略國的情況，亦即「一聯合國憲章對侵略國之侵略行為所採措施而可能引起之該國任何條約義務」，即使無侵略國的同意，侵略國仍受法律上的拘束（第75條）。而當一國有意以條約之規定賦予第三國權利時，而該第三國對此表示同意，則該第三國即享有該權利，或第三國無反對之

意思表示，則推定其表示同意（第36條）。然而問題是，條約當事國是否得自由取消賦予第三國權利，依公約規定，倘經確定原意為非經該第三國同意不得取消或變更該項權利，當事國不得取消或變更之（第37條）。

（三）條約的無效原因

有效成立的條約對締約當事國具有效力。當兩條約均對同一事項作規定，但其內容並不相容時，則適用「後法優於前法」之原則或「特別法優先」原則。形成上述一般原則的例外，則有「條約的無效原因」之情形。無效的原因包括：(1)條約締結意思有瑕疵者；(2)牴觸強行法規之情形。條約法公約為確保條約關係中法的安定性，對於無效原因係採取「列舉主義」，對於列舉以外的理由，均不得構成無效原因。

1.締結意思的瑕疵

條約法公約規定意思表示瑕疵之原因，包括有：(1)明顯違反國內法（第46條）；(2)不遵守代表者之權限限制（第47條）；(3)錯誤（第48條）；(4)詐欺（第49條）；(5)賄賂（第50條）；(6)對國家代表者的強制（第51條）；(7)對國家武力的強制（第52條）。這些情形皆係因締約當事國之間欠缺「真正的合意」，致使意思表示有瑕疵，形成條約無效。而這裡所謂無效原因並非使得條約自動無效，而只是賦予當事國得以援用條約無效作為依據的權利。因此當條約當事國明示或默示承認條約效力時，則主張抗辯權利消滅。

2.牴觸強行法規

條約法公約規定「條約在締結時與一般國際法強行法規牴觸者無效」（第53條）。而當「新的一般國際法強行法規產生時，任何現有條約與該項法規牴觸者即成無效」（第64條）。所謂強行法規（jus cogens）是指「國家之國際社會全體接受並公認為不准損抑……之一般國際法規」（第53條）。至於何種規範是該當強行法規，公約中並未明訂。由於強行法規的概念，在國際法

上係一全新的想法，在導入初期即引起廣泛議論，至今仍未有定論。爲避免當事國因主觀判斷予以濫用，導致影響國際關係的安定性。因此在公約中規定，倘有任何其他當事國對無效主張表示反對，當事國應藉聯合國憲章第33條所指示之方法以謀解決，解決無效時，則有關違反強行法規之爭端得提交國際法院裁決，其他有關無效原因之爭端，則得向聯合國秘書長提出和解程序（第66條）。

四、條約的解釋

所謂解釋（interpretation）是決定一項法律文件之意義，以確定其範圍並加以闡釋之行爲。條約法公約規定「條約應依其用語按其上下文並參照條約之目的及宗旨所具有之通常意義，善意解釋之」（第31條）。該規定與慣行中對條約解釋多採以條約當事國之意思及適合性作爲解釋基準（特別是考量締結交涉時諸情事）的主觀性解釋大異其趣，而係改採以依「用語……之通常意義」之客觀性解釋。這在確保條約之客觀性或法律安定性上，無非是一大進展。

確定「用語……之通常意義」的手段，包括其「上下文」、條約之「目的及宗旨」及「嗣後所生之慣行」（subsequent practice）。所謂「上下文」是指連同前言及附件在內的條約文全體，以及締結之際當事國間之相關合意等。而所謂「嗣後所生之慣行」，是指當事國嗣後有關條約在適用、解釋上，當事國確立合意的慣行。除了以「上下文」以及「嗣後所生之慣行」作爲條約客觀解釋的手段外，另外又以條約之「目的及宗旨」作爲補強，亦即承認有基於目的論解釋之適用。

在以客觀性解釋作爲一般解釋規則外，條約法公約另訂有「解釋之補充資料」，包括「條約之準備工作」（條約交涉階段時的提案、議事錄等）及「締結時之情況」的主觀解釋手段在內（第32條）。這在條約意義不明或難解，或依一般解釋所獲結果，顯屬荒謬或不合理時，確定條約準備作業時的解釋，即變得很重要。

五、條約的終止及停止施行

　　所謂條約的終止，是指有效成立的條約因某種原因理由而失去效力終告消滅。由於國際習慣法對於條約的終止並未明確規定，以致造成國家間的爭端發生。鑑此，條約法公約明確規定條約終止原因，同時適用本公約規定而讓條約終止。根據條約法公約規定，條約終止的原因區分為合意終止及非合意終止兩情形。

（一）合意終止

　　因當事國明示或默示的合意，致使條約終止而失去效力，計有以下四種情形：

1.基於條約規定（第54條a）：多數條約會訂定有效期間或終止程序，亦即終止方法的規定。因此終止條約或退出條約均依條約規定為之。

2.經全體締約國同意（第54條b）：即使條約中未有有效期間或終止程序的規定，只要全體締約當事國同意，亦得終止條約或退出條約。

3.推定當事國意圖或權利（第56條）：經確定當事國原意為容許有廢止或退出之可能，或由條約之性質可認為含有廢止或退出之權利時，當事國即得廢止或退出該條約。

4.締結新條約（第59條）：雙邊條約因當事國一方廢止而條約告終止。全體當事國就同一事項締結新的後訂條約時，經確定當事國受新條約此一事項規範之意思；或後訂條約與前訂條約之規定不合，不能同時適用時，前條約應視為業以終止。

（二）非合意終止

　　非經當事國合意而終止條約的情形，包括因當事國一方意思導致條約廢止的三種情況以及斷絕外交或領事關係與出現新的強行法規而終止條約兩種情況。

1.**重大條約違反（第60條）**：雙邊條約當事國一方有重大違約情事時，他方有權援引違約為理由終止該條約，或全部或局部停止其施行。多邊條約當事國之一有重大違約情事時，其他當事國有權以一致合意，在其他當事國與違約國的關係上；或在全體當事國間，將條約停止施行或終止。受違約影響的當事國有權援引違約為理由，在其本國與違約國關係上，將條約停止施行。再者，當事國有重大違反情事，致使所有當事國繼續履行條約義務所處的地位，因而根本改變時，違約國以外之任何當事國皆有權援引違約為理由，將條約對其本國停止施行。

2.**發生意外不可能履行（第61條）**：倘因實施條約所必不可少的標的物永久消失或毀壞（島嶼沉沒、水壩崩毀等）以致不能履行條約時，當事國得援引不可能履行為理由，終止或退出條約。

3.**情況之根本改變（第62條）**：條約締結時存在的情況發生根本改變而非當事國所預料者，導致當事國間條約上利益關係重大不均衡時，是否以情事變更原則（clausula rebus sic stantibus）而終止條約，向來為各國爭議之所在。根據條約法公約規定，此等情況發生根本改變，只有在「構成當事國同意承受條約拘束的必要根據，同時該項改變之影響，將根本變更條約上義務的範圍」時，才得以援引作為終止或退出條約的理由。但是倘該條約是確定境界條約或此等情況發生根本改變係因違反本國義務的結果，則不得援引作為終止或退出條約的理由。

4.**斷絕外交或領事關係（第63條）**：條約當事國間斷絕外交或領事關係，原則上並不影響彼此間由條約確定的法律關係，但外交或領事關係的存在為適用條約所必不可少者，例外地條約即告終止或停止施行。

5.**新強行法規的出現（第64條）**：當一般國際法上新的強行法規產生時，任何現有條約與該項強行法規相牴觸者，即成為無效而終止。

參考資料

王熙棋，論國際條約在兩岸適用之比較，中華國際法與超國界法評論，第5卷

第2期（2009）。

吳嘉生，研析國際條約之保留，軍法專刊，第44卷第6期（1998）。

李惠宗，從法理到立法技術——以大法官有關國會對於條約審議權的解釋為中心，臺灣法學雜誌，第127期（2009）。

周萬來，我國條約案之範圍及審議程序之探討，立法院院聞，第26卷第9期（1998）。

黃　異，國際條約及國際習慣法在我國國內法領域中的效力，輔仁法學，第27期（2004）。

黃國瑞，憲法第六十三條「條約」意義之探討，法律評論，第69卷第7期（2003）。

陳清雲，我國條約案之國會監督機制，國立中正大學法學集刊，第23期（2007）。

陳純一，WTO法在國際法上之地位，中華國際法與超國界法評論，第3卷第1期（2007）。

陳聰明，條約與協定之法律地位，法令月刊，第44卷第7期（1993）。

黃明展，論WTO相關協定之國內法效力及直接適用性—以國內法院審判為中心，法學叢刊，第55卷第2期（2010）。

第十四章　國際和平安全保障

一、戰爭的禁止

　　傳統國際法並不禁止國家以戰爭作爲自力救濟的手段解決國家間的對立或爭端。直到1928年「關於廢棄戰爭作爲國家政策工具的一般條約」（略稱廢戰公約）才明文直接禁止或限制國家發動戰爭。根據該公約第1條規定「締約各國以本國人民之名義鄭重聲明，反對以戰爭解決國際爭端，並且各國在彼此相互關係上，放棄以戰爭作爲實行國家政策之手段」。第2條更進一步規定「締約各方同意，各國彼此間可能發生之一切爭端或衝突，不論其性質或起因爲何，只能用和平方法加以處理解決」。然該公約締結之際，多數國家主張基於自衛權的武力行使並不列入公約中所言的戰爭範疇內，並且對此作條約保留。這種條約保留使得國家以行使自衛權之名而行實質戰爭，導致自衛權的濫用。直到第2次世界大戰後聯合國憲章的制定，才眞正達成戰爭違法化。

　　聯合國憲章第2條第4項規定：「各會員國在其國際關係上不得以武力威脅或武力行使（threat or use of force），或以與聯合國宗旨不符之任何其他方法，侵害任何國家之領土完整或政治獨立」。另外在同條第3項規定「各會員國應以和平方法解決其國際爭端，避免危及國際和平、安全及正義」。上述規定皆承襲廢戰公約中的基本原則，只是避免使用「戰爭」的用語，而改以「武力的行使」替代，換言之，無論武力的行使是否使用戰爭名稱，皆爲憲章所禁止，同時憲章不僅禁止武力的行使，甚至也禁止武力威脅，與廢戰公約規定相較，禁止範圍更爲廣泛。

　　憲章中另外承認武力行使的例外情形，包括規定在第51條的「個別及集體自衛權」，憲章第7章的強制措施、聯合國大會決議採取的措施、憲章第53條所定區域組織或區域辦法所採之武力行使。因此在聯合國憲章規定下，現行國際社會所能允許的武力行使，僅限於基於憲章第7章的集體措施或個別自衛權、集體自衛權的行使。

聯合國憲章所確立的「武力不行使原則」，與「以和平解決國際爭端」乃是互為表裡的規定。於1970年經聯合國大會通過的「關於各國依聯合國憲章建立友好關係及合作之國際法原則之宣言」及1982年「關於和平解決國際爭端的馬尼拉宣言」所採納後，可謂從聯合國憲章上的原則，而確立為國際習慣法上的規則，進而發展成強行法規。1986年國際法院在有關尼加拉瓜軍事行動事件的判決中更明白指出美國的行動係違反國際習慣法的禁止武力行使的義務；再次確認禁止武力行使原則的國際習慣法地位。

◆尼加拉瓜的軍事行動案

從1984年2月開始，在美國的資助和直接參與下，尼加拉瓜反政府武裝組織在尼加拉瓜幾個重要港口佈設水雷，這嚴重威脅到尼加拉瓜的安全和航行，並造成重大事故和損失。美國還支持反政府武裝攻擊尼加拉瓜港口、石油設施等。為此，尼加拉瓜於1984年4月9日向國際法院提出申請，控告美國在其港口佈雷、出動飛機襲擊尼加拉瓜石油設施和港口以及進行其他軍事和准軍事活動。

法院指出，禁止使用武力原則的「法的信念」可以從爭端雙方和其他國家對聯合國大會的若干決議的態度中推斷出來，尤其是1970年「關於各國依聯合國憲章建立友好關係及合作之國際法原則之宣言」。國家對這些決議表示同意時也就表達了它們將該原則視為獨立于聯合國憲章之類的條約法規則之外的一項習慣法規則的「法的信念」。亦即承認禁止武力行使原則具有國際習慣法性質。

二、集體安全保障體制

從歷史的演進過程觀之，國際間為確保國際和平，採用的方式有維持勢力的平衡（Balance of Power）與集體安全保障體制（Collective Security）。所謂勢力平衡是指對立國家間保持一種武力上的平衡關係藉以抑制戰爭的發生，18至19世紀的歐洲即是典型的情形。然而這種勢力平衡體制卻易導致各國競相擴張武力，反而有擴大戰爭發生的疑慮。鑑此，第一次世界大戰後國際連盟遂改

以集體安全保障的方式取代勢力平衡體制。所謂「集體安全保障」體制是指合眾多國家（包括對立國家等所有相關國家）集體力量，相互保障國家安全的制度，對於違反約定訴諸於戰爭的會員國，得與其他會員國合作對違反國施以制裁。具體作法爲：1.國家間締結禁止戰爭或武力行使協定；2.對違反協定的國家，全體國家施以制裁。

集體安全保障體制要能有效發揮功能，必須符合若干條件。第一，參加禁止武力行使協定，必須具有普遍性。亦即國際社會絕大多數國家必須加入協定，同時政治或軍事大國的加入有其必要，否則會導致該體制運作不彰。第二，禁止武力行使必須是全面性的，任何例外的武力行使都不應予以正當化。第三，決定制裁必須迅速且有效實施。第四，各國應負有義務參加制裁行動。

在集體安全保障體制下，國際間同時也存在與體制不相容的國家同盟。所謂同盟是指具有相同之假想敵國的國家間締結條約，當締約國一方與假想敵國開啓戰端時，另一締約國也必須採取軍事行動參戰。國家間互相抗衡的軍事同盟陣營的存在，事實上是與集體安全保障體制相互矛盾。因此集體安全保障體制下存在的軍事同盟，也成爲阻礙集體安全保障機能的積極要因。

（一）國際連盟下集體安全保障

國際連盟規約規定，一個會員國違反集體安全而訴諸戰爭，各國可予以制裁直至使用武力。但判定一國是否有侵略行爲，以及採取何種制裁手段，由國聯按照全體一致原則決定。即便其他成員國都同意某種方案，只要當事國反對，也難以達成一致的決議。因此，國際連盟對其會員國並沒有眞正意義上的約束力，當然也就談不上眞正意義上的集體安全。國際連盟的決議也僅具有勸告和建議性質，對會員國不具有拘束力。因此在當時國際連盟的制裁往往是以經濟制裁爲主。

（二）聯合國下集體安全保障體制

　　根據聯合國憲章第7章的規定，聯合國安理會負有維持國際和平與安全任務，對於任何有關「1.和平的威脅、2.和平的破壞、3.侵略行為的行動」，負有決定採取非軍事措施或軍事措施之權限，藉以維持或回復國際和平（第39、41、42條）。而各會員國則負有服從之義務（第24、25條）。聯合國企圖採用中央集權化的制裁措施，以達充分之效果。這即是聯合國憲章所預定的一種具有制裁效果的「集體安全保障」體制。

　　制裁的前提必須先認定有「和平的威脅、和平的破壞、侵略行為」的存在，而制裁的方式包括非軍事制裁與軍事制裁。

1.「和平的威脅、和平的破壞、侵略行為」存在的認定

　　根據聯合國憲章規定，安理會負有「維持國際和平與安全的主要責任」。對於「和平的威脅、和平的破壞、侵略行為」的存在與否，具有判斷決定的權能（第39條），並應依其決定採取一定措施。由於聯合國憲章對於「和平的威脅、和平的破壞、侵略行為」並未有定義，因此安理會在判斷上享有相當的裁量權限。例如對於「和平的威脅」認定，包括違反人道法、侵害人權、恐怖攻擊等事態皆屬之；具體例而言，南非的種族分離政策、前南斯拉夫的非人道行為、海地的政變等皆被認定是屬於對「和平的威脅」。「和平的破壞」認定，最典型的例是兩國間軍隊的敵對行為；例如1950年北韓對南韓的攻擊、1990年伊拉克入侵科威特等。由於國際法上對於「侵略行為」並未有一致的定義，因此往往將「侵略行為」以對「和平的破壞」來認定。

2.非軍事措施

　　在判斷有「和平的威脅、和平的破壞、侵略行為」事態存在後，安理會得決定採取非軍事措施或軍事措施為必要的因應（第41、42條）。所謂非軍事措施，包括「中斷經濟關係及全部或部分鐵路、航海、航空、郵運、電信、無線通訊等運輸通訊手段以及斷絕外交關係」等措施，同時請求各會員國配合採取

該措施。例如，1990年伊拉克入侵科威特時採取禁運石油及禁止對伊拉克輸出武器（安理會661號決議）；2006年10月北韓進行核試爆時也採非軍事措施制裁（安理會1718號決議）。再者，對於設置前南斯拉夫或盧安達臨時國際軍事法庭等是否也屬於非軍事措施的範疇，其合法性也是值得探討。

（三）軍事措施

當非軍事措施制裁效果不彰時，安理會得採取軍事制裁措施包括各會員國陸海空軍的示威、封鎖等行動。安理會發動軍事制裁措施的前提必須各會員國與安理會間訂定有「特別協定」，提供給安理會必要的兵力、援助及便利以供利用（第43條）。然而在聯合國成立後至今，仍尚未與任何會員國締結特別協定，因此在集體安全保障目的考量下，即使安理會請求各會員國出動軍隊，此項請求也僅具有建議的效力，並不具有法的拘束力。在波斯灣戰爭之際，安理會通過「依據憲章第7章規定……採取一切必要手段（authorizes... to use all necessary means）」的決議（一般稱該決議是允許行使武力之決議），根據該決議要求會員國出兵組成多國籍軍隊對伊拉克進行武力攻擊。在此之後，安理會多循採取決議方式要求會員國出兵的模式處理。

（四）會員國義務

對於「有關任何和平的威脅、和平的破壞及侵略行為的行動」，聯合國賦予負有維持國際和平與安全任務的安理會決定所應採取措施之權限，而各會員國則負有服從之義務（第25條）。關於非軍事措施，有對會員國課以進出口限制的義務、不予以承認的義務或命令一定作為等。例如1992年對利比亞要求引渡爆破航空機的恐怖份子，遭利比亞拒絕，安理會認定是對「和平的威脅」，命令利比亞應予以引渡；1996年南羅德西亞的白人少數政權片面宣布獨立，安理會認定是屬於對「和平的威脅」的事態，要求聯合國會員國應不予承認；北韓進行核試爆時，禁止會員國對北韓輸出大規模毀滅性武器相關物資、奢侈品

及凍結金融資產等義務。各會員國應制定國內法或修訂國內法等，以履行決議所課以的義務；至於具體內容則委由各國自由裁量，例如對於奢侈品的定義，各國見解不同。對於軍事措施的情況，「採取一切必要手段」的決議，對會員國而言並非義務，僅具有建議的效力，所有會員國並非必須採取軍事措施。

三、聯合國「維和行動」

聯合國維持和平行動（U.N. peace keeping operation，簡稱維和行動，PKO）是指在聯合國安理會授權下使用非武力方式協助衝突各方維持和平、恢復和平並實現和平的一種行動。「聯合國憲章」將維護國際和平與安全的主要責任賦予聯合國安理會，但憲章並沒有具體提及維和行動，只是在第六章和第七章中分別賦予安理會以和平方式或強制手段解決國際爭端的權力。在憲章第七章規定下，得對破壞和平者實施軍事制裁，而參與軍事制裁的軍隊稱為「聯合國部隊」（United Nation Force）。憲章規定之本意應係要設立一個屬於聯合國的常設國際軍隊。然而對於聯合國部隊的組成，大國之間相互猜忌、意見對立，因此至今聯合國並未與任何會員國締結特別協定，導致憲章所構想的聯合國部隊至今仍未能組織完成。

聯合國集體安全保障體制中近年來最受矚目者為維和行動。聯合國大會在解決國際爭端上，組織所謂的「維持和平活動的聯合國部隊」（簡稱維和部隊）從事「維持和平活動」任務。聯合國維和行動是聯合國根據安理會或聯大通過的決議，向衝突地區派遣軍事人員以恢復或維護和平的一種行動。1948年5月29日，聯合國安理會通過第50號決議，決定向中東地區部署首支維和部隊（UNTSO），負責監督執行以色列與阿拉伯國家之間達成的停火協定。從此，聯合國維和行動開始展開。對於聯合國集體安全體制可說是具有某種程度的活化作用。

聯合國為防止區域性爭端的擴大或再起，進而派遣小規模的軍隊或軍事監視團至當地，從事維持事態和平的活動，避免戰事的擴大，維和行動的任務包括協助維持停火協議、協助交戰國或地區維持地方秩序、協調國家內戰或種族

衝突以及人道保護等「維持和平活動」。近年來，隨著國際形勢的變化，聯合國維和行動的任務範圍也擴大含括監督選舉、全民公決，以及幫助掃雷和難民重返家園等非傳統性的任務。

維和行動的具體實施由聯合國秘書長與安理會決定。維和行動主要有兩種形式：軍事觀察團和維持和平部隊。前者一般由非武裝的軍人組成，後者由武裝的軍事分遣隊組成。聯合國透過多年來的運作，維和部隊的維持和平活動，在處理國際爭端中已漸成為一個主要機制。但是畢竟維和行動並非聯合國集體安全保障體制下強制解決爭端的一環，故其性質與其所依據原則也有所不同。國際法探討維和部隊的，其本身可歸納出若干基本性質：

（一）依據「同意原則」實施。維和部隊的派遣與行動具有「非強制性質」，須基於爭端當事國，特別是進駐國的「同意」，才得以進行。

（二）依據「自制原則」實施。維和部隊並非參與作戰，而是以駐留在爭端地域，防止衝突的擴大，達成和平解決爭端之功能為其主要目的。因此軍事觀察員不得攜帶武器；維和部隊雖配有武器，但限於輕型的自衛武器且不得擅自使用武力，除非迫不得已進行自衛。

（三）依據「中立原則」實施。維持和平活動並非是聯合國憲章第7章規定下對破壞和平者的制裁，對爭端當事國而言，維和部隊是立於公正第三者的地位，來尋求爭端的和平解決，具有「中立的性質」，所以不得介入他國內政。

維和部隊的組成是基於大會、安理會的決議或秘書長與會員國的協議所編制而成。聯合國維和行動屬於臨時性措施，一般均有一定的期限，可由安理會視具體情況，根據聯合國秘書長的建議決定延期。事實上聯合國維和行動的法律依據問題，在國際間一直存有爭議。聯合國大會對此向國際法院提出諮詢意見。國際法院1962年對駐蘇伊士運河區緊急部隊（根據聯合國大會決議建立，於1956年11月至1967年5月監督敵對行動的停止和入侵軍隊的撤離）和剛果行動為中心的諮詢意見認為這些行動是為達成聯合國的設立目「維持國際社會和平與安全」所必要，不屬於「執行行動」，根據憲章規定「主要」但不「專屬」於聯合國安理會負責，聯合國大會也可以根據聯合國憲章第11條和第14條

決定或建議採取維和行動。實際上，國際法院的諮詢意見並未涉及到維和行動的法律依據的根本問題，只是就其意見推論維和行動是具有合「憲章」性。

　　根據聯合國維和部門統計，自1948年向巴勒斯坦派遣停戰監督組織以來的幾十年中，聯合國已先後在各衝突地區開展了五十多項維和行動，而聯合國維和行動也越來越多地應用於處理國家內部衝突和內戰。而且，維和行動目的已經不限於防止衝突發生，更包括各種建設的和平活動。維和行動儼然已成爲聯合國維護國際和平與安全的重要手段之一。

四、軍備的管制與裁減

　　所謂裁減軍備（arms disarmament）是指限制、削減軍備，最終達到裁撤軍備之意。軍備管制（arms control）則是指維持主要敵對國間的軍事平衡，以避免不安定狀態的措施。嚴格而言，兩者應屬不同概念，但是兩者常混同並置使用。第二次世界大戰後裁減軍備的問題成爲聯合國底下的新議題，焦點主要偏向對核子武器的規制。

（一）聯合國與裁減軍備

　　在聯合國憲章中有關軍備裁減與軍備管制僅簡單提及；包括憲章第11條第1項規定大會審議並提出「軍備裁減及軍備管制之原則」、第26條規定爲「減少世界人力及經濟資源之消耗於軍備」，安理會「應負責擬具方案提交聯合國會員國以建立軍備管制制度」，以及第47條規定「軍事參謀團對於軍備管制及可能的裁減問題，向安理會提供意見並予以協助」。

　　在憲章禁止武力行使與威脅原則及集體安全保障體制下，因此有關軍備裁減及軍備管制的審議與制度的確立，皆委由聯合國大會及安理會。在聯合國展開一系列活動後，有關軍備裁減及軍備管制的展開，皆超越事實上憲章規定。

　　聯合國軍備裁減活動大抵分爲二大主流：

1.聯合國裁軍審議委員會：聯合國裁軍審議委員會（U. N. Disarmament Commission，簡稱裁審會）是聯合國審議裁軍問題的專門機構，隸屬於聯合國大會。該委員會根據1978年5月第一屆裁軍特別聯大決議建立，其前身爲1952年設立的裁軍委員會。其職責是就裁軍領域的各種問題進行審議和提出建議。

2. **日內瓦裁軍委員會**：是目前全球唯一的多邊裁軍談判機構，現有65個成員，因會議在日內瓦舉行，又稱「日內瓦裁軍談判會議」。其前身可追溯到1959年成立的10國裁軍委員會。此後，該機構曾先後改稱18國裁軍委員會、裁軍委員會會議和裁軍談判委員會，1984年2月根據聯合國大會決議更改爲現名。總部設在瑞士日內瓦，目前有65個正式成員國，其中包括所有擁有核武器的國家。由於歷史原因，裁談會成員國分爲西方集團、東歐集團和21國集團（又稱不結盟國家集團）三大集團，中國爲獨立的一方。各集團由其協調員組織內部磋商，有時以集團名義提出建議或制定工作文件。裁談會不是聯合國的直屬機構，但與聯合國聯系密切。裁談會秘書長由聯合國秘書長指派，裁談會的議題主要包括：核裁軍、禁止生產核裂變材料、防止外太空軍備競賽和無核國家安全保障等問題。近半個世紀以來，裁談會及其前身經過談判先後達成了「不擴散核武器條約」、「禁止生物武器公約」及「禁止化學武器公約」等一系列重要的國際條約。

（二）核子武器之規制

第二次大戰中，在廣島和長崎首次使用核武器以來，各國核能力的發展使其能夠將技術和材料轉用於核武器。第二次大戰結束後蘇聯也成功研發核子武器，美國與蘇聯之間遂展開核武競賽；到1964年英、法、中國也成功實現核爆。至此，防止核武擴散的必要性問題成爲關於和平利用核能的討論的中心議題。早在1953年，美國總統艾森豪在第8屆聯合國大會上提議成立一個「致力於和平利用原子能」的國際機構，這就是後來的國際原子能總署（簡稱IAEA）。其主要是以從事和平利用核能的國際合作及防核擴散爲目的，及對會員國的和平核活動實施保障監督。1968年1月7日由英國、美國、蘇聯和其

他59個國家締結簽署「不擴散核武器條約」（Treaty on the Non-Proliferation of Nuclear Weapons, NPT，略稱核不擴散條約），宗旨是防止核武器和核武器技術的擴散，推動核裁軍和促進和平利用核能的國際合作。核不擴散條約是核武器國家對裁軍目標作出有拘束力的承諾的唯一多邊條約，於1970年生效，包括5個核武器國家在內的188個國家加入了該條約，使其成為參加國家最廣泛的多邊裁軍協定。為了達成禁止核子擴散的目的，公約建構了設於國際原子能總署之下的預防措施系統，經由查核締約國遵約情形，預防可進行核分裂物質轉移為核武用途，亦即所有締約國，不論是有核武器國家或無核武器國家，公約僅承認核能的和平利用。但是對於無核武器締約國的核能和平利用，則要求，依照國際原子能總署規約與國際原子能總署訂立協定，將核分裂物質等生產核武器的相關物質，置於國際原子能總署嚴格管理之下（第3條）。

另一方面公約規定，每個有核武器的締約國不應向任何接受國轉讓核武器或其他核爆炸裝置或對這種武器或爆炸裝置的控制權（第1條），藉以防止核子擴散。但是這樣的防止義務，並非是課以核武器國家負有裁減核軍備的義務，而僅在第6條規定要求其對於裁減核軍備上負有協商談判的義務。對此，該公約被批判是一個具有差別性規定的條約。因此，印度、巴基斯坦、以色列拒絕加入公約，北韓也於1993年表明退出公約。

為了核武器的開發，就必須進行核爆實驗，國際間因此展開對於核試驗的規制。1963年生效的部分禁止核子試驗條約（Partial Test Ban Treaty, PTBT，全稱「禁止在大氣層、外太空和水下進行核武器試驗條約」），是一個限制核武器試驗的國際條約。部分禁止核子試驗條約禁止除在地下以外的一切核武器試驗，禁止核試驗的場所包括大氣層、外太空和水下進行核武器試驗（第1條）。1996年第50屆聯合國大會通過「全面禁止核試驗條約」（Comprehensive Nuclear Test Ban Treaty, CTBT），禁止在任何環境下任何形式的核試驗，包括地下核武器試驗。並進一步要求締約國承諾在其管轄或控制下的任何地方，禁止和防止任何此種核爆炸。不包括被認為完善實用的核武器或研製新一代武器所必需的試驗的實驗性階段以及不包括非軍事性質，如用於科研目的的核爆炸。條約還設立由一個使用尖端監測系統的執行委員會（CTBTO），負

責監督條約的執行並審議遵守情況，以及對核設施進行現場檢查。

國際間也制定若干對於特定區域內禁止核武器儲存、獲取、設置、配備以及持有的國際公約。已生效者包括有1976年的拉丁美洲禁止核武器條約、1985年南太平洋無核區條約、1995年非洲無核武器區條約。這些條約透過議定書的設定，課以締約國對於第三國的核武器國以及各個無核區域條約的當事國負有不使用核武器的義務；亦即所謂的「消極的安全保障」（negative security assuarance）。另外有非以裁減核武軍備爲目的的條約，但也規定到核武問題者有：1959年南極公約規定禁止核子武器設施的架設和試爆，並且禁止丟棄核廢料。1967年「關於各國探索和利用包括月球和其他天體在內外太空活動的原則條約」（外太空條約）：規定太空只作爲和平基地，禁止核武器在太空存放、試驗。1971年「禁止在海床洋底及其底土安置核武器條約」（海床條約）：禁止在海床洋底安置核武器和其他大規模毀滅性武器。

（三）生・化武器規制

生化武器（BC武器），即生物武器和化學武器（biological and chemical weapons）是指以細菌、病毒、毒素等使人、動物、植物致病或死亡的物質材料製成的武器。1925年「禁止在戰爭中使用窒息性、毒性或其他氣體和細菌作戰方法的議定書」明文禁止在戰爭中使用窒息性、毒性或其他氣體和細菌作戰方法；將細菌武器列爲禁止對象。1971年第26屆聯合國大會正式通過「禁止細菌（生物）及毒素武器的發展、生產及儲存以及銷毀這類武器的公約」（簡稱禁止生化武器公約），並於1975年生效。主要內容是規定，締約國在任何情況下不發展、不生產、不儲存、不取得除和平用途外的微生物製劑、毒素及其武器；也不協助、鼓勵或引導他國取得這類製劑、毒素及其武器。但對於遵守條約義務的查核制度仍然未能有效解決。目前各國正在談判核查議定書，以期進一步有效禁止生化武器的研發、生產、儲存及使用。

1993年「關於禁止發展、生產、儲存和使用化學武器及銷毀此種武器的公約」（Convention on the Prohibition of the Development, Production, Stockpiling and Use of Chemical Weapons and on Their Destruction, CWC，簡稱禁止化學武器公約），於1997年生效，明文禁止開發、生產、儲存和使用化學武器並要求進行銷毀，是第一個全面禁止、徹底銷毀大規模殺傷性武器並具有嚴格查核機制的條約。爲實施禁止化學武器公約，設立了「禁止化學武器組織」（OPCW: Organisation for the Prohibition of Chemical Weapons），並將總部設在海牙（第8條）。該組織可以對位於任何締約國領土上或其管轄或控制下的任何其他地方的任何設施或地點進行臨時通知的質疑性視察，以便澄清和解決與可能違反條約的有關的任何問題（第9條）。

◆日本遺棄在中國化學武器事件

1996年12月，13名侵華日軍遺留化學武器的中國受害者及死者家屬向東京地方法院提起訴訟，要求日本政府賠償2億日元。2003年9月，東京地方法院在一審判決中認定日本政府在處理中國遺留化學武器問題上態度怠慢，未盡到防止造成傷害的義務，判處日本政府向原告賠償（一）9億日元。但2007年7月，東京高等法院在二審判決中卻以不能認定日本政府未向中國提供相關資訊與遺留化學武器傷人事故之間有因果關係為由，改判原告敗訴。

1997年10月，另外5名遭日軍遺留化學武器中國受害者向東京地方法院提起訴訟，要求日本政府賠償8,000萬日元。2003年5月，東京地方法院作出一審判決，認定日軍在中國遺留化學武器對人造成傷害的事實，但以日本政府難以在主權不能涉及的中國回收化學武器為由，駁回原告訴求。2007年3月，東京高等法院作出二審判決，維持了一審判決結果。

2003年8月4日凌晨，齊齊哈爾市某開發公司在該市一處工地施工時從地下挖出5個金屬桶，之後造成污染擴散。據專家鑑定和化驗分析，最終確定這五個金屬桶屬於有毒化學物質為「芥子氣」，是二次大戰時日軍遺棄的化學毒劑。齊齊哈爾日軍遺棄化學毒劑洩露事件中的中國受害者遂向日本國內法院提起損害賠償訴訟。2010年5月24日日本地方法院作出原告敗訴的判決。

二戰期間，日軍在中國遺留毒氣彈等大量化學武器，這些武器的意外爆炸和毒劑洩漏導致許多中國居民死傷。由中國受害者在日本提起的侵華日軍遺留化學武器訴訟案到目前為止共有四起，除上訴兩起已經結審外，還有兩起在東京地方法院進行審理。

根據禁止化學武器公約的規定，日本有義務處理遺棄在中國的化學武器。根據公約規定，自1997年生效起，日本應在10年內，也就是2007年之前完成對遺棄在中國的化學武器的銷毀工作。然而，日方通過向相關組織申請，將期限延遲至2012年。日本遺棄在華化武銷毀工作中，日本將作為作業的主體，向中方提供人力、資金和技術支持。

（四）環境破壞武器

所謂「環境戰」是指人為地改變自然環境狀態所產生的能量，運用於軍事目的的一種作戰手段；具體而言即透過人為地製造暴雨、洪水、地震、山崩、海嘯、磁暴等，創造有利於己方不利於敵方的作戰條件，以達到加速作戰進程，戰勝敵方的目的。運用在戰場上的案例，如美國在越南戰爭期間的人工降雨等，從1967年到1972年共進行過2602次播雲降雨作業，通過人工降雨使道路泥濘，車輛無法通行，用以切斷胡志明小道供應線。1991年的波斯灣戰爭中燃燒油井所造成的氣候改變，更顯示人工改變氣候並不需要特別高超的技術和巨大能量。由於油井燃燒所釋放的濃煙遮住陽光，使科威特的氣溫下降攝氏10-15度，而且其影響更波及到南亞地區。

1972年「禁止為軍事或任何其他敵對目的使用改變環境的技術的公約」（環境戰公約）明文禁止為軍事或任何其他敵對目的使用改變環境的技術，以便消除使用這種技術對人類造成的危險。

根據該公約規定，各締約國不應為軍事或任何其他敵對目的使用具有廣泛、持久或嚴重後果的改變環境的技術作為摧毀、破壞或傷害任何其他締約國的手段（第1條）。所謂「改變環境的技術」是指通過蓄意操縱自然過程改變地球（包括其生物群、岩石圈、地水層和大氣層）或外太空的動態、組成或結構的技術。

（五）一般武器之規制

　　1980年聯合國在通過「特定常規武器公約」（全稱「禁止或限制使用某些可被認爲具有過分傷害力或濫殺濫傷作用的常規武器公約」，Convention on Prohibitions or Restrictions on the Use of Certain Conventional Weapons Which may be Deemed to be Excessively Injurious or to have Indiscriminate Effects），以及其所附3項議定書：包括「關於無法檢測的碎片的議定書」（Protocol on Non-Detectable Fragment）、「禁止或限制使用地雷（水雷）、誘殺裝置和其他裝置的議定書」（又稱地雷議定書）（Protocol on Prohibitions or Restrictions on the Use of Mines, Body-Trap and Other Devices）、「禁止或限制使用燃燒武器議定書」（Protocol on Prohibitions or Restrictions on the Use of Incendiary Weapons）和關於小口徑武器系統的決議。該公約旨在停止使用可被認爲是具有過度不人道或濫殺濫傷作用的某些類型武器，強調國際法關於在武裝衝突中作戰方法和手段的使用並非毫無限制的原則，禁止在武裝衝突中使用具有過分殺傷力的武器、彈藥和作戰方法的原則，務必使平民和戰鬥員無論何時均置於人道原則、公眾良知和既定慣例所產生的國際法的保護和權力之下。在這個公約之下，其他的專門協定可以用議定書形式來締結。這些議定書制定保護平民或民用目標免受使用燃燒武器、地雷和餌雷襲擊的規則，禁止使用那些可以產生出無法用X光射線在人體上檢測出來之碎片的武器。換言之，從徹底禁止使用這類武器到限制對平民或民用目標濫用這類武器都作詳細規定。

　　1997年國際地雷大會在挪威奧斯陸舉行。會議中通過「關於禁止使用、儲存、生產和轉讓殺傷人員地雷及銷毀此種武器的公約」。同年12月，121個國家的代表在加拿大的渥太華簽署了這一公約，因此該公約又稱「渥太華禁雷公約」。渥太華禁雷公約在45國家批准後，於1999年3月1日正式生效。截至2009年12月，共有156個締約國。但是美國、俄羅斯、印度等國並未加入該公約。

　　公約明文規定，締約國在任何情況下都不得使用、發展、生產、獲取、保留或轉讓殺傷人員地雷，唯一例外是各國可爲排雷培訓目的，保留或轉讓少量殺傷人員地雷；現存的所有殺傷人員地雷將在公約生效後的四年內予以銷毀，

現有雷區在10年內清除完畢；各締約國應將本國執行公約的措施、庫存和境內佈雷的詳細情況及銷毀計畫等向聯合國秘書長提交年度報告。所謂殺傷人員地雷是由「受害者引爆」的爆炸裝置；殺傷人員地雷鋪設在地面之下、之上或附近，並設計成在人員出現、接近或接觸時爆炸。然而公約並未禁止設計成在車輛出現、接近或接觸時爆炸的地雷（例如反車輛地雷和反坦克地雷），也並未禁止可遙控的爆炸裝置。

五、永久中立國（permanent neutrality or perpetual neutrality）

從現代意義觀之，所謂中立應係指除對他國的攻擊施以防衛之外，對任何國家皆不得行使軍事武力義務，以及對任何交戰國負有不提供財政上、方便性的支援義務。前者義務係屬於法律上的義務；後者是倘有明顯違反該義務，則他國不須給予中立國之對待，不具有中立國之地位。

如同前述，聯合國集體安全保障體制之建構原理乃在於對訴諸武力之聯合國會員國，其他所有之會員國發動非軍事或軍事制裁措施以維持國際和平。由於永久中立國除本身遭受攻擊外，在第三國間的戰爭中，對任何交戰國皆須維持公平之立場，負有不得給予軍事或非軍事支援的義務；顯然地集體安全保障體制的原理與中立的原理是相互矛盾的。換言之，中立國參加聯合國安全保障體制本身即與中立原理應是不相容。

不論任何一方交戰國是違法侵略或合法自衛權行使而發動戰爭，中立制度是不問戰爭原因為何，對兩交戰國應平等對待維持公平的制度。相反地，集體安全保障制度的原理，是對違法侵略的國家，聯合國發動集體的制裁措施藉以維持國際和平的制度。這與無視戰爭原因，對交戰國平等對待維持公平的中立制度，是互不相同。然而就理論而言，因為聯合國安全保障體制的不完備，中立國即有存在的意義。

永久中立的產生有經由國際條約的締結，由其他締約國保障其永久中立的地位，瑞士或第二次大戰前比利時即為典型之案例；另外有經由一國片面立法宣稱永久中立國，例如1955年10月26日，奧地利議會通過宣布奧地利永久中立

的憲法。與奧地利有外交關係的所有國家都得到這個法律的通告，明確希望他們能承認奧地利的永久中立。事實上，所有的國家都透過明示或者默認的方式給予承認。永久中立國負有嚴守中立之義務；除了本國遭受攻擊行使自衛權抵抗外，絕不對外作戰，當然也不得締結軍事同盟條約，也不得負擔參與戰爭的國際義務。

　　然而在「聯合國憲章」的體制下，一國維持中立的義務似乎僅限於在憲章規定範圍外；亦即根據聯合國憲章規定，會員國不得參加武裝衝突，除非是在聯合國憲章第7章規範下的強制措施，或根據憲章第51條的規定，自衛權的發動。原則上，中立是與憲章第2條第5項中所表明的「各會員國對於聯合國依本憲章規定而採取之行動，應盡力與以協助」的原則相違背的，因為根據聯合國憲章第103條規定「聯合國會員在本憲章下之義務與其依任何其他國際協定所負之義務有衝突時，其在本憲章下之義務應居優先」，亦即憲章所承擔的全部義務，優先於任何其他的國際義務。

　　因此，在安理會未做出強制措施的決定下；又或在安理會或大會有關集體措施的決定是屬於建議性質不具法的拘束力時，會員國便能夠維持中立國之地位。然而在個別的情況下，尋求集體軍事措施行為，必須由安理會根據憲章第7章作出一個有約束力的決議。只有在這樣的決議下導致戰爭狀態時，才產生了根據憲章的義務優先於中立的義務的問題。然而現實上，政治立場的差異，各強國要取得一致性的決議，幾乎是不可能的，即使存在這種可能的話，參加軍事活動需要以安理會締結特別協定為前提（第43條），但特別協定至今仍未曾締結。因此中立與憲章義務的問題，並不會在任何這些情形下產生；但不可諱言地，永久中立的地位與聯合國會員資格之間，彼此是相矛盾的。在1955年奧地利加入聯合國之際，聯合國大會及安理會對於其基於憲法規定宣布永久中立之問題，並未有任何討論而承認其加入，因此在現行聯合國體制下，永久中立的問題，似乎應該有另一番新的詮釋討論。

參考資料

王群洋，北大西洋公約組織功能之變遷，兩岸與國際事務季刊，第1卷第3期（2004）。

宋興洲，東南亞國協與區域安全，全球政治評論，第25期（2009）。

洪大植，聯合國維持和平行動於國際法之探討，律師雜誌，第339期（2007）。

周煦，聯合國集體安全與維持和平之演變，淡江人文社會學刊，特刊（2000）。

唐仁俊，後冷戰時期亞太地區集體安全機制之發展與限制，空軍學術月刊，第513期（1999）。

陳文賢，聯合國與集體安全，問題與研究，第34卷第9期（1995）。

陳國銘，「建立信任措施」的演進及對我國的啓示，國防雜誌，第12卷第7期（1997）。

楊永明，國際法與禁止武力使用和威脅，美歐月刊，第11卷第2期（1996）。

楊永明，從國際法觀點看聯合國集體安全體系之法律架構、制度性問題與對應之策，國立臺灣大學法學論叢，第26卷第3期（1997）。

趙建中，軍備競賽與軍備管制，黃埔學報，第30期（1995）。

魏靜芬，聯合國下之集體安全保障與維持和平活動，軍法專刊，第46卷第10期（2000）。

蕭琇安，轉變國際秩序下「中立」概念之地位，問題與研究，第47卷第1期（2008）。

第十五章　武裝衝突之規制

　　國際社會組織並不若國內社會之具有完整的立法、行政與司法管轄權，對於破壞國際社會和平與秩序的國家，無法由一個強而有力的機關予以制裁，因而承認國際社會之構成員對於破壞國際社會秩序者，得採取自力救濟的方法——即令採取武力（戰爭）的方式，亦不當然禁止。然從人道主義的立場，國際法對於交戰國採取的武力行使方式或手段，又不能不加以限制，這種限制就形成近代國際法的武裝衝突法規（又稱戰時國際法）。

一、戰爭及武裝衝突法概念

　　聯合國憲章放棄戰爭概念，明訂禁止一切武力行使與武力威嚇後，「戰爭」的觀念，已喪失其法律上的意義。各國爲規避違法而行使不以戰爭爲名的武力鬥爭，武力鬥爭的現象，因分析的角度不同，而呈現出國際法上不同型態的武力鬥爭，包括有國際法上承認合法行使的「自衛」或「復仇」，以及具有爭議性的「干涉」等型態的武力行使，通稱爲「事實上的戰爭」。1928年至1935年波利維亞與巴拉圭間的戰爭、1931年的中國東北事件、1937年至1941年的中日戰爭等皆屬之。根據1907年的海牙開戰公約第1條規定，開戰以前，必須事前明確實施警告，警告的方式，包括附理由的開戰宣言（Declaration of War）或附戰爭宣言的最後通牒（Ultimatum），方得開始敵對行爲。

　　這種未經宣戰的武力行動處於事實上戰爭狀態時，是否適用交戰法規乃成爲必須探討的問題。對於未以明示或默示的方式宣戰，即進入戰鬥行爲的情形，並不能否定其爲戰爭之事實，有主張違反海牙開戰公約規定開始戰爭者，只是產生違反條約的責任問題，並不影響開始戰爭本身所產生的法律效果，由於實際上作戰行動既已開始，所以仍應視爲國際法上的戰爭，適用戰時國際法之規定。也有認爲戰爭法是爲緩和伴隨武力行使的慘禍以及盡可能確保交戰國（belligerent）與中立國（neutral）的生命與利益爲目的，國家基於本國政策

考量而行使不以戰爭為名的武力，解釋上並無不受戰爭法規範之道理。在1948年簽訂的「保護戰爭犧牲者的日內瓦諸公約」第2條第1項中明文規定「本條約對於發生於兩個以上締約國間的宣言戰爭或其他武裝衝突，不論締約國之一方是否承認戰爭的狀態與否，均適用之」。從國家實踐觀之，韓戰或兩伊戰爭或克羅埃西亞與新南斯拉夫間的有關國家組織性的武裝衝突，不論有無戰爭意思的表明，也不論武力鬥爭程度之不同，事實上均適用交戰法規。換言之，在國際法上仍是將「事實上的戰爭」視為國際法上的戰爭行為，同樣應適用戰時國際法之規定。

　　武力鬥爭的手段和方法往往不脫殘酷的本質，因此鑒於武力鬥爭本身為人類帶來嚴重的慘害，因此國際社會便想藉由法規範來加以限制甚至禁止戰爭的發生。在1859年義大利索爾佛利諾（Solferino）戰爭中，瑞士公民亨利・杜南目睹該戰役的慘狀，乃於戰後開始倡議以國際條約的締結來規範戰爭行為。現代國際法中對於在戰爭開始之後，交戰國為屈服敵方所實施的手段，特別作限制規定，並且在儘可能減少戰爭損害發生的目的下，而制定有關保護戰爭受難者的一些相關法規，這種規範武力鬥爭（戰爭）的國際性規則即通稱為「戰時國際法」或「戰爭法」（jus in bello, law of war, international law of war）。近代的國際法學將戰爭法區別為行使戰爭權利的法（jus ad bellum）——有關限制或禁止戰爭本身的法；以及戰爭中的法（jus in bello）——即限制戰爭手段的法。而一般所謂的戰爭法多指後者而言。

　　一旦進入戰爭狀態，交戰國間平時國際法的效力即告停止，但這並不是意味著戰爭當事國間完全變成無政府狀態，即使是為了屈服相對國而實施任何必要的武力手段，然這些武力的行使，事實上仍受有某些限制。這些限制適用於交戰國間武力行使的情形，藉由這些限制作為規範國家的實施手段、方法的國際法又稱之為「交戰法規」（law of warfare）。另一方面除了規範交戰國雙方外，對於未直接參與戰爭的中立國的人命、財產的保護，也制定種種的法規加以規範，這種基於調整中立國與交戰國間的利害關係，遂產生限制交戰國戰爭手段的種種國際法規，稱之為「中立法規」（law of neutrality）。交戰法規與中立法規則，共同形成戰時國際法（或戰爭法）之內容。開戰後，交戰國間全

面停止適用平時國際法用轉而適用交戰法規。相反地，交戰國與中立國間原則上適用平時國際法，只是在適用中立法規的範圍內排除平時國際法的適用。

　　早期適用於戰爭時期國家間的規範稱之為戰爭法；在戰爭違法化之下，規範武裝衝突的法規範有稱之為「武裝衝突法」（Law of Armed Conflicts），使用該名稱並非意指排除戰爭法此一名稱，而是強調武裝衝突法不僅適用在正式的戰爭（即國際法上的戰爭）同時也適用於國際武裝衝突，就其內容而言，與戰爭法幾乎是等同；又有從國際人道角度另稱為「國際人道法」（International Humanitarian Law）。

二、內戰與武裝衝突法

　　所謂內戰或稱內亂（civil war or internal war），通常係指反政府集團佔據國家領域之一部分，與政府之間持續地展開武力鬥爭，這與一般發生在國家間的國際武力鬥爭概念是有所不同的。傳統上，內戰是發生在一國內部的問題，必須受國內法規範及依照國內法處理，對於適用在國家間戰爭的交戰法規當然不適用。但是隨著內戰手段的激烈，內戰本身也變得愈加殘暴，甚且影響國際社會的和平安全，因此不論從人道主義之立場或維持國際社會和平之立場，遂有國際法介入的必要。因此國際人道法會議有鑒於在聯合國體制下，內亂頻繁發生，因此在1949年通過關於戰爭犧牲者之日內瓦四公約；包括改善戰爭犧牲者狀態公約、改善海上戰爭犧牲者狀態公約、戰俘公約、平民保護公約，規定這些公約的最低限度準則，仍適用在國內武裝衝突的情形。

　　在日內瓦四公約都有相同規定的共通第3條針對「非國際性的武裝衝突」訂立一些原則性的規定，提供衝突各方應遵守的最低限度準則。例如公約規定在締約國國內發生非國際性的武裝衝突時，衝突雙方對於未積極從事敵對行為者，包括因放下武器、疾病、創傷、拘留或其他原因而失去戰鬥力的武裝部隊份子在內，應不分種族、性別、宗教、地位或其他類似標準，一律給予人道之待遇，此一待遇包括不得危害其生命及身體，尤其是各種謀殺、殘害、虐待及酷刑，不得濫行羈押，不得損害其尊嚴，不得未經合法組成之法庭判決與執

行。至於對待傷、病者，應給予收容與救護。但公約該條文同時又規定本公約
條款的適用，並不影響衝突雙方在國內法上之地位。換言之，反政府的國內革
命組織在國內法上叛亂者的地位並不受影響，該叛亂團體仍然構成國內法上刑
法的犯罪，一國政府仍可依其國家公權力加以處置。國際紅十字會於1974年至
1977年在日內瓦召開附加會議簽訂「關於保護非國際性武裝衝突受難者附加議
定書」（又稱第二附加議定書），更進一步明確規範國內武裝衝突（internal
armed conflict）的適用，這也是第一個專門規範國內武裝衝突的國際性條約。
第二附加議定書對不參與戰事的一切人員的基本保障，也制定了實質性的規
定；例如這些人員應得到保障，使其免於損害其生命和健康的暴力，和免於受
到拷問及作爲人質，以及免於受到恐怖主義、擄掠和奴隸制等行爲的損害（第
4條）。

三、交戰法規的原則與內容

現行戰爭法規之中，規定許多禁止的作戰方法，其主要用意乃在減少人
類不必要的犧牲。戰爭法規的發展過程，是先由一種作戰方式的普遍使用，進
而形成習尚，再演變而成慣例、習慣，或由各國締結條約，而形成戰爭法的規
則。

戰爭法所依據的原則主要有二：一爲「精力集中主義」原則（或謂軍事必
要原則），另一爲「人道主義」原則。前者是交戰國爲達到制服敵人目的，得
使用任何種類與數量之必要「武力」；後者是凡非軍事必要的各種暴力，皆不
得使用。第二項原則可謂是第一項原則之限制。

規範戰爭的法律體系大致可分爲兩個系統，一個是以海牙公約爲主的系
統；另一個是以日內瓦公約爲主的系統。海牙公約系統的法規範包括1956年
的巴黎海戰宣言、1868年的聖彼得堡宣言及1899年、1907年的海牙公約等，主
要是以限制作戰手段和方法的條約和慣例。日內瓦公約爲主的系統則包括1864
年、1929年的改善戰時傷病者待遇公約、1929年的戰俘待遇公約以及1949年的
日內瓦四公約（日內瓦改善戰地武裝部隊傷病者待遇公約、改善海上武裝部隊

傷病者待遇公約、戰俘待遇公約、保護平民公約）和1977年的兩項附加議定書（關於保護國際性武裝衝突受難者的附加議定書，又稱第一議定書；關於保護非國際性武裝衝突受難者的附加議定書，又稱第二議定書）等，主要是規範關於保護平民和戰爭受難者的公約。

（一）交戰者的資格

依國際法原則，當戰爭發生後只有具有交戰資格者，才可以參與作戰並成為公開的敵人，是可以作為攻擊殺害的直接目標；不具有交戰資格者，係無害的敵人，則不能成為攻擊的對象，但也被要求不得對交戰國有敵對行為，否則交戰國是可以處以重刑。決定是否具有交戰資格的意義，在於戰爭法規中有關武器的規制、敵對行為的規制或戰俘、傷病者待遇等主要規定，均適用於具有交戰資格者，因此在適用這些戰爭法規時，即有必要確定交戰者的範圍。

從戰爭法規的演進內容觀之，傳統上具有交戰資格是指正式任命的軍人（正規軍），另外在一定條件下也承認其他組織團體具有交戰資格，包括：1.民兵隊（militia）或義勇軍（volunteer corps）；但必須具備以下四個要件：(1)具有責任之指揮官；(2)有確定明顯之標幟由遠方可識別者；(3)公然攜帶武器者；(4)其行動合於戰爭法規及慣例者。2.由一般居民所組成的猝合軍（levee en masse），雖未正式組織成軍（無指揮官及確定明顯之標幟），但只要公然攜帶武器並遵守戰爭法規即屬之。3.游擊隊（guerilla），所謂游擊部隊是指由戰敗的正規軍與從事抗敵的當地平民結合而成的戰鬥力量。

1977年第一附加議定書第44條規定，「戰鬥員在從事攻擊或攻擊前軍事準備行動時，應使自己與平民居民相區別」；若未作區別，則不視為戰鬥員，並失去其成為戰俘的權利。另外比較具有爭議者為傭兵（mercenary）是否具有交戰資格問題。1980年第35屆聯合國大會通過決議，成立一個由35個國家所組成的委員會，起草一項禁止徵募、使用、資助和訓練傭兵的國際公約，傭兵既非衝突一方的國民，又非衝突一方所控制的領土下的居民，而係衝突一方自外國徵募而來，在武裝衝突中參予作戰行動；其參戰動機乃係純為獲得一己在物

質上的報酬，因此該決議認為傭兵的活動與不干涉他國內政、尊重他國領土完整和獨立等國際法基本原則相違背，並妨礙反對殖民主義、種族主義、種族隔離與各種形式的外國統治的各國人民實現自決的過程，進而更認定傭兵的非法性。

（二）攻擊對象的限制

戰爭狀態下，交戰國攻擊的對象不僅區別戰鬥員與非戰鬥員，在「物」的對象上，同時也區別軍事目標與非軍事目標攻擊。攻擊的目標應僅限於對軍事目標的攻擊，亦即所謂「軍事目標主義」（doctrine of military objectives）。

傳統有關交戰國對於敵方的都市、村落實施砲擊時，傳統上即存在有二項遵循的基準：第一、亦即所謂的「防守」基準；對於防守都市以及防守地區得實施無差別砲擊。第二、「軍事目標」的基準；對於無防守都市以及無防守地區，只能對該區之軍事目標實施砲擊。所謂軍事目標應係指凡對交戰者能構成明顯的軍事利益者。所謂「防守」係指對佔領企圖的抵抗，係由具有佔領意圖的軍隊與阻止敵方佔領的抵抗軍隊兩項要素所形成的概念。截至第二次大戰為止的國際法對於「防守都市」是允許行無差別性的砲擊，但是例外對於歷史性紀念物、遺跡、美術品、醫院、傷患收容所等，不是作為軍事目的使用者，盡可能不得加以損害（海牙陸戰規則第27條、武力衝突之際文化財保護條約）；對於「無防守都市」的情形則只允許對軍事目標實施砲擊（1907年關於戰時海軍力砲擊公約第1、2條，1923年空戰法規第24條第1項）。對於無防守都市雖然禁止無差別性砲擊，然卻允許對軍事性目標的攻擊。像這樣只限於對軍事目標的攻擊規則稱之為軍事目標主義。在第二次大戰中，交戰各國當初即發表聲明表示依軍事目標主義，但是事實上在大戰後期均對防守都市廣泛地實施無差別性爆擊。對此在1977年第一附加議定書規定「攻擊應嚴格限定在軍事目標。軍事目標，就物而言，有關其性質、位置、用途以及使用須是對軍事行動具有效功能（contribution effective），並且破壞及毀損，或捕獲及削弱力量，以在當時狀況有明確的軍事利益者為限」（第52條第2項）；亦即廢止是否為「防

守都市」的區別，不論防守都市或無防守都市均只允許對軍事目標實施攻擊（第48條、第52條），再次確認軍事目標主義並且對此更加強化。1977年第一附加議定書並未採取具體列舉軍事目標，僅將「教堂、房舍等其他住居或學校一般民用之建物」推定為「不供有效軍事活動之用者」（第52條第3項）。而必須特別給予保護者除教堂、文化財以外（第53條），尚包括對住民生存不可缺之糧食、家畜、飲水設備、灌溉設施者（第54條）、或內藏危險性威力的設施，例如堤防、水壩、核能發電廠，都是在禁止進行攻擊之列（第56條）。

◆原爆訴訟

第二次世界大戰末期1945年8月6日，美軍在日本廣島市投下史上最初的原子彈，繼而於9日在長崎市投下第二顆原子彈。結果造成兩城市俱為廢墟，死傷數十萬人。大戰結束，日本投降後，有關原爆記錄也告解禁，然佔領軍依照其所頒布的新聞編輯綱領（press code）規定進行取締有關原爆被害的報導。在1952年對日和平條約生效後，有關原爆被害被公開報導，而有關原爆訴訟的計劃也隨之被提起。

在1955年4月25日岡本律師以原爆被害之關係者3人為原告向東京地方法院提出訴狀，又於27日以原爆被害之關係者二人為原告向大阪地方法院同樣地提起訴訟。自1957年起兩者以合併訴訟事件由東京地方法院合併審理。原告5名各別向被告國家因原爆所造成之損害請求一定金額的賠償（下田隆130萬日圓，其他死亡四人各20萬日圓）。

第1次審判於1955年7月16日召開，本訴訟對原爆災害之事實幾乎並無特別的爭議（儘管原告與被告對於廣島、長崎的死傷者數目的主張有極大的差距），因此本訴訟之爭點幾乎集中在有關法律解釋的問題上。法院提請國際法學者高野雄一（東京大學）、田佃茂二郎（京都大學）、安井郁（法政大學），針對原爆之國際法上之違法性與國民之損害賠償請求權二個問題點分別提出判斷書。

法院判決指出像廣島、長崎這樣並非軍事目標集中的區域當然無適用目標區域攻擊法理的可能。同時參照其他有關害敵手段的原則，戰爭之際投下原子彈造成不必要痛苦的非人道行為乃係屬禁止的害敵手段，當然違反國際法上的原則。但本案中被害者個人並不具有損害賠償請求

權，結果法院作出駁回原告之訴的判決。雖然原告一方對判決的前半部分（國際法的評價）予以高度的肯定，但卻也對不得追究賠償責任這一點表達強烈的不滿。

另外台灣兩名二戰期間長崎原子彈爆炸受害者，以及另一名受害者的遺屬，已決定委託日本相關團體，於2010年5月向日本政府求償。這是台灣人首度參加以南韓為主的海外原爆受害者集體訴訟。

（三）戰爭行為的限制

1.禁止背信棄義行為（perfidy）

第一附加議定書禁止對於訴諸背信棄義行為而殺死、傷害、俘獲敵人之行為。所謂背信棄義行為是指「以背棄敵人的信任為目的而誘取敵人的信任，使敵人相信其有權享受或有義務給予適用於武裝衝突的國際法規則所規定的保護的行為」。具體而言的情況計有：(1)假裝降服或假裝有談判之意圖；(2)假裝因傷或病而無作戰能力；(3)假裝具有平民、非戰鬥員的身分；(4)使用聯合國、中立國，或其他非衝突國家的標誌、徽章或制服，假裝具有受保護的身分（第37條第1項）。除假裝使用聯合國、中立國標章外，不當使用紅十字會等特殊標章或其他國際所承認之保護標章、文化財之保護標章；或在攻擊之際為隱瞞、保護或妨害軍事行動，而使用敵國國旗、軍用標章或階級章、制服當然也構成背信棄義行為（第39條）。

2.詐術（stratagem）

海牙陸戰規則第24條規定，為探知敵情或地形，詐術是一必要手段且是合法的。所謂詐術是指以欺瞞或偽裝，降低或癱瘓敵方行動，達到軍事利益，本質上是屬欺騙敵方之策略，具有突襲之效果。另外在第一附加議定書中定義，所謂詐術是指「旨在迷惑敵人或誘使敵人作出輕率行為，但在不違犯任何適用於武裝衝突的國際法規則，而且由於並不誘取敵人在該法所規定的保護方面的信任而不構成背信棄義行為的行為」。具體而言係指使用偽裝、假目標、假行動和假情報（第37條第2項）。

3.間諜行為

間諜活動並非以殺害或逮捕敵人為目的，而是為探知敵情或地形的必要手段，自古以來即被視為一種作戰的正當行使態樣。在1977年第一附加議定書對此也明白加以規定確認，「不影響適用於間諜或在進行海上武裝衝突中使用旗幟的現行的公認國際法規則」（第39條第3項）。根據海牙陸戰規則之規定，所謂間諜是指在交戰國的作戰地帶（就今日而言係指領域全部或相當部分）內，在通報敵方的意圖下，進行活動、蒐集情報。但是軍人未變裝而以蒐集情報為目的，侵入作戰地帶，則不得認為是間諜。同時公然執行通報本國軍或敵方情報的行為，不論是軍人與否，同樣也不認為是間諜（第29條～第31條）。

（四）戰爭犧牲者的保護

在武裝衝突當中深受影響者，並非只有參與敵對行為的人員，從兩次世界大戰的經驗顯示，更是廣泛影響及於戰鬥外的人員、傷病者、戰俘、戰爭當事國的平民或一般住民等。1949年在日內瓦簽訂的四個公約以及1977年簽訂的兩項附加議定書，皆是詳細規定保護在任何武裝衝突時的戰鬥犧牲者，包括戰俘的資格與待遇、傷病者、船難者、醫務人員、宗教人員及戰地一般平民的保護規制。

由於戰俘本身已喪失持用武器戰鬥的能力，實際上已經不是敵對一方武力攻擊之一部分，因此俘獲國對於戰俘不應施以任何報復行為，更不能加以殺害，應給予基本的人道對待。戰俘待遇公約對於有關戰俘地位的規定，幾近一百個條文（第17條至第108條），可說是構成公約的核心部分，同時並確立戰俘制度。就對戰俘本身一般的保護內容觀之，戰俘在任何時候必須受到人道待遇。拘留國任何不法行為或不行為可致其看管中之戰俘死亡或嚴重危害其健康者須予禁止，並當視為嚴重破壞本公約之行為。尤其不得對戰俘加以肢體殘傷，或供任何醫學或科學試驗而非為有關戰俘之醫療所應有且為其本身利益而施行者。

傷病者的保護與尊重，在改善戰地武裝部隊傷病者境遇的日內瓦公約中

訂有詳細的規定。所謂「尊重」係指不損害、不威脅並且寬容他人之生命；而「保護」則是指對他人給予守護、援助、支援，免於害惡、危險、痛苦之情況。

有關受保護對象的「傷病者」範圍，不僅包括軍隊構成員、民兵隊、義勇軍、有組織的抵抗運動團體構成員，甚至包括雖非軍隊構成員但實際隨同軍隊的戰地記者、軍用航空機員工中的平民員工、軍需品供給者等（第13條第4項）。同樣地，對於專門從事於看護或醫療的醫務人員或醫療設施，也必須予以尊重及保護，如此傷病者方得以確實地得到保障。

關於戰時保護平民的日內瓦公約，是最初直接規定對於一般平民的保護法規。該公約所保護的對象原則上為交戰國領域內及佔領地內的敵對國民。公約中承認這些國民享有身體、名譽、宗教上的權力等並保護其免於虐待、掠奪。

　　◆2001年911事件後，美國攻擊阿富汗逮捕多名蓋達組織成員，移送並羈押在古巴關塔那摩監獄。美國主張這些蓋達組織成員，是屬於「非法戰鬥員」（unlawful combatants），並不該當於1949年戰俘公約上「戰俘」資格。布希下令成立特別軍事法庭，以戰爭罪審判蓋達組織恐怖分子。美國聯邦最高法院於2006年6月29日在Hamdan v. Rumsfeld事件（原告為被捕囚犯，被告為當時美國國防部長）判決中指出根據美國法律和1949年「日內瓦公約」，軍方準備對這些囚犯進行的審判是非法的。

◆慰安婦

　　慰安婦原是日本軍隊在第二次世界大戰徵召的隨軍妓女（在日本國內是自願和有償的），為日軍提供性服務的女性，後來在二戰中演變成在佔領區強徵民間婦女充當軍妓的制度。在這一制度下，東亞有數十萬婦女被日軍徵召為軍妓。台灣慰安婦1999年8月17日在東京地方法院遞訴狀，正式控告日本政府。台灣慰安婦要求日本政府損害賠償案2005年2月25日在日敗訴定讞。日本法院以「20年追溯問題時效」、「個人不能做為國家求償的主體」等法理駁斥本案。

　　1998年4月日本地方法院作成劃時代的判決，裁定日本政府須支付給3名曾經在二次大戰期間當過日本皇軍軍妓的南韓婦女，每人30萬日圓（2,440美元）的賠償金。這是日本歷來第一起、也是至今唯一同意賠償慰安婦的案例。然而日本廣島高等法院2001年2月9日卻推翻了原來的判決做出賠償的主張，認為事實上日本政府已在戰後簽訂的雙邊和平條約中解決此一問題。

（五）文化財產的保護

　　1954年在海牙正式召開了一次外交會議。會議於1954年5月14日通過了一項關於在武裝衝突中文化財產保護的公約。根據公約規定，所謂「文化財產」包括下列各項內容，而不問其來源或所有權如何。

1.對每一民族文化遺產具有重大意義的動產或不動產，例如建築、藝術或歷史紀念物；考古遺址；有歷史或藝術價值的建築群；藝術作品；手稿、書籍及其它物品；以及科學收藏品或者上述財產的複製品；

2.其主要和實際目的為保存或陳列1.項所述可移動文化財產的建築，以及擬於武裝衝突情況下保存1.項所述文化財產的避難保藏設施；

3.保存有大量1.和2.項所述文化財產的集中地區（稱之為文化財產集中地區）。

　　條約明定各締約國採取適當措施，保障其領土內的文化財產免受武裝衝突影響的一般保護義務之外（第3條）；並要求各締約國不應為可能使文化財產在武裝衝突情況下遭受毀壞或損害的目的，使用文化財產及緊鄰的周圍環境，或用於保護該項財產的設施以及進行針對該等財產的敵對行為（第4條第1項）；以及各締約國應禁止、防止及制止對文化財產任何形式的盜竊、搶劫或侵占以及任何破壞行為。

　　國際間有鑑於南斯拉夫內戰對文化財產的破壞，遂開始重新檢討1954年公約，於1999年通過議定書（稱為1954年海牙公約第二議定書）。議定書中規定文化財產的一般性保護規定預防軍事衝突對文化財產造成後果而採取的保護措施包括：編制目錄，為保護文化財產而制定預防建築物火災或倒塌的應急措

施，做好可移動文化財產的移出或有效保護的準備工作，以及確定負責文化財產保護的主管機構（第6條）；以及攻擊時之預防措施，規定在選擇攻擊手段和方法時，採取各種可能的措施，以儘量避免和減少對受文化財產造成意外損失；並在下列情況下取消或中止攻擊：1.目標是保護的文化財產；2.可以預見，攻擊會對受保護的文化財產造成意外的嚴重損失，而希望得到的具體和直接的軍事優勢又相對較小（第7條）。

另外並規定「重點保護」藉以強化文化財產的保護。對於1.屬於對全人類具有最重大意義的文化遺產；2.係國內有關法律和行政措施給予最高級別保護的文化財產；3.未被用於軍事目的或用以保護軍事設施，並且控制它的締約國已聲明確保它不會用於此類目的的文化財產，應置於重點保護之下（第10條）。

四、中立法規

所謂中立（neutrality）是指戰爭期間，一國不參加他國戰爭，對交戰雙方保持不偏不倚的態度，在經交戰國雙方明示或默示的承認後，具有中立國國際法上之地位，而產生與交戰國之間的法律關係。這種戰時中立不同於「永久中立」。永久中立是一個國家根據國際條約宣佈為永久中立國，永遠不參加任何戰爭，也不和任何國家軍事同盟。

中立制度使得交戰國與中立國之間產生特殊的法律關係。在這種關係中，交戰國與中立國之間的權利、義務是相對的。換言之，交戰國的權利即為中立國的義務；中立國的權利即為交戰國的義務。調整中立國與交戰國之間關係的法規與慣例，稱為中立法。海牙第五公約「中立國和人民在陸戰中的權利和義務公約」和第十三公約「關於中立國在海戰中的權利和義務公約」是規範中立國權利和義務的主要國際文書。

（一）中立國義務

中立國的義務，具體而言大致可分爲：容忍義務（duty of acquiescence）與公平義務（duty of impartiality）。

1.**容忍義務**：是指交戰國因戰爭行爲，即使造成中立國或其國民損害的發生，中立國也不能抗議，而必須予以寬容承認。例如封鎖一旦實施後，任何國家的船舶，包括封鎖國、中立國在內，都不得通過封鎖線。對於未得許可中立國船舶，出入被封鎖的海岸或港口，即構成破壞封鎖，都可以拿捕並沒收船貨，中立國必須負容忍義務。

2.**公平義務**：又可區分爲迴避義務（duty of abstention）與防止義務（duty of prevention）

(1)迴避義務：是指中立國負有不得給提供交戰國任何一方軍事物資、資金或情報之義務，但是中立國並不負有禁止其國民對於交戰國的個別捐款、參加交戰國軍隊或提供軍事物資等義務。

(2)防止義務：是指防止交戰國在中立國領域內進行軍事性的利用，亦即中立國須採取一切措施，防止交戰國在其領域內利用其資源從事戰爭。例如禁止交戰國利用中立國港口或領海，從事戰鬥、捕獲等行爲以及補給糧食、武器彈藥等；但並不禁止交戰國船艦及軍用機通過和停泊。

（二）交戰國義務

交戰國必須尊重中立國的領土，其軍隊不得進入中立國，並且禁止其武器或軍需品的護送隊通過中立國。同時禁止交戰國：在中立國領土上設立無線電臺或與交戰國陸、海軍聯繫的任何通訊裝置；利用戰前交戰國在中立國領土上設立的純爲軍事目的、並且還沒有公開爲公眾通訊服務的任何此類設施。

五、武裝衝突法的履行

不論是早期的戰爭法或現代所稱的武裝衝突法，皆是用來拘束交戰國間的

法規範。但是武裝衝突法與其他國際法規相比較，似乎更容易為國家所違反。因此如何確保國家遵守武裝衝突法相關規定，成為國際法上一個重要課題。在確保武裝衝突法的履行，一般會採取以下手段達成，包括由交戰國本身或中立國或由第三者機關實施確保措施。

（一）戰犯的處罰：所謂戰爭犯罪是指軍隊構成員或平民因違反戰爭法行為，為交戰國捕獲處罰之意。第二次大戰後，對於戰爭犯罪有兩項的新進展；第一、處罰的對象除傳統的戰爭犯罪外，另增列違反和平罪與違反人道罪；第二、在日內瓦四公約規定中，不論是否為交戰國，對締約國設定重大違反行為的處罰義務以及引渡給其他利害關係締約國的義務（例如平民保護公約第147條、戰俘公約第130條、第一附加議定書第11、85條）。

（二）戰時復仇：戰時復仇（belligerent or war reprisals）是指一國為解除相對國違反戰爭法的行為，同樣也採取違反戰爭法的行為施以回擊之意。在沒有其他手段可以採取時，戰時復仇是用來均衡相對國違法行為的必要手段，可以阻卻違法。但是對於無違法責任的戰俘或平民，當作復仇的對象，亦遭到有欠妥當之批判。因此，國際間傾向將武裝衝突法上保護的「人」或「物」，列為禁止復仇的對象（例如陸戰傷病者保護條約第46條、海戰傷病者保護條約第47條、戰俘公約第13條、平民保護公約第33條、海牙文化財保護公約第4條、第一附加議定書第20、51、52、53、54、55、56條）。

（三）與論的批判：對於違反交戰法規的行為，國際間的興論或第三國的批判，特別是具有強大政治影響力的中立國，對於交戰國事實上會形成相當大的壓力。例如在第一次、第二次大戰時，主要國家幾乎都成為交戰國，造成沒有強而有力的中立國，導致交戰國無所畏地違犯中立法規。

（四）第三者的履行監督制度：包括設立保護國（protecting powers）與國際實況調查委員會（international fact-finding commission）兩制度。根據日內瓦四公約的規定，「本公約的適用應與保護國合作並受其監督」（改善戰地武裝部隊傷病者待遇公約、改善海上武裝部隊傷病者待遇公約、戰俘待遇公約第8條、平民保護公約第9條、第一附加議定書第5條）。所謂保護國是指維護交戰國利益的中立國。根據第一附加議定書第90條規定，應設立一個國際實況調

查委員會，由15名委員組成，對被控從事嚴重破壞或嚴重違反各公約或議定書規定的行為的任何事實進行調查，並且經由該調查委員會的斡旋，促使恢復對各公約和議定書的尊重態度。

　　（五）國內法的規制：戰時國際法的履行有時是藉由制定法律來落實，例如日本通過「有事七法」、近年又提案制定「武力行使法」，韓國、菲律賓亦準備制定「武力行使法」；或是制定接戰規則（rules of engagement，ROE），亦即想定戰爭的實際場面，在各種狀況下司令官依照接戰規則，對軍隊下達命令。

參考資料

林士毓，海峽兩岸武裝衝突法之問題研析，國防雜誌，第23卷第4期（2008）。

官振忠，國際海上武裝衝突法之研究，海軍學術雙月刊，第43卷第6期（2009）。

李相晃，從歷史的視角論中立法規及其實際問題，臺灣國際法季刊，第4卷第4期（2007）。

唐才彬，「武裝衝突法」對「空軍」作戰的限制與影響，空軍學術月刊，第580期（2005）。

孫士偉，交戰時對泊地之反潛警戒與屏衛，海軍學術月刊，第34卷第1期（2000）。

溫在春，淺談交戰規則，海軍學術月刊，第31卷第10期（1997）。

趙國材、金審理，從國際法之觀點剖析美國「黑水公司」，陸軍學術雙月刊，第45期（2009）。

廖文盟，初探兩岸武裝衝突與國際人道法爭點，律師雜誌，第339期（2007）。

蔣大偉，武裝衝突法中的平民保護，軍法專刊，第52卷第5期（2006）。

魏靜芬，武裝衝突之海洋防衛法制，軍法專刊，第53卷第1期（2007）。

魏靜芬，論交戰權與戰爭區域，陸軍學術月刊，第37期（2001）。

魏靜芬，戰爭法學，台灣海洋事務策進會（2005）。

國家圖書館出版品預行編目資料

國際法／魏靜芬著.--初版.--臺北市：五南圖
書出版股份有限公司, 2011.03
面；　公分.--

ISBN 978-957-11-6230-0（平裝）

1.CST: 國際法

579　　　　　　　　　100002647

1V64

國際法

作　　　者 ― 魏靜芬(408.6)

企劃主編 ― 劉靜芬

責任編輯 ― 李奇蓁　王政軒

封面設計 ― P.Design視覺企劃

出 版 者 ― 五南圖書出版股份有限公司

發 行 人 ― 楊榮川

總 經 理 ― 楊士清

總 編 輯 ― 楊秀麗

地　　　址：106台北市大安區和平東路二段339號4樓

電　　　話：(02)2705-5066

網　　　址：https://www.wunan.com.tw

電子郵件：wunan@wunan.com.tw

劃撥帳號：01068953

戶　　　名：五南圖書出版股份有限公司

法律顧問　林勝安律師

出版日期　2011年 3 月初版一刷
　　　　　2024年 9 月初版八刷

定　　　價　新臺幣320元

經典永恆・名著常在

五十週年的獻禮——經典名著文庫

五南，五十年了，半個世紀，人生旅程的一大半，走過來了。

思索著，邁向百年的未來歷程，能為知識界、文化學術界作些什麼？

在速食文化的生態下，有什麼值得讓人雋永品味的？

歷代經典・當今名著，經過時間的洗禮，千錘百鍊，流傳至今，光芒耀人；

不僅使我們能領悟前人的智慧，同時也增深加廣我們思考的深度與視野。

我們決心投入巨資，有計畫的系統梳選，成立「經典名著文庫」，

希望收入古今中外思想性的、充滿睿智與獨見的經典、名著。

這是一項理想性的、永續性的巨大出版工程。

不在意讀者的眾寡，只考慮它的學術價值，力求完整展現先哲思想的軌跡；

為知識界開啟一片智慧之窗，營造一座百花綻放的世界文明公園，

任君遨遊、取菁吸蜜、嘉惠學子！